Das Buch

Der Unmut ist groß über das propagandistische Sturmgeläut, das übers Land geht. Je weiter die DDR entrückt, desto lauter und dümmer werden die Nachrufe, die ihr ins Grab gebrüllt werden. Die Bundesrepublik lässt sich das viel kosten. Denn die Milchmädchenrechnung lautet: Wir sind zwar am Ende, aber vielleicht merkt's keiner, wenn wir über die ostdeutschen Haderlumpen herziehen. Am Leichentuch weben viele. Sie sind vernetzt, verzahnt und verankert. Flächendeckend haben sich Institute und Institutionen im Osten Deutschlands ausgebreitet … Erstmals wird hier dargestellt, wie ihre Netzwerke strukturiert sind, welche abgestimmten Aufgaben sie realisieren und woher welche Gelder kommen.
Denn neben der politischen Provokation, die diese Einrichtungen der Erinnerungsindustrie bedeuten, neben der intellektuellen Beleidigung, die sie für jeden denkenden Menschen darstellen, sind sie obendrein auch noch Reißwölfe, in den Millionen an Steuergeldern vernichtet werden. Hier wird Kasse gemacht, wie Kierstein und Schramm belegen.

Die Autoren

Herbert Kierstein, Jahrgang 1938, geboren in Grottkau (Oberschlesien), gelernter Schlosser. Mitarbeiter des MfS seit 1958, Untersuchungsführer bei Spionagedelikten gegen die DDR (HA IX/1). Letzter Dienstgrad Oberstleutnant. Autor, Herausgeber und Mitautor einschlägiger Publikationen, darunter der Bestseller »Heiße Schlachten im Kalten Krieg. Unbekannte Fälle und Fakten«, 2008.

Gotthold Schramm, Jahrgang 1932, Mitarbeiter des MfS von 1952 bis 1990. Ab 1954 in der Hauptverwaltung Aufklärung Geheimdienstbearbeitung und Spionageabwehr, spezialisiert auf deutsche Geheimdienste, vor allem BND. Später verantwortlich für die Sicherheit der DDR-Auslandsvertretungen. Letzter Dienstgrad Oberst. Autor, Herausgeber und Mitautor einschlägiger Publikationen, darunter mehrerer Bände zur Geschichte der HV A.

Herbert Kierstein/Gotthold Schramm

Freischützen des Rechtsstaats

Wem nützen
Stasiunterlagen und Gedenkstätten?

edition ost

Mit aktiver Hilfe ehemaliger Mitarbeiter des MfS aus Berlin, Dresden, Erfurt, Frankfurt, Gera, Halle, Leipzig, Rostock, Schwerin und Suhl sowie der Gesellschaft für Rechtliche und Humanitäre Unterstützung (GRH) konnten Zahlen und Fakten ermittelt werden, die in anderen Quellen nicht ausgewiesen werden oder zu denen uns der Zugang verwehrt ist. Für die tatkräftige Unterstützung bedanken wir uns herzlichst. Dieser Dank gilt auch den Zeitzeugen für ihre Beiträge und den technischen Helfern.

Herbert Kierstein und Gotthold Schramm

Inhalt

Anlagen

Juristische Formeln sind oft wichtiger als Bajonette.

Otto Lenz, Staatssekretär im Kanzleramt
und Adenauers rechte Hand,
Februar 1952

Auf Spitzen von Bajonetten

Von August Heinrich Hoffmann von Fallersleben stammt nicht nur das »Lied der Deutschen« – seit 1922 als »Deutschlandlied« die Nationalhymne –, sondern auch jener Satz, der auf eine verbreitete Neigung anspielt: »Der größte Lump im ganzen Land, das ist und bleibt der Denunziant.«

Die Denunziation – auch das hat Tradition im bürgerlichen deutschen Staat – wird hierzulande gesellschaftlich organisiert. Seit 1992 ist darin die sogenannte Bundesbehörde für die Stasi-Unterlagen federführend. Seither hat sich mit staatlichem Segen und Zuschuss ein ganzes Netzwerk von Stiftungen, Vereinen, Forschungsverbünden und -einrichtungen etabliert. Eine Heerschar gut bezahlter Historiker, Publizisten, Aktenverwalter, Museumspädagogen, Fernsehjournalisten, Politikwissenschaftler etc. stellt Personen, Organisationen und Einrichtungen an den öffentlichen Pranger, die sich einst für die DDR engagierten – für eine gesellschaftliche Alternative zum deutschen Staat der Abzocker, Ausbeuter und Afghanistankrieger. Dabei stehen insbesondere jene im Scheinwerferlicht, die hauptamtlich oder inoffiziell für die staatliche Sicherheit der untergegangenen Republik tätig waren.

Nicht erst nach zwanzig Jahren stellt sich die Frage, worin der Sinn, der gesellschaftliche Nutzen einer solchen öffentlichen Ächtung besteht. Sie stellte sich schon unmittelbar nach dem Ende der DDR und ihrer Institutionen, als die Jagd eröffnet wurde.

Schon damals und erst recht heute erinnert man sich in diesem Kontext eines Vorgangs, der sich in der Bundesrepublik Deutschland zutrug. 1969 waren drei Männer in ein Munitionsdepot der Bundeswehr eingebrochen, hatten Gewehre, Pistolen sowie Munition gestohlen – und vier schlafende Wachsoldaten erschossen und einen schwer verletzt. Die Mörder wurden gefasst und verurteilt. Das abscheuliche Verbrechen veranlasste das ZDF zu einer Dokumentation, deren Ausstrahlung jedoch ein zu sechs Jahren Haft verurteilter Mittäter aus seiner Zelle juristisch verhinderte, weil in dem Zweiteiler die drei lebenslang einsitzenden Mörder namentlich genannt und im Bild gezeigt werden sollten. Die Sache landete 1973 vor dem Bundesverfassungsgericht, das dem Kläger Recht gab. Im Sinne der Resozialisierung der Täter sei es unzulässig, »dass das Fernsehen sich über die aktuelle Berichterstattung hinaus etwa in Form eines Dokumentarspiels zeitlich unbeschränkt mit der Person eines Straftäters und seiner Privatsphäre befasst«. Das nämlich würde einen »fortgesetzten oder wiederholten Eingriff in den Persönlichkeitsbereich des Täters« bedeuten, der aber nicht gerechtfertigt sei. Wenn dies dennoch geschähe, würde »über den Täter eine erneute soziale Sanktion« verhängt. Und das sei nicht statthaft.

Bis heute bleiben darum die Namen dieser überführten Mörder wegen ihrer »Resozialisierung« ungenannt.

Auf dieses Lebach-Urteil, benannt nach dem Ort des Massenmordes im Saarland, wurde gelegentlich zaghaft verwiesen, wenn mal wieder ein IM öffentlich rufgemordet wurde. Man stellte auch die Frage nach der Verhältnismäßigkeit. Dort drei barbarische westdeutsche Gewaltverbrecher, deren Namen aus Gründen ihrer »Resozialisierung« ungenannt blieben. Und hier ein ostdeutscher gesetzestreuer Bundesbürger und Steuerzahler, der in einem untergegangenen Staat einmal eine Unterschrift geleistet hatte. Mit diesem Signum hatte er sich seinerzeit verpflichtet, seinem souveränen und international geachteten Vaterland zu dienen. Er hatte sich mit dieser Unterschrift weder verpflichtet, Wachsoldaten zu ermorden noch Waffen zu rauben, nicht Menschen um ihr sauer Erspartes zu betrügen oder ihnen die Arbeit zu nehmen. Er hatte sich als IM dazu verpflichtet, Augen und Ohren offenzuhalten und, sofern erforderlich, über Auffälliges und Bedenkliches Mitteilung zu machen.

Wenn die ehemaligen DDR-Bürger über ihren untergegangenen Staat einmal ehrlich und unvoreingenommen zu Gericht sitzen sollten, muss auch über dieses Thema kritisch gesprochen und geurteilt werden. Ein ganzes Staatsvolk gleichsam unter Generalverdacht zu stellen, ist bedenklich und macht keinen Sinn: Die unerlässliche revolutionäre

Wachsamkeit hätte sicher auch anders organisiert werden können. Das jedoch steht hier nicht zur Diskussion.

Zur Debatte steht erstens die Tatsache, ob es gerechtfertigt ist, unbescholtene Mitbürger bis ans Ende ihrer Tage zu diffamieren, zu diskriminieren, gleichsam zu kriminalisieren, und zwar einzig deshalb, weil sie vor vielen Jahren zu ihrem Staat standen, den der andere deutsche Staat, in welchem wir heute leben, vierzig Jahre lang weghaben wollte und am Ende auch wegbekommen hat.

Und zweitens steht zur Erörterung, warum zwar der Rechtsstaat Schwerverbrechern das Recht auf Resozialisierung zugesteht (und darum ihre Namen verschweigt), aber harmlosen Mitbürgern eben dieses Recht verweigert. Das heißt: Ein westdeutscher Straftäter ist besser gestellt als ein unbescholtener Ostdeutscher, wenn er denn jemals mit dem MfS zu tun hatte. Da ist auch eine mehrfache »soziale Sanktion« statthaft.

Und was ist mit der Deutschen Bahn, der Deutschen Bank, Telekom, Lidl und anderen Konzernen, die ihre Mitarbeiter systematisch ausspähten, oder wie es hier gängig heißt: bespitzelten? Redet auch nur eine staatliche Institution darüber? Gibt es Ausstellungen und Publikationen, sind die Namen jener öffentlich angeschlagen, die derlei Eingriffe in die Persönlichkeitsrechte Hunderttausender veranlassten und sie ausführten? Wo ist der Knabe, der mit weinerlichem Belcanto diese Praxis fortgesetzt verurteilt und das Schicksal der solcherart Verfolgten ausdauernd beklagt?

Der Grund für diese unterschiedliche Elle, mit der gemessen wird, liegt auf der Hand. Er heißt Klassenjustiz. Wir leben nun einmal in einem antikommunistischen Klassenstaat, also gilt überall zweierlei Maß und keineswegs gleiches Recht für alle, wie es im Grundgesetz heißt. Darüber sollte sich unsereiner nicht mehr aufregen. Rechtsstaat und Gerechtigkeit sind zwei verschiedene Schuhe, wie eben auch Grundgesetz und Verfassungswirklichkeit nicht identisch sind. Das wird bis ans Ende dieses Systems so bleiben.

Das schließt ja nicht aus, dass einen wütend machen sollte, wie diese Tatsache auch noch systematisch verschleiert wird. Dass das Offensichtliche geleugnet, das Kranke gesundgebetet und das Hässliche schöngeredet wird – in den Parlamenten, in den Medien, in der Kunst. Uns wird weisgemacht, dass das, was wir sehen, nicht ist. Nicht unser Bild von der Wirklichkeit ist richtig, sondern jenes, was man uns mit Brachialgewalt zu vermitteln versucht. Wir sollen glauben, was man uns sagt – nicht was wir selber sehen.

Und wie verhält es sich mit dem, was sie einst selber sagten? – Im Thüringer Landtag warnte Ende April 2009 der Präsident des Bundesverfassungsgerichts vor »einer vorschnellen Übertragung des Lebach-Urteils […] auf die Aufarbeitung der SED-Diktatur«. Nach zwei Jahrzehnten von »vorschnell« zu reden klingt reichlich absurd. Welches Attribut verdiente dann jene berühmte Bemerkung von Bundeskanzler Adenauer im Deutschen Bundestag, mit der er sieben Jahre nach der Zerschlagung der Hitlerdiktatur die Entnazifizierung regierungsoffiziell beendete: »Wir sollten jetzt mit der Naziriecherei Schluss machen«? Wars Lichtgeschwindigkeit?

Natürlich verbietet sich jeder Vergleich oder gar eine Gleichsetzung des Rechtsvorgängers der Bundesrepublik Deutschland mit der DDR. Doch nehmen wir die Rechthaber, die eben genau dieses Gleichheitszeichen setzen, einmal bei ihrem kruden Wort: Dann befänden wir uns bereits im Jahre 1965, und es würde noch immer nach den Mitläufern und NSDAP-Mitglieder gerochen werden. Dieses aber fand seinerzeit nicht statt. Das Kapitel war in Bonn längst abgeschlossen.

Wir sollten sie immer an ihre eigenen Urteile und Äußerungen erinnern, die sie vergessen haben oder uns vergessen machen wollen. Die Klügeren unter den Ideologen des Kapitals haben den Erklärungsnotstand längst bemerkt, in welchen sie inzwischen geraten sind. Es würde »nicht schaden, wenn in absehbarer Zeit ein Bundesgericht eine Formel fände, die den problematischen Konflikt klärte, der zwischen dem Persönlichkeitsrecht und dem gesellschaftspolitischen Willen besteht, der zum Beispiel im Stasi-Unterlagengesetz zum Ausdruck kommt, welches die Offenlegung der IM-Tätigkeit in der Regel ausdrücklich erlaubt«. So formulierte es ein wenig verklausuliert, aber trotzdem sehr verständlich die *Frankfurter Allgemeine Sonntagszeitung* am 10. Mai 2009. Das heißt, man benötigt eine juristische Handreichung, um nicht fortgesetzt ans Grundgesetz, an juristische Präzedenzfälle und Analogien erinnert zu werden.

Dieses Problems waren sich schon in den frühen Jahren die Spitzenpolitiker der Bundesrepublik bewusst, oder wie man heute summarisch sagt: die Väter des Grundgesetzes. Im Februar 1952 diskutierte man beim Kanzler, und der Staatssekretär des Auswärtigen Amtes Prof. Dr. Walter Hallstein – der später als Erfinder einer Doktrin in die Geschichte eingehen sollte – machte Adenauer und die anderen auf den Wert juristischer Formeln aufmerksam. Ihm pflichtete Otto Lenz, Staatssekretär im Kanzleramt und damit Adenauers rechte Hand, mit einem erhellenden Satz bei, der die Politik der Bundesregierung nach der Übernahme der DDR vorwegnahm: »Juristische Formeln sind oft wichtiger als Bajonette.«

Von dieser Feststellung zum Delegitimierungsappell des Bundesjustizministers Kinkel auf dem Deutschen Richtertag 1991 und der Installation der Bundesbehörde für die Stasi-Unterlagen 1992 war es tatsächlich nur ein kleiner Schritt.

Aber mit juristischen Formeln zur Ausgrenzung, die uns Internierungslager und richtige Bajonette bisher ersparten, ist es so eine Sache: Die Masse versteht sie nicht. Sie müssen verdolmetscht, trivialisiert und emotionalisiert werden. Für dieses Fach sind die »Geschichtsaufarbeiter« zuständig. Experten wie Hubertus Knabe, der sich selbst zum Ziel gesetzt hat: »Erst wenn die kommunistische Diktatur den Deutschen ähnlich präsent ist wie das verbrecherische Regime der Nationalsozialisten, ist die Aufarbeitung der Hinterlassenschaften von Stasi-Minister Erich Mielke wirklich gelungen.«

Diesen Wunsch scheint er mit einigen zu teilen. Wobei denen die Botschaft eigentlich egal ist. Sie interessiert nur die Wirkung. In dieser Hinsicht gleichen sie jenem Ganoven, der von sich abzulenken versucht, indem er schreit: Haltet den Dieb!

Die herrschende Klasse steht sichtlich unter Legitimationsdruck. Die Systemkrise, in der wir uns seit geraumer Zeit befinden, öffnet immer mehr Menschen die Augen über den wahren Charakter dieser Gesellschaftsordnung. Diese ist von Grund auf krank. Es sind eben nicht die »unverantwortlichen Banker«, von denen die Bundeskanzlerin schwafelte, es ist nicht deren »hemmungslose Gier«, wie der Bundespräsident erklärte, nicht die Amoral Einzelner, die den Hals nicht voll bekommen konnten. Die Politiker müssten so reden, erklärte der 92-jährige Universalgelehrte Eric Hobsbawm in einem Interview mit dem *stern*, der zwei Tage nach dem Marx-Geburtstag 2009 herauskam. »Sie können ja wohl schlecht zugeben, dass nicht der einzelne Mensch, sondern das System an sich falsch ist. Der Markt ist nicht moralisch. Die reine Marktwirtschaft ist auf Habgier aufgebaut – und auf sonst gar nichts, das ist das System.« Auch Karl Marx habe »ja nie gegen gierige Kapitalisten argumentiert, er war gegen ein System, das notwendigerweise Habgier schafft. Der Mensch, mein fester Glaube, kann anders sein. Aber im Kapitalismus sucht jeder seinen Vorteil, jeder ist dazu verdammt, sonst geht er unter.«

Warum nur halte der Mensch an einem System fest, das regelmäßig die fürchterlichsten Katastrophen produziere, fragt Hobsbawm. »Vielleicht wird die Menschheit noch bedauern, dass sie nicht auf Rosa Luxemburg gehört hat: Sozialismus oder Barbarei.«

Vor diesem Hintergrund haben wir einmal die sogenannte Erinnerungsindustrie untersucht, die in diesem Jahr besonders viel Dampf produziert. Die Gründe sind so bekannt wie auch die damit verbundenen Absichten. Was jedoch im Verborgenen liegt, entzieht sich der Kenntnis: Wie funktioniert die flächendeckende Verblödungsmaschinerie? Wer zieht die Fäden, gibt das Geld? Wo sitzen die Inspiratoren? Wir wollten der Sache auf den Grund gehen. Auch wenn wir in einer sogenannten offenen, in einer Informationsgesellschaft leben, ist das Netzwerk keineswegs so transparent wie behauptet, es ist ein »closed shop«. Die Zuständigen und ihre Hintermänner lassen sich ungern in die Karten schauen.

Warum wohl ist das so?

Herbert Kierstein, Gotthold Schramm
Frühjahr 2009

1. Die BStU – Initiator und Koordinator der Diskreditierung des MfS

»Das Tribunal nimmt seinen Lauf« kommentierten der Bundestagsabgeordnete Uwe-Jens Heuer und Michael Schumann, Landtagsabgeordneter in Brandenburg, die Öffnung der »Stasi-Akten«. Der Bundestag hatte am 20. Dezember 1991 das »Gesetz über die Unterlagen des Staatssicherheitsdienstes der ehemaligen Deutschen Demokratischen Republik« verabschiedet, das schon neun Tage später, zwischen Weihnachten und Neujahr, in Kraft trat. Am ersten Arbeitstag des neuen Jahres öffnete unter medialem Getöse die Instititution, die schon bald nach ihrem Vorsteher benannt werden sollte: die Gauck-Behörde. An jenem Tage, so schrieben dazu die beiden Politiker am 16. Januar 1992 im *Neuen Deutschland*, habe »der Versuch zur restlosen moralischen Diskreditierung der DDR und ihrer Bevölkerung« begonnen. Dieser Versuch dauert noch an.

Die beiden Autoren machten damals zugleich darauf aufmerksam, dass die aktiven Geheimdienste von diesem Gesetz nicht betroffen seien, »obwohl es notorisch ist, dass auch sie in großem Umfang Personendossiers erstellt haben und erstellen«.

Keinen Monat später ging Prof. Dr. Gerhard Riege in den Tod. Der Bundestagsabgeordnete, im Herbst 1989 zum Rektor der Jenaer Universität gewählt, war öffentlich heftig attackiert und auch von Kollegen massiv bedrängt worden, weil ihm die neue Bundesbehörde Kontakte zum MfS vorgehalten hatte, die 32 Jahre zurücklagen. Bevor sich der international geachtete Staatsrechtler in seinem Bungalow in Thüringen am 15. Februar erhängte, hatte er in einem Abschiedsbrief resignierend mitgeteilt: »Ich habe Angst vor der Öffentlichkeit, wie sie von Medien geschaffen wird und gegen die ich mich nicht wehren kann. Ich habe Angst vor dem Hass, der mir im Bundestag entgegenschlägt, aus Mündern und Augen und Haltung von Leuten, die vielleicht nicht einmal ahnen, wie unmoralisch und erbarmungslos das System ist, dem sie sich verschrieben haben.

Sie werden den Sieg über uns voll auskosten. Nur die vollständige Hinrichtung ihres Gegners gestattet es ihnen, die Geschichte umzuschreiben und von allen braunen und schwarzen Flecken zu reinigen.«

Der letzte Innenminister der DDR, Rechtsanwalt Peter-Michael Diestel (CDU), forderte anlässlich des traurigen Vorfalls, die Stasi-Hysterie zu beenden und sich »von der uns aus dem Westen aufgezwungenen unsinnigen Kampagne zu trennen«.

Anwaltskollege Gregor Gysi, Vorsitzender der PDS und ebenfalls Bundestagsabgeordneter, war in jener Zeit vom Boulevard-Blatt *Super!* als »Stasi-Gysi« bezeichnet und vom *Spiegel* in gleicher Weise denunziert worden. Er klagte vor den Landgerichten in Berlin und Hamburg und bekam Recht. Der *Spiegel* hatte sich nicht zum ersten Male in seiner Scharfrichter-Rolle blamiert. Erst am 16. Januar 1992 musste sich das »Sturmgeschütz der Demokratie« bei Dr. Christa Seifert in Berlin entschuldigen, die von *Spiegel*-Leuten gejagt und abgelichtet worden war, weil sie für einen ehemaligen Oberst des MfS gehalten wurde …

In Berlin und den ostdeutschen Landeshauptstädten hatten die Behörde der Bundesbeauftragten für die Unterlagen des Staatssicherheitsdienstes der ehemaligen Deutschen Demokratischen Republik (BStU) und deren Außenstellen ihre Tätigkeit aufgenommen. Sie verwalteten nicht nur die übernommenen Akten, sondern wurden auch politisch aktiv – und das nicht nur als Zulieferer für die deutsche Justiz, für staatliche und private Arbeitgeber sowie für Redaktionen. Die Bundesbehörde setzte die ideologischen Vorgaben zur Delegitimierung, Diffamierung und Kriminalisierung vornehmlich ostdeutscher Bundesbürger um. Sie war (und ist) eine Schlüsselinstitution bei der sogenannten Aufarbeitung der DDR-Vergangenheit.[0] Eingebunden in den 2008 konzipierten »Geschichtsverbund« speist die BStU über verschiedene Institutionen ihre »Interpretationen« über das MfS und dessen Tätigkeit in organisierte Netzwerke ein. Innerhalb dieser Netzwerke werden Konzepte ent-

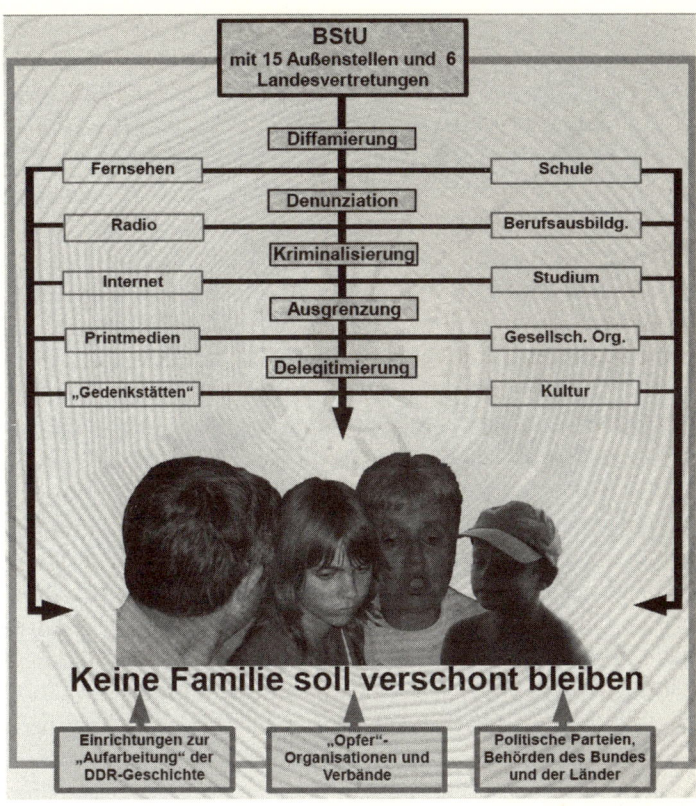

*Das System der flächendeckenden Denunziation in Ostdeutsch-
land, in deren Zentrum die 1992 installierte Bundesbeauftragte
für die Unterlagen des Staatssicherheitsdienstes der ehemaligen
Deutschen Demokratischen Republik (BStU) steht*

wickelt und anschließend arbeitsteilig handelnd umgesetzt.
Dabei wirken die einzelnen Stiftungen, Gesellschaften, Vereine
oder andere Strukturen und Behörden für die Öffentlichkeit
scheinbar unabhängig voneinander. Von ihnen verbreitete Informationen, Argumente und Wertungen bestätigen sich
gegenseitig, womit der Eindruck allgemeiner Glaubwürdigkeit
erzeugt wird. Halbwahrheiten und Lügen erhalten so einen
seriösen Anstrich. Bewusst eingeführte Kampfbegriffe wie etwa
»Unrechtsstaat«, »Ewiggestrige«, »Unbelehrbare« oder »Stasi«
sollen dabei polarisierende Reflexe im Denken hervorrufen.

17

Die BStU maßt sich nicht nur an, Schicksal in Bezug auf Biographien zu spielen, sondern reklamiert für sich auch die Deutungshoheit über die Geschichte der DDR. Weil sie die »Stasi-Akten« hat, hat sie die Wahrheit – obgleich doch diese »Stasi« gelogen und betrogen hatte. Nicht nur dieser Widerspruch, vor allem Falschaussagen und -urteile ließen wiederholt öffentlich Zweifel an der Kompetenz und Legitimation der 2.000-Mann-Behörde aufkommen. Einwände wischte sie regelmäßig apodiktisch vom Tisch: »Diese in vieler Hinsicht besondere und in der deutschen Geschichte einmalige Einrichtung hat eine Legitimation, die gerade für Demokraten nicht in Frage stehen darf und in den letzten Jahren auch nicht in Frage stand.«[1]

2007 musste sich selbst die Bundesregierung schützend vor Marianne Birthler stellen, die Gauck sieben Jahre zuvor im Amt nachgefolgt war. Nicht zum ersten Male war in der demokratischen Öffentlichkeit die Frage gestellt worden, ob die rund 100 Millionen Euro Steuergelder, die die Behörde jährlich erhält, nicht einer sinnvolleren Verwendung zugeführt werden sollten. »Die Bundesbeauftragte für die Unterlagen des Staatssicherheitsdienstes der ehemaligen Deutschen Demokratischen Republik (BStU) erschließt, bewahrt und verwendet auf der Grundlage des Stasi-Unterlagen-Gesetzes (StUG) die Akten des ehemaligen Ministeriums für Staatssicherheit (MfS) und arbeitet dessen Tätigkeit umfassend auf. In Veröffentlichungen, Vorträgen und Veranstaltungen informiert sie über Strukturen, Methoden und Wirkungsweisen des MfS. Die BStU leistet mit Hilfe dieser Unterlagen einen wichtigen Beitrag zur Aufarbeitung der zweiten deutschen Diktatur. Sie wird von der Bundesregierung mit einem Betrag von fast 103 Millionen Euro *(allein im Jahr 2007 – die Hrsg.)* finanziert«, erklärte die Bundesregierung zum Stand der deutschen Einheit. »Die Verwendung der Unterlagen des Staatssicherheitsdienstes entwickelt sich immer mehr von einem gesamtdeutschen zu einem europäischen Thema, da weitere Länder Mittel- und Osteuropas die Akten ihrer Repressionsapparate für die Aufarbeitung der kommunistischen Herrschaft nutzen und die deutschen Erfahrungen dabei eine wichtige Rolle spielen.«[2]

Nun, am deutschen Wesen sollte die Welt schon zweimal im 20. Jahrhundert genesen. Der Wunsch an einer dritten Belehrung hält sich bei einigen Nachbarn in Grenzen. Stattdessen wird die Form der Überwindung der Vergangenheit in Südafrika als beispielhaft empfunden. Die *Truth and Reconciliation Commission* (TRC), die Wahrheits- und Versöhnungskommission, ging auf eine Initiative des ANC zurück, die von Präsident Nelson Mandela eingesetzt worden war. Sie war lediglich von 1996 bis 1998 tätig. Mandela folgte darin den Idealen Mahatma Gandhis, der über zwei Jahrzehnte in Südafrika gelebt und gewirkt hatte. In etlichen anderen Ländern fand diese Praxis der TRC, öffentlich zwischen den Beteiligten, Betroffenen und Tätern den Dialog zu führen, statt Rache zu üben, ebenfalls Anwendung. So in Peru (»Comisión de la Verdad y Reconciliación«), in Osttimor oder in Chile, wo sich eine Wahrheitskommission (»La muerte y la doncella«) mit den Opfern des Pinochet-Regimes beschäftigt. Das alles sind nachweislich erfolgreiche Unternehmungen, die zum gesellschaftlichen Frieden beitragen.

Die BStU war nie darauf aus zu versöhnen. Ihr Auftrag war das ganze Gegenteil. Sie stiftete und stiftet Unfrieden.

Und das soll ein Beispiel für andere Völker sein?

Dort wird man klug genug sein, einem solchen Vorschlag nicht zu folgen und die da und dort von Frau Birthler angebotene Hilfe ausschlagen.

Selbst Institutionen wie der der »Ostalgie« und der Nähe zum MfS unverdächtige, wohl aber der SPD nahestehende Willy-Brandt-Kreis beurteilte kritisch den Auftrag und die Praxis der BStU.[3]

»Die Behörde war von Anfang an nicht als neutrale wissenschaftliche Einrichtung angelegt, sondern hatte eine politische Zweckbestimmung. Wie der damals zuständige Ministerialdirigent im Bundesinnenministerium erklärte, hatte der Sonderbeauftragte den Sonderauftrag, die DDR zu delegitimieren. Gleichzeitig waren alle geheimdienstlichen Erkenntnisse über die Bundesrepublik streng geheim, sie stehen der kritischen Aufarbeitung nicht zur Verfügung.

Damit begann eine auf ostdeutsche Repressionsgeschichte eingeengte, selektive Geschichtsschreibung, die nicht nur Alltagsgeschichte ausblendete, sondern auch Forschungsvorhaben, die nicht die gewünschte Delegitimierung erbrachten, unter den Tisch fallen ließen. (So wird beispielsweise bis heute die Zahl der tatsächlich bespitzelten DDR-Bürger, die Opfer einer ›operativen Personenkontrolle‹ wurden, geheim gehalten, weil mit ihr vermutlich das Bild von den flächendeckend kontrollierten Bürgern nicht aufrecht zu halten wäre.)

Emanzipatorische Elemente wie die Brechung des Bildungsprivilegs in der DDR oder das Selbstbewusstsein von Produktionsarbeitern wurden genauso ausgeblendet wie Aspekte der bundesdeutschen Repressionsgeschichte. Mit ihrer Reproduktion von staatlich beaufsichtigter Geschichtswissenschaft hat die Behörde von Anfang an auch zu Fehlurteilen und Legendenbildungen beigetragen. Wenn in den alten Bundesländern und im Ausland das Bild der DDR als das eines reinen Unrechtsstaates vorherrsche, in dem alle Bürger entweder bei der Stasi gearbeitet haben oder von ihr beobachtet wurden, bei jeder missliebigen politischen Äußerung im Gefängnis landeten und nur unter Lebensgefahr das Land verlassen konnten, so hat die Behörde ihren Auftrag erfüllt«, hieß es in der im Februar 2005 vom Willy-Brandt-Kreis abgegebenen Erklärung.

Und weiter hieß es dort: »Immer wieder hat die Behörde ›Personen der Zeitgeschichte‹ demontiert, die sich dem herrschenden Zeitgeist nicht gebeugt haben, während einstige IM, die sich jetzt opportun äußern, in Ruhe gelassen wurden. Dieser von der Behörde ausgeübte politische Anpassungsdruck lag nicht im Interesse von Demokratie! Laut Auskunft von Joachim Gauck haben 98 Prozent der DDR-Bürger nie für die Staatssicherheit gearbeitet. Dennoch haben nur 2,6 Prozent derselben Bevölkerung volles Vertrauen zu der Behörde, die absolute Mehrheit hat überhaupt kein, sehr wenig oder etwas Vertrauen, wie das sozialwissenschaftliche Forschungszentrum Berlin-Brandenburg ermittelt hat. Die Behauptung der Behörde, ›der Geheimdienst hatte jeden Aspekt des Lebens durchdrungen‹, geht an der Erinnerung der meisten Menschen vorbei, erzeugt Überdruss, Abwehr und Trotz. So förderte die Behörde durch ihre ideologische Übertreibung gerade das, was sie vermeiden sollte, nämlich DDR-Nostalgie«, hieß es weiter, wobei sicher einschränkend angefügt werden muss: nicht nur »DDR-Nostalgie«, sondern grundsätzlichen Zweifel an der Glaubwürdigkeit der Bundesrepublik und ihren Institutionen.

»Wir brauchen eine differenzierte Aufarbeitung von Geschichte, die auch die westdeutsche Parallelgeschichte nicht ausblenden darf, weil sich nur in der Gesamtsicht Aktionen und Reaktionen erklären lassen.«[3]

Die auf eine differenzierte Aufarbeitung von Geschichte gerichteten Bemühungen ehemaliger DDR-Bürger betrachtet die BStU offenkundig als Bedrohung der von ihr beanspruchten alleinigen Deutungshoheit. Sie reagiert abwehrend und beleidigend auf demokratische Wortmeldungen. Im Tätigkeitsbericht der Behörde von 2007 hieß es dazu entrüstet: »Frühere Verantwortungsträger und Profiteure der SED-Diktatur« meldeten sich »unverschämter denn je zu Wort. Ihnen ist die zunehmende Bereitschaft, sich kritisch mit der DDR auseinander zu setzen, offenbar unerträglich. In dem Versuch, ihre Lebenslügen aufrecht zu erhalten, diffamieren sie Bemühungen um Aufarbeitung und beleidigen Diktaturopfer. Zahlenmäßig mögen diese betagten Anwälte der Unfreiheit nicht sehr ins Gewicht fallen, doch finden sie immer noch ihr Publikum.«[4]

Wer da »unverschämt« ist, liegt wohl auf der Hand. Allerdings fragt man sich: Wenn die Zahl der »betagten Anwälte der Unfreiheit« zahlenmäßig angeblich »nicht sehr ins Gewicht« fällt – warum dann soviel Aufhebens?

1.1 Die Mär von den Aktenkilometern

»Viele von Ihnen wissen schon, dass wir insgesamt 180 Kilometer Schriftgut verwalten. Das ist ungefähr die Strecke von Berlin nach Leipzig. Im Vergleich dazu hat das Bundesarchiv zurzeit vielleicht 240 Aktenkilometer.« So schwadronierte Marianne Birthler bescheiden vor dem Bundestagsausschuss für Kultur und Medien am 8. Februar 2006.[5]

Auf einen Vergleich der personellen und finanziellen Ausstattung verzichtete sie. Das Bundesarchiv hat rund 800 Mitarbeiter und einen Jahresetat von etwas über 50 Millionen Euro. Ihre Behörde verfügte zu jenem Zeitpunkt über die etwa dreifache Zahl von Mitarbeitern und einen doppelt höheren Etat. Das sagt viel über die Wertigkeit und die Bedeutung beider Einrichtungen für die herrschende Klasse.

Seit geraumer Zeit geistert die 2006 von Frau Birthler kolportierte Zahl der Akten-Kilometer durch die Medien. Jene 180.000 laufenden Meter sollen anschaulich die These von der »flächendeckenden Überwachung« stützen.

Unter der Ägide Pfarrer Gaucks tauchten in der BStU erstmals Zahlen auf, die in ihrer Summe einen Bestand von 177.950 Metern ergaben.[6] Bis zu jenen 180 Kilometern von Frau Birthler fehlten damals also 2.050 Meter.

Nimmt man an, dass unser holzhaltiges Papier 0,2 mm je Blatt maß (was gewiss zu hoch angesetzt ist, aber sei's drum), dann entspräche dies rund 10 Millionen Blatt Schriftgut. Wo kamen die plötzlich noch her?

Vermutlich hat man die Zahlen so frisiert wie die Arbeitslosenstatistik oder die Inflationsrate nach der Euro-Umstellung. Ursprünglich wurde nämlich das eingelagerte Material in folgende Kategorien unterschieden: »Schriftgut, sicherheitsrelevantes Schriftgut (*was immer das heißen mag – d. Hrsg.*) und Schriftgut auf Sicherungs- und Arbeitsfilmen, umgerechnet auf Papier.«

In nachfolgenden Tätigkeitsberichten wurden die Kategorien und Charakteristiken fortlaufend geändert, man führte andere Begriffe ein, sortierte um, etikettierte neu. Dadurch wurde es Außenstehenden unmöglich zu vergleichen. Man kennt diese Praxis bei den Handy-Tarifen: Ein prüfender Vergleich der unterschiedlichen Angebote ist nahezu unmöglich. Genau das wird mit den unvergleichbaren Koordinaten und Kriterien auch bezweckt.

Aber in den Tätigkeitsberichten der Behörde ging und geht es ja auch weniger um nachprüfbare Zahlen, sondern primär um Propaganda. Um Belege dafür, dass der politische Auftrag erfüllt wird. Dass die Steuermillionen als gut angelegt erscheinen. In der Politlyrik von Pfarrer Gauck las sich das 1994 so: Die DDR habe »zwar nicht wie das Dritte Reich Berge von Leichen hinterlassen, statt dessen aber nicht minder schreckliche Berge von Akten, die ganz schöne Hügel von Leichen und ein ganzes Gebirge von Entbürgerlichten enthalten«.[7]

»Ein Sumpf zieht am Gebirge hin, verpestet alles schon Errungene«, möchte man da mit Goethes Faust ausrufen, doch halten wir uns an die Zahlen. Im 8. Tätigkeitsbericht der Behörde wird der Aktenbestand im April 2007 so angegeben:

Zentralstelle und Außenstellen gesamt	lfd. Meter
Archivbestand (Abtlg. XII) [Schriftgut einschließlich Mikrofiches, Filme, Disketten usw.]	49.554
Unterlagen der Diensteinheiten [Schriftgut einschließlich Karteien des MfS und spezieller Datenträger im unerschlossenen Bestand]	62.428
Karteien	11.744
Gesamt:	123.726

Demzufolge fehlten 2007 Frau Birthler schon mehr als 56 Kilometer oder 280 Millionen Blatt Aktenmaterial an den angeblichen 180 Aktenkilometern.

Die Differenz erklärte sie mit Nachmessungen.

Wie hat man damals und dann später gemessen, dass plötzlich 56.000 Meter Akten fehlen konnten? Hatte man zuvor allzu großzügig aufgerundet, weil es politisch opportun schien? Und warum hatte sich nunmehr fast ein Drittel des angegebenen Aktenbestandes verflüchtigt?

Diese Frage ist nicht nur rhetorischer Natur.

Lösten sie sich etwa ähnlich in Luft auf wie Teile der Akten von Rainer Eppelmann? Als der Ex-Pfarrer noch im Bundestag saß, erklärte er 1992 gegenüber dem *stern* sein Erstaunen, dass die Kontakte zu CIA-Mitarbeitern aus seiner Akte bei der BStU verschwunden seien.[8]

Hat eine Institution nach Eppelmanns Akte gelangt und diese bereinigt, weil das Gesetz es befahl? Nach § 37 (1) Ziffer 3 Buchstabe c und d des »Stasiunterlagengesetzes« (StUG) sind geheim zu halten und gesondert zu verwahren:

- Unterlagen über Mitarbeiter von Nachrichtendiensten des Bundes, der Länder und der Verbündeten,
- Unterlagen
  - über Mitarbeiter anderer Nachrichtendienste,
  - mit technischen oder sonstigen fachlichen Anweisungen oder Beschreibungen über Einsatzmöglichkeiten von Mitteln und Methoden auf den Gebieten der Spionage, Spionageabwehr oder des Terrorismus,
  - wenn der Bundesminister des Innern im Einzelfall erklärt, dass das Bekanntwerden der Unterlagen die öffentliche Sicherheit gefährden oder sonst dem Wohl des Bundes oder eines Landes Nachteile bereiten würde,

Verhält es sich so, dann bedeutet dies, dass vermutlich alle Akten von ehemaligen DDR-Bürgern, die vom MfS erfasst wurden, weil sie bewusst oder unbewusst mit Geheimdienstmitarbeitern oder von diesen geworbenen Spionen in Kontakt standen, entsprechend »bereinigt« wurden. Man hat vorsätzlich Spuren verwischt, die auf andere Nachrichtendienste weisen.

Das heißt: Betreffende erhalten eine unvollständige Akte, ohne dass ihnen dies bewusst wird. Sie erfahren weder, welche Blätter entnommen wurden, noch wird ihnen wegen dieser Lücken offenbart, warum das MfS so handelte. Die tatsächlichen Gründe für das Vorgehen bleiben im Dunkeln. Es bleibt nur das Gefühl der Überwachung und Kontrolle. Vor diesem Hintergrund ist man natürlich für die Lüge von der flächendeckenden MfS-Willkür eher empfänglich.

Im 2007er Bericht sind auch 11.744 Meter Karteien aufgeführt. Was steht dahinter? Unterstellt, dass es sich dabei um Unterlagen der Abteilung XII, der zentralen Auskunftskartei, handelte: Wie wurden die Karten gezählt und vermessen, die in der Regel als DIN-A6 existieren?

Im Archiv der Abteilung XII sollen laut umseitiger BStU-Tabelle 49.554 Meter Aktenmaterial vorhanden gewesen sein.

Matthias Wagner, ein ausgebildeter Archivar, hat im Auftrag der Modrow-Regierung mit der Archivierung der Unterlagen des aufgelösten MfS begonnen. Er war auch am Aufbau der BStU-Archive beteiligt. Über den Ausgangsbestand der Abteilung XII berichtete er 2001 in einer Publikation: »Das Haus habe ein Fassungsvermögen von 30.000 laufenden Metern Akten, erklärte unser Führer im dunkelblauen Kittel, dem die Seitentaschen fehlten. Gegenwärtig sei es mit 20.000 Metern Akten und Karteien belegt.«[9]

Wie erklärt sich die Differenz von 29.554 Metern?

Damit nicht genug.

Offenkundig schlug man auch fremde Akten der »Stasi«-Hinterlassenschaft zu. So findet sich auf Seite 41 des 8. Tätigkeitsberichtes der BStU folgender bemerkenswerter Hinweis:

»Nicht alle in § 6 StUG als Unterlagen des Staatssicherheitsdienstes bezeichneten Informationsträger, die in den von der Bundesbeauftragten verwalteten Archivablagen vorhanden sind, entstanden beim MfS selbst.

Ein Teil hiervon sind Akten von Gerichten und Staatsanwaltschaften der DDR, die dem Staatssicherheitsdienst überlassen worden sind. Dabei handelt es sich etwa um Gerichtsakten von Staatsanwaltschaften und um Strafakten der allgemeinen Kriminalität. […]

Ebenfalls zu den nicht beim MfS entstandenen Ablagen gehören die Gefangenenakten der Verwaltung Strafvollzug des DDR-Ministeriums des Innern oder archivierte Akten zu einer Reihe von Verurteilten der Sowjetischen Militärtribunale.«

Verschwiegen wird hier, dass sich diese Materialien gemäß zentraler staatlicher Weisungen in den Archiven des MfS befanden und diese dem MfS nicht irgendwie überlassen wurden.[10]

Verschwiegen wird ferner, um wie viele Akten dieser Herkunft es sich handelt. Es finden sich keine Meterangaben.

Also weiß man auch an dieser Stelle nicht, wie viele Aktenbündel abgezogen werden müssen, wenn man wahrheitsgemäß über den tatsächlichen Umfang von »Opfermaterialien« redet oder schreibt.

Von weitaus größerer Bedeutung als die Zahl der laufenden Meter ist die inhaltliche Qualität des Materials. Anders ausgedrückt: Was offenbart und wofür ist es im Sinne der BStU brauchbar?

Sowohl unter Gauck als auch unter Birthler wurden Inhalt und Charakter der Unterlagen des MfS in den Tätigkeitsberichten prinzipiell verschleiert.

Im Laufe der Jahre mussten jedoch Aussagen zu einigen bedeutsamen Vorgangsarten genannt werden, deren Inhalt in erster Linie Aufschluss über »Opfer« der DDR geben sollte. So zu *Operativen Vorgängen* (OV).

Bei solchen Maßnahmen wurden Personen von operativen Diensteinheiten bearbeitet, die im Verdacht standen, Staatsverbrechen oder andere für das MfS bedeutsame Straftaten begangen zu haben, oder vorhatten, solche zu begehen. Es handelte sich also um Vorgänge, deren Inhalt unmittelbar Absichten und Methoden der operativen Tätigkeit des MfS widerspiegelten.

Der 2. Tätigkeitsbericht der BStU (1995) gibt auf Seite 64 einen Hinweis auf 20.520 Operativvorgänge, die im Zeitraum von 1950 bis 1989 von der Abteilung XII archiviert worden waren. Die Zahl der noch nicht archivierten, also der in den

Diensteinheiten 1989 noch laufenden OV, ist darin nicht ausgewiesen. Ihre Zahl dürfte aber zu vernachlässigen sein. Die untenstehende Grafik zeigt die von der BStU angegebene zeitliche Verteilung der archivierten Vorgänge.

Auch wenn die BStU die Erklärung zum auffälligen Rückgang der Operativen Vorgänge in den 70er und 80er Jahren schuldig bleibt – eine behauptete wachsende Repression durch das MfS lässt sich daraus jedenfalls nicht ableiten.

Operativvorgänge, die in Bezirksverwaltungen sowie von Kreis- und Objektdienststellen archiviert wurden, sind nicht ausgewiesen.

Es wäre ein Leichtes gewesen, die OV zu charakterisieren. Denkbar wäre eine Beurteilung der Vorgänge nach diesen Fragen, womit man auch zu einer qualitativen Bewertung käme.
- Welcher Tatverdacht bestand?
- Anzahl der bearbeiteten Personen
- Welches Ziel wurde mit dem OV verfolgt (Inhaftierung, Anwerbung etc.)?
- Zeitraum der Bearbeitung
- Mit welchem Ergebnis wurde der Vorgang abgeschlossen?

Eine qualitative Aufbereitung unterblieb. Warum? Soll im Dunkeln bleiben, wie viele Vorgänge wegen NS-Verbrechen, Spionage, Sabotage, Wirtschaftsstraftaten, kriminellem Menschenhandel, Gewalttaten, staatsfeindlicher Propaganda usw. bearbeitet wurden?

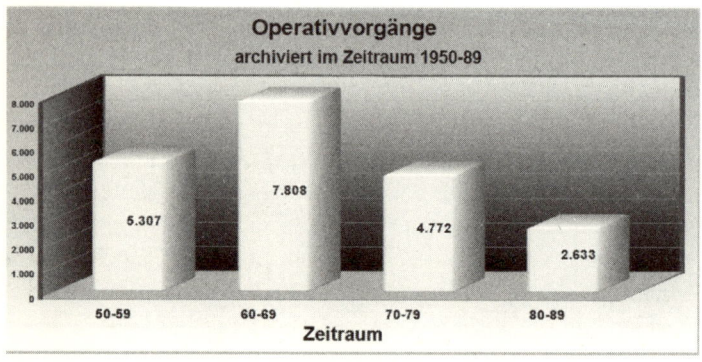

Obgleich die Statistik einen Rückgang der Operativvorgänge ausweist, wird eine wachsende Überwachung behauptet

Insbesondere die Ergebnisse, mit denen die Operativen Vorgänge abgeschlossen wurden, wären von Bedeutung. Wieviel solcher Vorgänge wurden durch Einleitung eines *Ermittlungsverfahrens* (EV) nach welchen Straftatbeständen beendet? Wie viele der Vorgänge wurden eingestellt, weil sich der Verdacht nicht bestätigte oder weil andere Gründe vorlagen?

Tatsächlich endeten lediglich 30 Prozent der OV mit der Einleitung eines Ermittlungsverfahrens.[11] Also zwei von drei Operativen Vorgängen erwiesen sich als strafrechtlich nicht relevant und wurden eingestellt.

Aus dem gleichen 1995er BStU-Bericht stammen auch die Angaben über die von der Hauptabteilung IX (HA IX) zwischen 1950 und 1989 archivierten *Untersuchungsvorgänge* (UV), also Ermittlungsverfahren. Insgesamt 17.544 wurden in diesem Zeitraum archiviert. Auch hier fehlen charakterisierende Kriterien, die eine Beurteilung des Verfahrens erlaubten.

- Einleitungstatbestand (welche Paragraphen des StGB/DDR wurden im Schuldvorwurf genannt)?
- War eine operative Bearbeitung der Ausgangspunkt?
- Zeitraum der Bearbeitung
- Abschlusstatbestand – erfolgte eine Übergabe an den Staatsanwalt?
- Wurde Anklage erhoben?
- Erfolgte eine gerichtliche Verurteilung? Wenn ja: nach welchen Paragraphen?

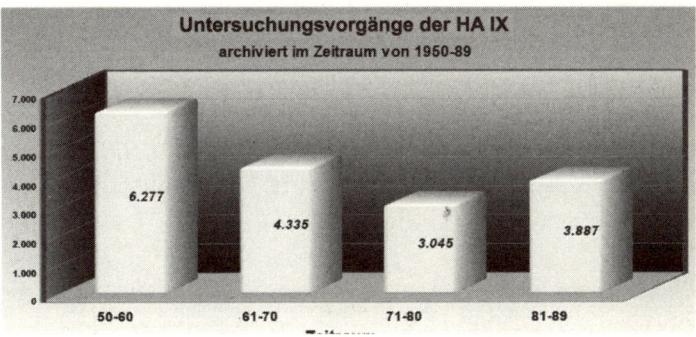

Auch diese Darstellung hinterlässt Fragen, weil keine weiteren Erklärungen geliefert werden, die aber nötig sind

Es gab auch Fälle, in denen Ermittlungsverfahren einge-stellt, an die Deutsche Volkspolizei oder an ein Gesellschaftli-ches Gericht (§ 58 StPO der DDR) zur weiteren Bearbeitung und Entscheidung übergeben wurden.

In höchstem Maße verwunderlich ist, dass der Inhalt dieser Untersuchungsverfahren weder in den Tätigkeitsberichten der BStU Erwähnung findet noch in den vielfältigen Schuldvor-würfen gegen das Untersuchungsorgan des MfS jemals eine Rolle spielte. Darauf wird an anderer Stelle noch detailliert ein-zugehen sein. Deshalb an dieser Stelle nur einige Hinweise zum Wert dieser Vorgänge.

Sie geben konkreten Aufschluss über den Schuldvorwurf, zu Konzepten sowie zum zeitlichen Verlauf operativer und straf-rechtlicher Ermittlungen. Sie enthalten Beweismittel oder geben Hinweis, wo diese zu finden sind und bieten auch detail-lierte Ansatzpunkte zur Überprüfung des Ablaufs von Verneh-mungen und anderen Untersuchungshandlungen. Selbst zu den Bedingungen der Untersuchungshaft finden sich dort Aus-sagen.

Sind das die Gründe, weshalb an diesem Punkt pauschaliert wird, statt konkret zu werden?

Eine dritte Möglichkeit einer realistischen Bewertung der Tätigkeit des MfS war seit 1972 die *Operative Personenkon-trolle* (OPK). Sie erfolgte zur vorbeugenden Aufklärung oder Sicherung von Personen. Nicht mehr als zehn Prozent wurden in einen Operativen Vorgang überführt, wobei einige Zielper-sonen als Inoffizielle Mitarbeiter (IM) geworben wurden. Etwa 90 Prozent der Operativen Personenkontrollen wurden ohne jegliche Folgen für die erfasste Person eingestellt und archiviert.

Laut BStU wurden von operativen Diensteinheiten des MfS Berlin 7.998 Operative Personenkontrollen im Zeitraum 1972 bis 1979 und 13.289 OPK von 1980 bis 1989 archiviert. Auch hier wäre eine entsprechende Charakterisierung nützlich und hilfreich. Vorausgesetzt, es ginge um eine sachliche Darstellung.

Entgegen der sonstigen Verfahrensweise wurden durch die BStU zu den erläuterten drei Vorgangsarten, deren Inhalt Auf-schluss über den Umfang der »Opferproduktion« geben könnte, keine Aktenkilometer ausgewiesen.

Ähnlich wie in der Bundesrepublik erfolgten in der DDR Sicherheitsüberprüfungen von Personen, denen bestimmte Aufgaben, Befugnisse oder Vollmachten erteilt werden sollten. Welchen Umfang die meist positiven Ergebnisse dieser Überprüfungen im Aktenbestand des MfS einnehmen, ist weder in Zahlen noch in laufenden Metern ausgewiesen.

Unbekannt ist auch die Zahl der laufenden Meter, welche die im Zeitraum von 1950 bis 1989 abgelegten 228.030 IM-Akten einnehmen würden.

Soweit es das Ziel ist, den zahlenmäßigen Umfang und das Ausmaß der Beeinträchtigung oder Verfolgung potenzieller »Opfer« durch das MfS zu untersuchen, müssten darüber hinaus, aus offensichtlichen Gründen, folgende Unterlagen aus den bisher publizierten Zahlen ausgegliedert werden:

- In der Rubrik: Unterlagen der Diensteinheiten (Schriftgut einschließlich Karteien des MfS und spezieller Datenträger im unerschlossenen Bestand) sind Diensteinheiten erfasst, die keinen unmittelbaren Bezug zur operativen Arbeit hatten, wie Kaderabteilung, Parteileitung, Medizinischer Dienst, Finanzen, Auswertungs- und Informationsgruppen, Wach- und Sicherungseinheiten, Baubetriebe und Randbereiche bis hin zur Sportvereinigung Dynamo. Deren Materialbestand beläuft sich auf insgesamt rund 14.000 laufende Meter.
- Etwa 50.000 Akten über Objekte und Personen gegnerischer Geheimdienste und anderer gegen die DDR tätiger Zentralen (ohne Angabe der laufenden Meter);
- Im Archiv des MfS befinden sich des Weiteren Unterlagen und Beweisdokumente aus der Zeit des Faschismus. Diese Aktenbestände belaufen sich laut BStU auf 11.000 Meter.
- Der Aktenbestand zu allen seit 1950 im MfS tätig gewesenen Mitarbeitern, Zivilangestellten sowie Unteroffizieren auf Zeit, die ihren Dienst im MfS versahen, beträgt etwa 12.500 Meter.
- Ebenfalls im Archiv des MfS finden sich 1.555 Meter Personalunterlagen des ehemaligen Wachregimentes »Felix Edmundowitsch Dzierzynski«.
- Letztlich wurden dem »Opferberg« auch noch rund 22.000 Meter archivierter Unterlagen über abgelehnte

Einstellungsvorschläge, Schriftgut, Karteien, Bild- und Tonträger aus dem gesamten Kaderbereich zugeschlagen.

Matthias Wagner benannte in seinem Buch eine weitere Kategorie: »Mir wurde sofort bewusst, daß die 10.000 Meter Reserve nicht genügen würden, um alle Papiere aufzunehmen, die nun aus den anderen Häusern kommen würden. Darunter würde gewiss auch Nutzloses sein. Die Verwaltung Rückwärtige Dienste, die ca. 12.000 Meter abliefern sollte, brachte auch die abgerissenen Essenmarken, die über Monate erfasst worden waren, ins Archiv. Aber da kein Stück Papier vernichtet werden durfte, blieben die Marken in den Akten.«[12]

Eine Zusammenfassung – inklusive der Essenmarken – der dazu angegebenen laufenden Meter ergibt mehr als 70.000 Meter Aktenmaterial, das als »Opferbeweis« nicht geeignet ist. Keine unbedingt scharfe Munition gegen das MfS. Aber als Füll- und Schwungmasse taugt es durchaus. Mit Masse lässt sich noch immer beeindrucken.

Trotz der offenen Fragen und fehlender Angaben über laufende Meter benannter Aktenbestände soll nachfolgend der Versuch einer zusammenfassenden Übersicht gemacht werden, welche den Verdacht bewusster Verschleierung stützt:

Aktenbestand der BStU – Widersprüche und Fragen	lfd. Meter
Im Jahre 1993 meldete die Gauck-Behörde einen Gesamt-Aktenbestand von:	177.950
Bis 2006 war dieser angewachsen auf:	180.000
Ein Jahr danach hatte sich der Bestand verringert auf:	123.726
Bei einer Kategorisierung nach Inhalt und Charakter müssten ca. 70.000 m, die für eine Kriminalisierung des MfS bzw. den »Diktaturenvergleich« nicht geeignet sind, gesondert ausgewiesen werden. Es bliebe ein Bestand von:	53.726

Auch diese Zahl ist noch relativ, da zu bedeutenden Materialien – die nicht mit der Personenbearbeitung in Verbindung zu bringen sind – keine laufenden Meter ausgewiesen wurden.

Im Hinblick auf die operative Bearbeitung von Personen ließe sich konkret bestimmen, wieviel Aktenkilometer dazu existieren. Beachtet werden müssten in diesem Zusammenhang die Ergebnisse sowie die Tatsache, dass zu einer Person operatives als auch Aktenmaterial aus Ermittlungsverfahren existieren kann, welches in den Archiven getrennt abgelegt sein dürfte. Erst eine Darstellung der Anzahl von Personen – gegliedert nach den Ergebnissen ihrer Bearbeitung – und der ihnen jeweils insgesamt zuzuordnenden laufenden Meter Aktenmaterial ergäbe ein realistisches Bild.

Würde die BStU darüber hinaus die laufenden Meter des Aktenmaterials benennen, die tatsächlich zu Anträgen auf Rehabilitierung/Wiedergutmachung existieren, wäre das von ihr vorgegebene »Opferpotenzial« im Wesentlichen bestimmbar.

Innerhalb dieser Kategorie müsste dann differenziert werden zwischen tatsächlichen Opfern und aus politischen Gründen rehabilitierten Straftätern ,wie etwa den Terroristen Burianek und Kühn, Tausenden von Spionen, Hunderten von Saboteuren, Menschenhändlern und anderen nach internationalen Maßstäben schuldig gewordenen Tätern, die juristisch nicht Opfer sein können.

Es bliebe dann ein Aktenbestand übrig, der weitaus weniger betrüge als die von der BStU propagierten Zahlen. Behauptungen über eine flächendeckende Überwachung der DDR-Bürger und ausufernde Repressionen wären damit widerlegt.

1.2 Akteneinsicht – Zahlen und ihre Deutung

»Es ist die vom Gesetzgeber geschaffene Möglichkeit für jeden und jede, die das interessiert, die eigene Akte zu sehen. Persönliche Akteneinsicht nennen wir das. Hierin sehe ich eigentlich den wichtigsten Beitrag zur persönlichen und gesellschaftlichen Aufarbeitung«, erklärte Marianne Birthler 2006 vor dem Bundestagsausschuss für Kultur und Medien.[13]

War bis dato von 1,5 bis 1,7 Millionen Anträgen die Rede, so spricht der 8. Tätigkeitsbericht der BStU 2007 von insgesamt 2.405.723 Anträgen auf Einsicht und Auskunft.

Welche reale Bedeutung aber hat die Zahl von rund 2,4 Millionen Anträgen für die »gesellschaftliche Aufarbeitung«?

Erlaubt die Nachfrage, die allenfalls quantitativ erfasst, auch eine qualitative Aussage? Beweist sie mehr als nur Neugier? Was konkret waren die Gründe, weshalb ein Antrag auf Ak-

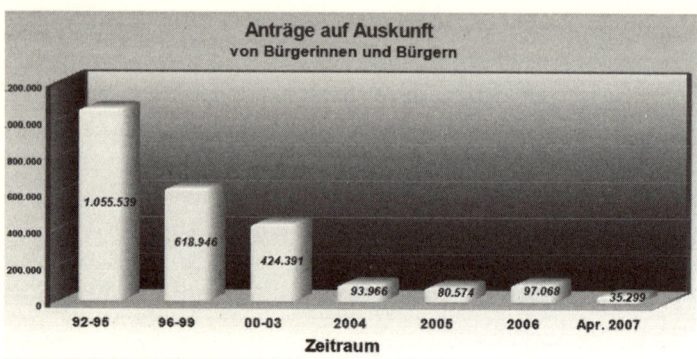

Die Zahl der Anträge sinkt stetig, doch die BStU behauptet, es gäbe unvermindert großes Interesse

teneinsicht gestellt wurde? Und selbst wenn dies mit den einschlägigen Fragebögen ermittelt wird: In den Tätigkeitsberichten der BStU findet sich dazu nichts. Es wäre doch nützlich zu erfahren:

1. Sind in dieser Zahl nur Anträge von Bürgerinnen und Bürgern erfasst, die ein – wie auch immer geartetes – persönliches Interesse hatten und dieses damit befriedigten?

2. Wie wurden wiederholte Anträge von Bürgern registriert? Erfolgte eine einfache Addition? Falls dies zutrifft: Wie hoch ist die Zahl der mehrfach gestellten Anträge?

3. Sind die in den Rubriken »Anträge zur Rehabilitierung« (87.032) und »Anträge zur Wiedergutmachung« (110.195) gesondert ausgewiesenen Zahlen auch in der Summe der Bürgeranträge enthalten? Wie viel dieser Auskünfte waren für das angestrebte Ziel geeignet?

4. Wie viele Antragsteller blieben ohne Auskunft, weil das MfS über sie keine Akten führte?

Bereits 1992 berichtete enttäuscht die *Berliner Morgenpost*, dass höchstens zehn Prozent der DDR-Bürger erfasst worden seien und eine »Stasi«-Akte hätten.[14] Das Blatt zitiert den Pressesprecher der Gauck-Behörde, David Gill, mit der Bemerkung, dass es ein Irrtum wäre, würde man glauben, es existiere eine Akte über jeden DDR-Bürger, der irgendwann mal einen politischen Witz erzählt habe. »Das ist eine weit verbreitete Legende.« Gill äußerte wenige Wochen nach Öffnung der Behörde: »Die

Aufregung wird schnell abklingen, wenn viele Antragsteller merken, daß sie nie von der Stasi erfaßt wurden.« Sieben Jahre später, 1999, im 4. Tätigkeitsbericht der BStU, findet sich auf Seite 11 jedoch folgender Hinweis, als müsse man noch immer gegen diese Annahme von der Endlichkeit der Akten polemisieren: »Erfahrungswerte zeigen, dass zu etwa einem Drittel der Antragsteller tatsächlich Akten vorhanden sind.«

Zwei von drei gingen leer aus. Sie waren nicht das Opfer und Ausspähobjekt, für dass sie sich hielten.[14a]

Jahre später, im 8. Tätigkeitsbericht, wird auf Seite 42 nur noch von 30 Prozent der Anträge gesprochen, die leer ausgingen. Gleichzeitig wird eine neue Kategorie von Personen eingeführt, zu der nur in 20 Prozent der Fälle Karteikarten vorliegen. Das Verwirrspiel nimmt kein Ende.

Wer von den 2.405.723 im 8. Tätigkeitsbericht ausgewiesenen Antragstellern tatsächlich fündig wurde, hält die BStU unter der Decke. Keine Zahlen, nichts.

Die in Anlage 11 des 8. Tätigkeitsberichts gesondert ausgewiesenen Anträge auf Rehabilitierung und Wiedergutmachung repräsentieren das »Opferpotenzial« der BStU. Doch konkrete »Opferstatistiken« werden nicht ausgewiesen. Geht man davon aus, dass jedem Antrag auf Rehabilitierung ein Antrag auf Wiedergutmachung folgte und die Ergebnisse dieser Anträge zu 100 Prozent erfolgreich gewesen sein sollten – was nicht wahrscheinlich ist –, so ergäbe sich daraus ein pro-

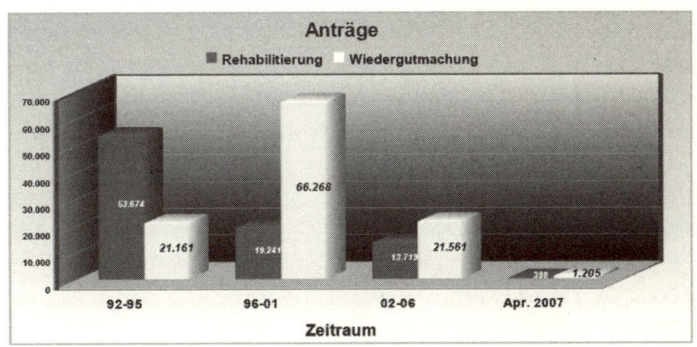

Wenig mehr als ein halbes Prozent der einstigen DDR-Bürger erhalten als »Opfer« eine Wiedergutmachung

zentuales Verhältnis von rund 0,65 Prozent zur Anzahl der ehemaligen Bürger der DDR.

Bezogen auf die Gesamtzahl der Bürgeranträge betrüge der Anteil 4,58 Prozent. Welche Motive veranlassten dann aber die übrigen rund 95 Prozent der Antragsteller, Akteneinsicht zu verlangen.

Waren es durch den Medienrummel geweckte Neugier, Ungewissheit oder gar Hoffnung, in den Kreis der »Opfer« Zutritt zu erlangen? Wollte man sich und seine Biographie bedeutender machen? Erhoffte man sich gesellschaftliche Beachtung, Anerkennung oder gar Reputation?

Was auch immer, das Verschweigen der Motive und Umstände durch die Bundesbehörde erfolgt gewiss nicht grundlos.

Fakten stehen nun einmal der Behauptung entgegen, dass die Menschen in der DDR – worunter faktisch alle zu verstehen sind – bespitzelt und viele verfolgt und eingesperrt wurden. Auf Anfrage der FDP-Fraktion (Drucksache 16/11466) antwortete die Bundesregierung 2009 (Drucksache 16/11555), dass von den 60.198 gestellten Anträgen auf Rehabilitierung und Wiedergutmachung 39.797 bewilligt worden seien. Einschließlich der offen Verfahren blieben also rund 50.000 Opfer übrig. Grund genug, die von der BStU veröffentlichten Zahlen von einer Untersuchungskommission zu überprüfen.

Unübersehbar sind aber auch die rückläufigen Tendenzen, welche die BStU vor die Frage stellen, ihren Personalbestand zu reduzieren oder nach anderen Betätigungsfeldern Ausschau zu halten. Diese Frage ist bereits entschieden, wie sich zeigen wird. Durchdrungen vom Sendungsbewusstsein deutscher Politik richten sich die Aktivitäten der Behörde bereits seit einigen Jahren auf andere Länder und Gebiete in der Welt.

1.3 Denunziant und Dienstleister

Das dies eine wesentliche Zweckbestimmung der BStU ist, belegt das »Stasi-Unterlagen Gesetz« (StUG) vom 29. Dezember 1991.[15]

Schon die Intervalle der Anpassung an die politischen Bedingungen und Bedürfnisse lassen ahnen, welchen Stellenwert dieses Gesetz für die »Aufarbeiter« der Geschichte der DDR hat. Welches andere Gesetz in Deutschland wurde binnen sechzehn Jahren vierzehnmal novelliert?

An Stelle juristischer Kommentare sollen nachfolgend die Schwerpunkte, auf die sich die BStU bei ihrer Tätigkeit konzentriert, und deren Umfang sichtbar gemacht werden.

Hingewiesen werden muss aber vorab auf Bestimmungen des StUG, die ein Bild von den Befugnissen vermitteln, mit denen diese Behörde ausgestattet wurde.

Alle öffentlichen Stellen haben der BStU unverzüglich Anzeige zu erstatten, sobald sie feststellen, »dass sich bei ihnen Unterlagen des Staatssicherheitsdienstes oder Kopien, Abschriften oder sonstige Duplikate solcher Unterlagen befinden«. Gleiches gilt für natürliche Personen und sonstige nicht öffentliche Stellen. Es gehört zur Praxis der BStU, etwa Verfasser von Publikationen, in denen zu MfS-Themen auf Quellen aus persönlichen Archiven verwiesen wird, umgehend aufzufordern, die entsprechenden Unterlagen herauszugeben.

Die BStU ist auch berechtigt, in Registraturen, Archiven oder Informationssammlungen öffentlicher Stellen zu recherchieren, »wenn hinreichende Anhaltspunkte für das Vorhandensein von Unterlagen des Staatssicherheitsdienstes vorliegen« (§ 7).

Zugriffsrecht besteht für Unterlagen der SED oder anderer Einrichtungen der ehemaligen DDR, soweit deren Inhalt Bezug zum MfS und seiner Tätigkeit hat (§ 10).

Selbst das Einwohnerregister der ehemaligen DDR ist vom Zugriff der BStU nicht ausgenommen.

Als Gesamtzahl für »Ersuchen« zur Prüfung wird in Anlage 11 (8. Tätigkeitsbericht) die Summe von 3.238.332 angegeben. Setzt man diese prozentual zu den persönlichen Anträgen von Bürgern in Beziehung, so überwiegen die »Ersuchen« mit 57,37 Prozent deutlich.

Zu den Sachverhalten, die von den »Ersuchen« erfasst werden, ist in Anlage 11 ausgewiesen:

1. Ersuchen zur Überprüfung durch den öffentlichen Dienst: 1.753.493. Daraus folgt, dass mindestens fünfmal mehr Personen durchleuchtet wurden als beim oder für das MfS gearbeitet haben.

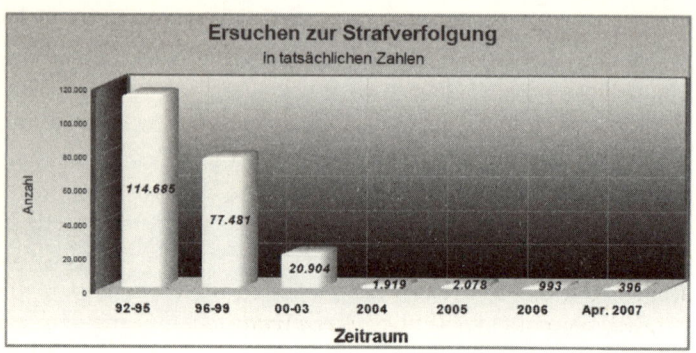

Ersuchen zur Strafverfolgung
in tatsächlichen Zahlen

Hauptauftraggeber der BStU zwischen 1992 und 1999 waren die deutschen Strafverfolgungsorgane

2. Ersuchen zu Rentenangelegenheiten: 1.106.379. Diese dienten der Durchsetzung des Rentenstrafrechts, von welchem nicht nur Mitarbeiter des MfS betroffen sind. Die Ersuchen kamen von Rentenversorgungsträgern mit dem Ziel, eventuell zahlungsmindernde Daten herauszubekommen.
3. Ersuchen zu Sicherheitsüberprüfungen: 169.399. Was auch immer darunter zu verstehen ist bleibt im Dunkeln. Sollte es sich hier auch um Überprüfungen gemäß § 25 StUG »Verwendung für Zwecke der Nachrichtendienste« handeln?
4. Sonstige Ersuchen öffentlicher und nichtöffentlicher Stellen (z. B. zu parlamentarischen Mandatsträgern, Berufsrichtern, Ordensangelegenheiten): 209.061.

Verbergen sich hinter dieser Zahl auch Überprüfungen von Rechtsanwälten und Notaren und leitenden Personen aus dem Sport der ehemaligen DDR, die von der BStU mit dem Ziel der Ausgrenzung intensiv – auch im Jahre 2008 noch – betrieben wurden und weiter aktuell sein werden?

Die Ergebnisse der zu diesen »Ersuchen« durchgeführten Überprüfungen wurden durch die BStU nicht öffentlich gemacht. Warum nicht?

Gesondert ausgewiesen, also nicht als Bestandteil der Gesamtzahl, werden für den Zeitraum von 1992 bis April 2007 insgesamt 218.816 »Ersuchen zur Strafverfolgung«. Von wem und zu welchen Straftaten die Ersuchen gestellt wurden, ist ebenfalls nicht ausgewiesen.

Betrachtet man im vorstehenden Diagramm den Verlauf über die Zeitachse, bietet sich die von Klaus Kinkel mit der Delegitimierung der DDR beauftragte deutsche Justiz als Hauptauftraggeber an. In diesem Falle ist es nicht erforderlich, nach Umfang und Wert der Lieferungen durch die BStU zu fragen. Die für DDR-Gegner niederschmetternde Bilanz der Strafverfolgung von DDR-Bürgern wird noch behandelt. Kein Wunder, dass sie in Talkshows und den Boulevard-Medien nicht zur Sprache kommt. Welche Materialien die BStU auch zugeliefert hat, sie führten nicht zum gewünschten Resultat.

Im November 2007 titelte die *Berliner Zeitung* »BKA wertete Stasiakten über DDR-Opposition aus« und wies damit auf eine ganz andere Richtung zur Rolle der BStU hin.[16] Der Meldung war zu entnehmen: »Die Bundesanwaltschaft bestätigte die Nutzung der Stasi-Erkenntnisse für ihre Ermittlungen. Die Karlsruher Behörde sei befugt, von allen Behörden Auskunft zu verlangen, um einen Sachverhalt zu erforschen, sagte ein Sprecher gestern. Im konkreten Fall sei die Stasi davon ausgegangen, dass einer der heute Beschuldigten 1988 Verbindungen zu Personen aus der linksextremistischen Szene unterhalten habe, erläuterte der Behördensprecher. [...] Die Stasi-Unterlagenbehörde, die den Ermittlern Zugang zu den MfS-Akten gewährt hatte, verwies auf die Gesetzeslage. Demnach darf die Birthler-Behörde auch Opferakten an Ermittler herausgeben, wenn es sich um die Verfolgung besonders schwerer Straftaten handelt oder drohende Gefahren für die öffentliche Sicherheit abgewendet werden müssen.«

In den Statistiken der Tätigkeitsberichte der BStU nicht ausgewiesen ist Gesamtumfang und Inhalt ihrer »Mitteilungen ohne Ersuchen« gemäß § 27 StUG.

Dem 8. Tätigkeitsbericht ist lediglich zu entnehmen: »Aufgrund der Verjährung werden nur noch in Fällen bisher ungesühnter Kapitalverbrechen oder ähnlichem Mitteilungen ohne Ersuchen gemäß § 27 Abs. 2 StUG durch die BStU erstellt. Hingegen sind Mitteilungen ohne Ersuchen gemäß § 27 Abs. 3 StUG, d. h. bei Anhaltspunkten für Spionage, Spionageabwehr,

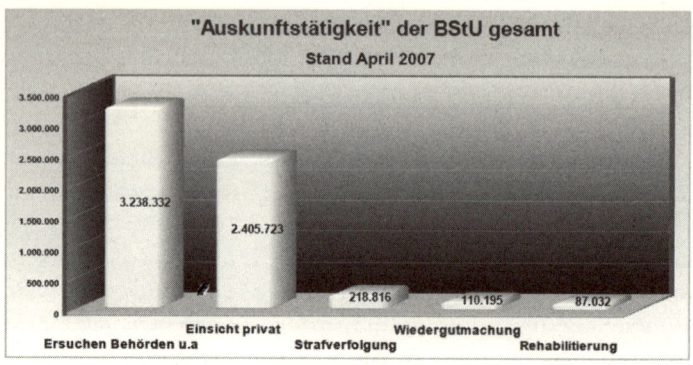

"Auskunftstätigkeit" der BStU gesamt
Stand April 2007

3.238.332

2.405.723

218.816   110.195   87.032

Ersuchen Behörden u.a   Einsicht privat   Strafverfolgung   Wiedergutmachung   Rehabilitierung

Die Statistik weist den dominierenden Schnüffelehrgeiz von Behörden, Einrichtungen und Unternehmen aus

gewalttätigen Extremismus und Terrorismus im Sinne des Bundesverfassungsschutzgesetzes, weiterhin unbefristet an das Bundesministerium des Innern als Nationale Sicherheitsbehörde zu übermitteln. Eine Übermittlungspflicht besteht für die BStU dann, wenn sie gelegentlich der Erfüllung ihrer Aufgaben sowie bei der weiteren archivischen Erschließung in den Unterlagen Hinweise für derartige Sachverhalte findet und diese nicht bereits im Rahmen der bisherigen Bearbeitung mitgeteilt wurden. Dabei ist zu beachten, dass in Fällen des gewalttätigen Extremismus und Terrorismus nicht allein eine Tätigkeit für den Staatssicherheitsdienst Voraussetzung für eine Mitteilung ohne Ersuchen ist, sondern auch Tatbestände ohne Beteiligung des MfS mitgeteilt werden müssen, wenn sie auf eine mögliche Gefährdung der Bundesrepublik Deutschland hindeuten.

Im Berichtszeitraum wurden 143 Mitteilungen ohne Ersuchen gemäß § 27 Abs. 2 und 3 StUG an das BMI bzw. an die zuständige Stelle gefertigt.«[17]

Sicher kann sich auch der Durchschnittsbürger vorstellen, wer mit »zuständiger Stelle« gemeint ist – die Sicherheits- und Geheimdienste.

Bezweifelt werden darf indessen, dass von der Behörde benannte Empfänger in jedem Fall die richtigen waren, wie folgendes Beispiel zeigt: »Im Jahre 2006 wurde ein Ersuchen der Generalbundesanwaltschaft abgeschlossen, in dem es um die Strukturen des sowjetischen Geheimdienstes KGB in der DDR ging und das sich vor allem mit den vom KGB geführten Quellen und den Verbindungsoffizieren befasste. Für die Bearbeitung dieses Ersuchens wurden seit 1995 in den Unterlagen des MfS Tausende Recherchen veranlasst.«[18]

Im Zeitraum von elf Jahren »Tausende Recherchen«, und dies allein im Interesse der Generalstaatsanwaltschaft?

Schwer zu glauben.

In wie viel Fällen die Behörde zur Hexenjagd gegen inoffizielle Mitarbeiter des MfS, zu materieller Benachteiligung, Diffamierung, Ausgrenzung und Kriminalisierung anderer Bürger der DDR beigetragen hat, ist aus dieser Statistik nicht ersichtlich.

Vielfach bewiesen ist, dass beispielsweise das Schicksal von Dr. Heinz Preuß kein Einzelfall ist. Der junge Assistent am Physikalischen Institut der Karl-Marx-Universität Leipzig hatte sich aus Überzeugung zur Zusammenarbeit mit dem MfS verpflichtet und war bis 1965 als IM registriert. Nach dem Ende der DDR wurde er Mitglied der PDS und offenbarte seine Kontakte zum MfS. Unterstützt von seiner Partei wurde er in den Kreistag von Zittau gewählt und in den Bewertungsausschuss in Sachen MfS-Verstrickung delegiert. Der Kreistagspräsident der CDU, Dr. Stefan Schröpel, wies ein erneutes Offenbarungsangebot des Dr. Preuß zurück. Am 20. November 1992 traf beim Kreistag, unter Tgb-Nr. 11638/ 91 Z AU II 1.2.-63 – NO, ein von niemandem angeforderter Einzelbericht der BStU zu Dr. Preuß ein. Darin waren Behauptungen zu seiner IM-Tätigkeit aufgestellt, die durch den Inhalt der IM-Akte nicht gedeckt waren. Es konnte nachgewiesen werden, dass der Berichtschreiber der BStU Inhalte der IM-Akte umgedeutet – um nicht zu sagen: verfälscht – hatte. Medialer Rufmord in der Boulevardpresse war die Folge.[19]

Wie viele ähnlich Betroffene brachten nicht die Kraft auf oder hatten nicht das Umfeld wie Preuß, sich gegen solche Rufmorde erfolgreich zu wehren?

Wie *Der Spiegel* belegt, sind solche Fälle unverändert aktuell. Die Tatsache, dass sich noch immer inoffizielle und hauptamtliche Mitarbeiter des ehemaligen MfS gegen Diffamierung und Kriminalisierung – zum Teil nicht erfolglos – zur Wehr setzen, wird als Gefahr für die »Aufarbeitung« beklagt. Erneut wird zur großen Jagd gegen Tendenzen der Differenzierung geblasen.[20]

Anfang April 2009 skandalisierte das ARD-Magazin *Monitor*, dass beim Brandenburger Landeskriminalamt »rund 100 ehemalige Offiziere der DDR-Staatssicherheit arbeiten«. Mit dem in solchen Fällen üblichen Betroffenheitsgestus hieß es: »Hunderte hauptamtliche und inoffizielle Mitarbeiter der Staatssicherheit wurden nach der Wende in den Polizeidienst übernommen, in der Regel ohne genaue Prüfung ihrer Stasi-Vergangenheit. Die Bilder sind vielen noch gut in Erinnerung. Mitarbeiter der Staatssicherheit drangsalieren Andersdenkende. Und nun erfahren die Opfer, dass so mancher Handlanger der Diktatur nahtlos zum Freund und Helfer in der Demokratie wurde.« O-Ton Prof. Klaus Schroeder, Verantwortlicher des Forschungsverbundes SED-Staat, Freie Universität Berlin: »Das liegt daran, dass viele West-Beamte, die nach 1990 in die neuen Länder kamen, dass denen vorgegaukelt wurde, hier wurde Kriminalarbeit wie anderswo auch getan, was natürlich völliger Quatsch ist. Diese Leute haben Prozesse gegen politisch Andersdenkende vorbereitet, haben sie inszeniert, haben den ganzen Ablauf dieser Prozesse vorbereitet. Die Justiz war sozusagen nur verlängerter Arm der Stasi, wie generell die Stasi ganz andere Funktionen hatte als ein Geheimdienst in einem demokratischen Land, das vergisst man immer.« Über Schroeder (SPD) und den »Forschungsverbund« wird noch zu reden sein.

Und der Kommentar weiter: »Arglistige Täuschung oder Desinteresse der Politik? Das Problem ist doch, dass man offenbar nicht wirklich in die Akten geschaut hat. Wie sonst konnte dieser Stasi-Leutnant, der unter anderem in der Elite-Abteilung IX gearbeitet hat, im LKA Karriere machen? MONITOR fand seine Akte in der STASI-Unterlagenbehörde. Aus seinem Vorgangsheft geht hervor: Als Führungsoffizier führte er viele IMs, also Spitzel, und war mitverantwortlich, dass Menschen ins Gefängnis mussten, wie bei der Stasi-Operation ›Fiber‹, nur weil sie die DDR verlassen wollten. Und auch dieser Mann arbeitet heute im LKA als Dezernatsleiter. Er war Vernehmer, auch in der Abteilung IX der Stasi, der Abteilung, die die Prozesse für die politischen Häftlinge inszenierte. Tausende dieser Vernehmerprotokolle lagern in der Stasi-Unterlagenbehörde.

Auch Berichte über die Schicksale der Opfer. Dass Stasi-Vernehmer aus der Abteilung IX heute im LKA Dezernate leiten, kann man hier kaum glauben.«

Und um dem »Skandal« höchste bundespolitische Weihen zu verleihen, brachte man sogar die Bundeskanzlerin mit ins Spiel. »Angela Merkel weiß wahrscheinlich nicht, wer unter ihrem Parteifreund Schönbohm in der Brandenburger Polizei verantwortlich ist für die Bewachung ihres Wochenendhauses – und das 24 Stunden. Verantwortlich dafür ist der ›Schutzbereich Uckermark‹. Pikant: Auch hier gibt es zwei ehemalige Stasi-Offiziere in Leitungsfunktionen. Einer war jahrelang in der Stasi-Abteilung III, die war unter anderem zuständig für das Abhören von Telefongesprächen aus dem Westen.« Und die Moderatorin Sonia Mikich, immer auf der Suche nach einer Pointe, schloss den Bericht: »Na dann, Frau Merkel, ein schönes und beschütztes Wochenende!«

Wie lustig.

Nachdem ein Sturm der Entüstung durch den bundesdeutschen Blätterwald gerauscht war, kamen immer mehr Fakten zutage, die den zielgerichtet gestreuten Unsinn als solchen offenbarten. Die meisten der 58 im LKA beschäftigen ehemaligen »Stasi-Offiziere«, nämlich 39, waren zur Wendezeit Studenten der Kriminalistik an der Humboldt-Universität. Keiner der 24 Dezernatsleiter, von denen laut *Monitor* 13 einen MfS-Hintergrund hätten, waren früher hauptamtlich beim MfS tätig. Vor der Datsche von Frau Merkel wachten auch ganz normale Aufpasser, wie Brandenburgs Innenministerium die *Monitor*-Behauptung dementierte …

Und während die meisten Aussagen einer sachlichen Überprüfung kaum standhielten und auch in die Medien sickerten, behauptete Schroeder trotzig in einem Interview mit der *Leipziger Volkszeitung*, dass im Staatsdienst bundesweit tausende ehemalige hauptamtliche Stasi-Mitarbeiter beschäftigt seien. »Ich vermute, beim Zoll sind jede Menge, bei der Bundespolizei, beim Innenministerium, im Personen- und Wachschutz, wo man auch hinguckt.«

Das sagte einer im Jahr 20 nach der DDR und als habe es nie eine inquisitorische »Überprüfung« hierzulande gegeben. Ganz zu schweigen vom Wirken der Gauck-Birthler-Behörde.

Und schon beeilte sich das Innenministerium in Magdeburg prophylaktisch zu versichern, dass bei der Polizei in Sachsen-Anhalt noch bis zu 100 frühere Stasi-Mitarbeiter wären. Sie seien vor allem im Personenschutz und in Spezialeinheiten tätig. »1995 seien – nach eingehender Überprüfung jedes Einzelfalls – etwa 200 frühere hauptamtliche Mitarbeiter des DDR-Ministeriums für Staatssicherheit bei der Polizei tätig gewesen.«

Auch das Schweriner Innenministerium sprang gleich übers Stöckchen und apportierte brav. »In Mecklenburg-Vorpommern hat etwa jeder zehnte frühere DDR-Polizist wegen Stasi-Verstrickungen den Dienst quittieren müssen. Wie das Innenministerium in Schwerin bekannt gab, wurden nach der Wende 7.785 Polizisten und Angestellte auf Zusammenarbeit mit der DDR-Staatssicherheit überprüft. 919 belastete Polizisten wurden in die Landespolizei übernommen, 819 aber entlassen. Der Landeschef der Polizeigewerkschaft GdP, Michael Silkeit, zeigte sich überzeugt davon, dass – anders als in Brandenburg – im Nordosten keine Stasi-belasteten Beamten in Führungspositionen gelangt seien. ›Wir sind da einen sehr restriktiven Kurs gefahren‹«, zitierte ihn das *Hamburger Abendblatt*. Wie man las, nahm er die offenkundige Lüge von *Monitor* für bare Münze. Was braucht man Feinde, wenn man solche Kollegen an der Spitze der Gewerkschaft hat?

Die Reflexe sind stets die gleichen, die Mechanismen funktionieren. Es ist immer das gleiche Ritual: Behauptung, Dementi, Nachlegen, Kuschen, Schweigen im Walde.

Aufallend die Ausnahme, eine Wort-Meldung von Hans Peter Schütz im Blog von *www.stern.de* vom 5. Juli 2009. Der Journalist, der schon 1965 über den Wahlkampf von Ludwig Erhard schrieb, verwies in seinem kurzen Internet-Beitrag auf die Historie der Bundesrepublik. »Große Aufregung darüber, dass in Brandenburgs Polizei viele arbeiten, die mal der Stasi gedient haben. ›Unerhört‹ schimpft die CDU, dass auch die Kanzlerin Merkel von Leibwächtern geschützt wird, die mal bei der Stasi waren. Als es um die Alt-Nazi ging, war die CDU lange nicht so sensibel.

Die Maßstäbe, die jetzt in der öffentlichen Diskussion an die Beschäftigung von ehemaligen Mitarbeitern des DDR-Staatssicherheitsdienstes angelegt werden, sind bemerkenswert hochmoralisch. ›Skandal, Skandal‹, schimpft vor allem die CDU, dass nach der Wiedervereinigung auch hauptamtliche MfS-Mitarbeiter in den Polizeidienst übernommen wurden. Vor allem das Land Brandenburg wird als ›kleine DDR‹ geschmäht.

Eine bemerkenswert peinliche Aufregung, vor allem für die CDU. Wohl vergessen, kann man sie fragen, dass die Bundesrepublik ab ihrem Gründungstag eine ›große Altnazi-Republik‹ war? Konrad Adenauer übernahm Hunderttausende in den öffentlichen Dienst, die dort nicht hingehörten, weil sie den Nazis zuvor mit Hingabe gedient hatten. Die bei jeder Gelegenheit ›Heil Hitler‹ geschrien hatten. Die die Justiz in den Dienst der Juden-Mörder stellten. Die Soldaten, die den Krieg nicht mehr ertrugen, als ›Fahnenflüchtlinge‹ aufhängen ließen. Die als Lehrer für junge Menschen erst Goebbels in den Himmel gehoben hatten, um dann als Oberstudiendirektoren im Unterricht die deutsche Geschichte schon vor dem Ersten Weltkrieg zu beenden.

Beim Entnazifizieren war die westdeutsche Republik pfeilschnell. Adenauer ließ sich im Kanzleramt die Macht vom Ex-Obernazi Globke verwalten. Ein Nazi-Jurist wie Hans Karl Filbinger durfte sogar Ministerpräsident werden. Und wurde vor kurzem noch als Anti-Nazi von seinem Amtsnachfolger Oettinger gefeiert. Das war selbst der Kanzlerin zuviel.

Die Nazis hatten weit mehr Mitläufer als die Honecker-Clique. Der Westen schob die Nazi-Akten flugs ins Archiv ab oder verfeuerte sie umgehend. Und 20 Jahre mussten vergehen, bis die für das Nazi-Regime Verantwortlichen der jungen Generation die Diskussion darüber erlaubte, auf wessen Händen Hitler denn an die Macht gekommen ist.«

1.4 Die BStU auf »Friedensmission« im Irak und in anderen Teilen der Welt

Wie weit die Behörde bereits in außenpolitische Konzepte der deutschen Politik eingebunden ist, reflektiert sie in ihren Tätigkeitsberichten nicht ohne Eigenlob: »Im Dezember 2005 war der Irak-Beauftragte im US-Außenministerium, James Jeffrey, mit einer kleinen Abordnung sowie Vertretern des Auswärtigen Amtes zu einem Schwerpunktgespräch zum Thema Irak bei der Behördenleitung zu Gast. Er bestätigte, dass politische Verfolgung, Übergriffe und Zwangsumsiedlungen im Irak viele Jahre lang detailliert dokumentiert wurden und umfangreiche Aktenbestände vorhanden sind.

Die BStU bekräftigte ihre Bereitschaft, Fachleute aus dem Irak während eines Arbeitsbesuches in der Behörde zu betreuen, was sie schon im Mai 2005 einer Delegation des irakischen Menschenrechtsministeriums angeboten hatte. Irakische und amerikanische Fachleute wenden sich immer wieder auch mit Fragen zur ›Debathifikation‹ an die Bundesbeauftragte. Damit sind Verfahren gemeint, mit denen Verantwortungsträger der ehemals herrschenden Baath-Partei von öffentlichen Funktionen vorübergehend oder dauerhaft ausgeschlossen werden sollen.

Trotz wesentlicher Unterschiede liegt es nahe, dabei auch auf Erfahrungen mit der Überprüfung des öffentlichen Dienstes in Deutschland und den als ›Lustration‹ bezeichneten Verfahren in anderen osteuropäischen Ländern zurückzugreifen. Mittlerweile beteiligt sich die BStU an einem Internet-Forum *(www.niqash.org)*, das sich mit der Vergangenheitsbewältigung im Irak befasst. Ein freier Meinungsaustausch zu Schlüsselfragen der gesellschaftspolitischen Entwicklung ist wegen der Sicherheitslage im Irak auf absehbare Zeit nur im Internet möglich.«[21]

»Debathifikation« ist also die irakische Form der – unter Schirmherrschaft der USA – betriebenen Delegitimierung, Kriminalisierung und Ausgrenzung. Es sollte nicht verwundern, wenn mit Hilfe der BStU rückwirkend Gründe für die US-amerikanische Aggression gegen den Irak ans Tageslicht kämen.

Ist es wirklich die »Sicherheitslage«, welche es der BStU geraten erscheinen lässt, von außerhalb der Grenzen des Irak zu agieren, oder spielt hier die Erfahrung eine Rolle, dass nur ein geringer Prozentsatz ehemaliger DDR-Bürger Vertrauen in die Tätigkeit der Behörde hat? Wie werden wohl Schiiten und Sunniten auf abendländische Methoden der Diskriminierung irakischer Landsleute und ihrer gesellschaftlichen Wertvorstellungen reagieren? Benötigt das Innenministerium der BRD Argumente für die wachsende Terrorgefahr?

Besonders intensiv orientiert sich die BStU seit 2005 darauf, Einfluss auf ehemalige Mitgliedstaaten des Warschauer Paktes, wie Polen, die baltischen Staaten, Rumänien, Slowenien, Tschechien und Ungarn, zu nehmen. Schützenhilfe erhält sie dabei sowohl vom Außenministerium wie auch vom in den Zielländern tätigen Stiftungen. Namentlich genannt werden die Robert-Bosch-Stiftung, die Körber-Stiftung, die Hanns-Seidel-Stiftung, die Friedrich-Ebert-Stiftung, die Heinrich-Böll-Stiftung und die Konrad-Adenauer-Stiftung.[22]

Im Fokus steht das Thema »Lustration«, worunter die politische Säuberung des öffentlichen Dienstes und der Parlamente, der Parteien, der Wirtschaft und das Wirken der jeweiligen Geheimdienste zu verstehen ist. Also das volle Programm, welches in Deutschland seit der Übernahme der DDR wirkt. Neben der Vergiftung des gesellschaftlichen Lebens in diesen Ländern, bietet die Zusammenarbeit und Kooperation der BStU und letztlich der BRD nicht unerhebliche Vorteile. Die dadurch erlangten Informationen sind nicht nur für den BND von unschätzbarem Wert. Es ermöglicht der Politik und Wirtschaft unmittelbare Einflussnahme auf Personen und Prozesse der Entwicklung in diesen Ländern und begünstigt so die deutschen Expansionsziele.

Deshalb überrascht es auch nicht, dass die Behörde ihre Fühler nach Südamerika (Uruguay, Paraguay), Afrika (Marokko) und Asien (Südkorea) ausstreckt, um sich Stützpunkte in diesen Erdteilen zu schaffen. Damit eröffnen sich für die BStU gute Chancen, ihre Existenzberechtigung auf lange Dauer nachzuweisen. Nicht auszuschließen, dass ein entsprechendes Arbeitsgebiet im Außenministerium der BRD entsteht.

Anmerkungen

0 Das ist der Ist-Zustand, der von dem abweicht, was man Mitte der 90er Jahre war und was man vorhatte. Zitat aus der Wochenzeitschrift *Die Zeit* vom 26/1996: »3.100 Angestellte, davon 95 Prozent aus der Ex-DDR, drei Bürokomplexe in Berlin, 14 Außenstellen in ehemaligen Bezirksstädten der DDR. 180 Kilometer Regale voller Unterlagen. Mehr als 35 Millionen Karteikarten, Hunderttausende Bild- und Tondokumente. Fast

zwei Millionen Anträge auf Überprüfung von Personen wurden bisher beantwortet, über 1 Million Anträge auf Akteneinsicht gestellt, 700.000 davon erledigt. Ab 1997 ist der langsame Abbau der Behörde geplant – bis
auf die 60 Mann starke Abteilung Bildung und Forschung.«

1 4. Tätigkeitsbericht des Bundesbeauftragten für die Unterlagen des Staatssicherheitsdienstes der ehemaligen Deutschen Demokratischen Republik,
1999, S. 5.
2 Deutscher Bundestag, 16. Wahlperiode; Jahresbericht der Bundesregierung zum Stand der deutschen Einheit 2007. Drucksache 16/6500,
21. September 2007.
3 Erklärung des Willy-Brandt-Kreises zum künftigen Umgang mit den Stasi-Akten, Berlin, den 17. Februar 2005. Unterzeichner: Egon Bahr, Peter
Ränder, Peter Brandt, Daniela Dahn, Friedrich Dieckmann, Hans Gieß-
mann, Günter Grass, Ingomar Hauchler, Christine Hohmann-Denn-
hardt, Hans Misselwitz, Irina Mohr, Oskar Negt, Claus Noè, Edelbert
Richter, Michael Schaaf, Axel Schmidt-Gödelitz, Friedrich Schorlemmer,
Manfred Uschner.
4 8. Tätigkeitsbericht der Bundesbeauftragten für die Unterlagen des Staatssicherheitsdienstes der ehemaligen Deutschen Demokratischen Republik,
2007, Vorwort, S. 5. Drucksache 16/5800, 3. Juli 2007.
5 Deutscher Bundestag, 16. Wahlperioda, Protokoll Nr. 16/5-2.
6 BStU: Erster Tätigkeitsbericht 1993 / S. 25.
7 Verlautbarung des Pressesprechers der BStU, in: *Neues Deutschland* vom
9. Januar 1994.
8 Vergleiche *stern* 48/92, S. 318 ff.
9 Matthias Wagner, Das Stasi-Syndrom, edition ost, Berlin 2001, S. 41.
10 Ebenda.
11 Die Sicherheit. Zur Abwehrarbeit des MfS, edition ost, Berlin 2002, Bd.
II / S. 571.
12 Ebenda, S. 559.
13 Deutscher Bundestag, 16. Wahlperioda, Protokoll Nr. 16/5-2.
14 vgl. »Viele werden überrascht sein, dass es über sie kein MfS-Dossier
gibt«, in: *Berliner Morgenpost* vom 27. Januar 1992.
14a»Manche Leser wundern sich über die Harmlosigkeit ihrer Aktennotizen:
›Das war alles?‹ Häufig sind Leser entrüstet, daß die Akte viel zu klein sei,
dass viele ihrer wahren Heldentaten nicht registriert wurden. Einer be-
schwerte sich: ›Wenn Biermann fünfzig Akten hat, müsste ich mindestens fünf haben.‹ Besonders verbittert reagieren oft Antragsteller, von denen gar keine Akte existiert. ›Das kann nicht sein. Ich habe die doch
bekämpft.‹ Die Akte adelt. Einige glauben sogar, daß die Gauck-Behörde
im Stasi-Stil die Akte für eigene Zwecke zurückhalte. Andere Aktenein-
seher sind über ihre biographischen Skizzen so entsetzt, daß sie die sofor-
tige Beseitigung fordern. Schon der Gedanke, daß Frau Trümpelmann
›das alles gelesen‹ hat, ist ihnen äußerst peinlich. Doch erst ab 1997 kön-

nen Opfer die Vernichtung ihrer Akte verlangen, es sei denn, sie sind Personen der Zeitgeschichte wie Ministerpräsident Manfred Stolpe. Frau Trümpelmann, die vermutlich mehr Aktenschicksale kennt als die meisten Stasi-Offiziere, ist inzwischen nichts Menschliches und Unmenschliches mehr fremd. Angesichts der oft ›grauenhaften Schilderungen von Verbrechen, Fremdgehen, Perversitäten sollten diese Arbeit allerdings nur ältere Leute mit Lebenserfahrung machen‹, sagt sie. Auch ihr gehen manche Texte noch immer unter die Haut. ›Da lese ich so entsetzliche Sachen, daß ich mir zwischendurch die Hände waschen muß. Kindesmissbrauch zum Beispiel. Wenn solche Leute dann herkommen, kann ich ihnen nicht die Hand geben.‹ Aber sie gibt ihnen die Akte – wie ein Zeugnis.« Aus: *Die Zeit* 26/1996, »Stasi-Vergangenheit: Deutschstunde bei Gauck«.

15 Überarbeitete Fassung vom 4. März 1994, 31. Juli 1994, 1. Januar 1995, 28. Dezember 1996, 1. April 1998, 24. Dezember 1998, 22. Juni 1999, 1. Januar 2002, 30. Juni 2002, 6. September 2002, 1. April 2003, 22. August 2003, 29. Dezember 2006, bisher letzte Neufassung vom 18. Februar 2007.

16 *Berliner Zeitung* vom 14. November 2007.

17 8. Tätigkeitsbericht der Bundesbeauftragten für die Unterlagen des Staatssicherheitsdienstes der ehemaligen Deutschen Demokratischen Republik, 2007, S. 47.

18 Ebenda, S. 46.

19 Aktenzeichen 76 Js 1434/93 »Ermittlungsverfahren gegen Joachim Gauck«, *Neues Deutschland vom* 3. Februar 1994.

20 Vgl. *Der Spiegel* 47/2008, S. 38 ff.

21 8. Tätigkeitsbericht der Bundesbeauftragten für die Unterlagen des Staatssicherheitsdienstes der ehemaligen Deutschen Demokratischen Republik, 2007, S. 59.

22 Ebenda S. 76/77.

2. Strategien zur »Aufarbeitung« der Tätigkeit des MfS

2.1 Bestreiten des Einflusses äußerer Faktoren

Die Tätigkeit des MfS war auf den Schutz der DDR ausgerichtet. Da innere und äußere Faktoren die Stabilität eines Landes beeinflussen, gab es folglich für die Staatssicherheit auch zwei Arbeitsfelder: Gewährleistung der Sicherheit vor äußeren Angriffen und Sicherheit für die inneren Prozesse im Land. Was zum »inneren Frieden« einer Gesellschaft gehört, ist bekannt. Maßgeblich sind wirtschaftliche und politische Faktoren. Hinsichtlich der dabei von der Partei- und Staatsführung der DDR gemachten Fehler, vor allem im Bereich der Sicherheitspolitik und damit in der Tätigkeit des MfS, kann Schorlemmers Feststellung, »die DDR ist an ihren inneren Widersprüchen gescheitert«[1], in der Tendenz zugestimmt werden. Allerdings ist das nur die halbe Wahrheit. Die DDR existierte nicht für sich. Sie war Teil eines Bündnisses, und dieses war eingebunden in internationale Entwicklungen und Auseinandersetzungen. Hinzu kamen nationale Besonderheiten als Folge des Zweiten Weltkrieges. Es gab innere Widersprüche. Doch diese wurden auch von außen bestimmt.

Wenn also die Frage nach dem Scheitern des Sozialismus gestellt wird, besser: nach dem Scheitern des sowjetischen Sozialismus-Modells, dann kann man den dialektischen Zusammenhang von inneren und äußeren Faktoren nicht auflösen. Das bedeutet nicht, die eigene Schuld und Verantwortung am Desaster nach außen zu delegieren oder gar zu leugnen. Ausgeschlossen werden muss auch eine einseitige Verrats- und Verschwörungstheorie, die den Untergang des Sozialismus ausschließlich Gorbatschow andichtet. Selbst wenn dieser heute behauptet, er wäre angetreten, den Kommunismus zu beseitigen, und unterstellt, er hätte sich damals als Parteifunktionär im Kaukasus mit eben dieser Absicht nach Moskau aufgemacht. Vielmehr hat er versucht, im Nachgang sein Scheitern in einen Sieg umzudeuten.

Die Existenz der DDR war objektiv an die Existenz der UdSSR gebunden. Ohne Sowjetunion wäre die DDR nicht entstanden. Und ohne sie hatte sie unter den gegebenen Umständen auch keine politische Überlebenschance.

Das ist die entscheidende Prämisse.

Eine weitere war der Kalte Krieg, der unmittelbar nach der Zerschlagung Hitlerdeutschlands begann. Roosevelt war tot, Churchill befand, dass man das falsche Schwein geschlachtet habe, und Stalin war sich unschlüssig, wie die sowjetische Nachkriegspolitik in Deutschland aussehen sollte – im Unterschied zu den USA, die zwei klare strategische Optionen mit dem Sieg der Alliierten verband. Erstens wollten sich die Vereinigten Staaten dauerhaft in der Alten Welt festsetzen – wirtschaftlich, politisch, militärisch. Zweitens sollten die Russen, die inzwischen an der Elbe standen, aus Zentraleuropa verdrängt werden. Spätestens 1994, als der letzte russische Soldat aus Deutschland abzog, war erkennbar, dass Washingtons Strategie, der in den vergangenen 50 Jahren alles untergeordnet wurde, vollständig realisiert worden war.

Diese Tatsachen dürfen nicht ausgeblendet werden, wenn man die 40 Jahre DDR einer kritischen Würdigung unterwirft. Zur Objektivität gehört zwangsläufig die Berücksichtigung aller Faktoren und Umstände, die Einfluss auf den Gang der Dinge hatten.

Diese lassen sich im Wesentlichen auf drei Komplexe reduzieren, die hier nur summarisch genannt sein sollen, da sie nicht Gegenstand des Buches sind.

Erstens die Politik der USA und ihrer Verbündeten. Sie war ideologisch vom Antikommunismus bestimmt und von der Wirtschaft diktiert, die dem Wesen des Kapitals folgte: »Für 100 Prozent stampft es alle menschlichen Gesetze unter seinen Fuß; 300 Prozent, und es existiert kein Verbrechen, das es nicht riskiert, selbst auf die Gefahr des Galgens.«[2] Es ging und geht dabei stets um Märkte und Ressourcen, um Profit und Expansion. Alles andere – Menschenrechte, Demokratie, Wohlfahrt – war und ist nur propagandistischer Nebel oder abgerungenes Zugeständnis.

Zweitens die Politik der BRD. Die Westalliierten hatten im Bündnis mit der westdeutschen Großbourgeoisie einen westdeutschen Separatstaat gegründet und damit Deutschland gespalten. Folgerichtig konstituierte sich im verbliebenen Restdeutschland, in der sowjetischen Besatzungszone, eine zweite deutsche Republik, die DDR. Die BRD reklamierte für sich einen Alleinvertretungsanspruch für alle Deutschen einschließlich der Staatsbürger der DDR und verweigerte auch in den ersten 20 Jahren ihrer Existenz die Anerkennung der 1945 in Potsdam von den Siegermächten gezogenen Grenzen in Europa. Die Adenauer-Regierung forcierte die Westintegration des Landes, die Wiederaufrüstung und den Beitritt in die NATO. Dort war sie eine besonders militante, aggressive Speerspitze im »Kampf gegen den Kommunismus«. Ihre Außenpolitik richtete sich vor allem gegen den anderen deutschen Staat. Die DDR war laut Bonner Staatsdoktrin ein »heimzuholendes Staatsgebiet«. Adenauer erklärte 1952, »was östlich von Elbe und Werra liegt, sind deutsche unerlöste Provinzen. Daher heißt die Aufgabe nicht Wiedervereinigung, sondern Befreiung«.

In den Dienst dieser Aufgabe wurden alle Bereiche gestellt: Politik, Wirtschaft, Kultur, Wissenschaft, Militär, Sport, Nachrichten- und Geheimdienste. Dagegen setzte sich die DDR mit den gleichen Waffen zwangsläufig zur Wehr.

Diese legitime Reaktion wird selten in der heutigen Auseinandersetzung angemessen berücksichtigt. Positionen wie die des Historikers Dr. Helmut Müller-Enbergs sind eher Ausnahme denn Regel. In seiner Forschungsarbeit zu inoffiziellen Mitarbeitern des MfS[3] heißt es zutreffend: »Die Stabilität der DDR hing nicht allein von ihrem inneren Zustand, sondern auch von anderen Faktoren ab. In diesem Zusammenhang stellt die BRD einen besonderen Faktor dar. Die Stabilität hing auch von politischen, militärischen und ökonomischen Strategien der BRD und der westlichen Allianz ab.«[4]

Schließlich spielte, wie schon erwähnt, die Politik der Sowjetunion eine entscheidene Rolle für das Schicksal der DDR.

Sie gab den Bewegungsrahmen vor – wie das die westliche Führungs- und Besatzungsmacht mit der BRD tat. Die beiden deutschen Staaten erlangten ihre volle Souveränität erst mit dem Abschluss des 2+4-Vertrages im September 1990 in Moskau. Für die DDR kam das zu spät. Bereits Jahre zuvor hatte die Gorbatschow-Führung ihren Verbündeten fallen gelassen und an den Westen ausgeliefert in der illusionären Annahme, dadurch die eigene wirtschaftliche und politische Situation zu verbessern.

Außenpolitisch betrachtet befand sich die DDR während der ganzen Zeit ihrer Existenz zwischen zwei Fronten. Vor sich hatte sie den kapitalistischen Westen, der die DDR »befreien« und »heimholen« wollte – hinter sich einen Verbündeten, der sich nicht in die Karten schauen ließ und die DDR je nach Lage mal als Faustpfand betrachtete, mal als Druckmittel, mal als Verhandlungsmasse, mal als verlängerte Werkbank, mal als Vasallen, mal als Bündnispartner. Die Sowjetunion handelte letztlich als Großmacht, der die eigenen nationalen Interessen wichtiger waren als die internationalistischen innerhalb eines Bündnisses.

Das machte das hohe Maß der Enttäuschung nach 1990 bei sehr vielen deutschen Kommunisten aus, als sie dies schmerzlich erkannten. Sie hätten sich für die sozialistische Sowjetunion aus Überzeugung geopfert (und viele hatten dies auch tatsächlich getan), die politische Führung der Sowjetunion hingegen war dazu erkennbar nicht bereit.

Anmerkungen

1 *Neues Deutschland* vom 5. Januar 2009.
2 Karl Marx 1867 in einer Fußnote im »Kapital« (MEW, Bd. 23), dabei den britischen Ökonomen P. J. Dunning zitierend
3 »Inoffizielle Mitarbeiter des Ministeriums für Staatssicherheit«, Berlin 2008.

Im Gegensatz zum Bundesnachrichtendienst der BRD, dessen Geburtsurkunde[1] erst im Jahre 1990 als Art. 4 einer Gesetzesvorlage zum Bundesdatenschutzgesetz ausgefertigt wurde, datieren die Gründungsdokumente des MfS aus dem Jahre 1950.

Die Volkskammer der DDR fühlte sich zur Bildung des MfS am 8. Februar 1950[2] veranlasst, um sich auch mit geheimdienstlichen Mitteln gegen die vom Territorium der BRD und von Berlin (West) ausgehenden Spionage-, Sabotage- und Diversionsangriffe zur Wehr zu setzen.[3]

Innenminister Dr. Karl Steinhoff (1892-1981) begründete den Gesetzentwurf zur Bildung des MfS vor der Volkskammer: »In den letzten Monaten erhielten die zuständigen Regierungsstellen in erhöhtem Maße Mitteilungen über Sprengungen in volkseigenen Betrieben und Werken, im Verkehrswesen wie auch auf volkseigenen Gütern und auf Neubauerngehöften. Ebenso wurde eine Zunahme der Tätigkeit von Spionen, Diversanten und Saboteuren festgestellt. [...]

Der Ministerrat fasste deshalb einmütig den Beschluss über die Abwehr von Sabotage. Gleichzeitig beschloss der Ministerrat einstimmig im Hinblick auf Umfang und Bedeutung der zu lösenden Aufgaben der Provisorischen Volkskammer das Ihnen vorliegende Gesetz zur Umbildung der bisher dem Ministerium des Innern unterstellten Hauptverwaltung zum Schutze der Volkswirtschaft in ein Ministerium für Staatssicherheit zur Annahme zu empfehlen. [...]

Die hauptsächlichsten Aufgaben dieses Ministeriums werden sein, die volkseigenen Betriebe und Werke, das Verkehrswesen und die volkseigenen Güter vor Anschlägen zu schützen, einen entschiedenen Kampf gegen die Tätigkeit feindlicher Agenturen, Diversanten, Saboteure und Spione zu führen, unsere demokratische Entwicklung zu schützen und unserer demokratischen Friedenswirtschaft eine ungestörte Erfüllung der Wirtschaftspläne zu sichern. Zur Durchführung dieser Aufgaben bildet das Ministerium in den Ländern Verwaltungen für Staatssicherheit, die dem Ministerium unmittelbar unterstellt sein werden.«[4]

Am 17. Februar 1950 teilte Ministerpräsident Otto Grotewohl mit, dass er Wilhelm Zaisser zum Minister für Staatssicherheit und Erich Mielke zum Staatssekretär in das MfS berufen habe.[5]

Vom 23. Juli 1953 bis 24. November 1955 war das MfS als Staatssekretariat für Staatssicherheit (StfS) in das Ministerium des Innern (MdI) eingegliedert.[6]

Gemäß der ihm nach Art. 98 (1) der Verfassung der DDR[7] zustehenden Richtlinienkompetenz für die Regierungspolitik bestätigte Otto Grotewohl am 15. Oktober 1953 das Statut des StfS.

Dieses Statut bestimmte, dass Grundlage für die Arbeit des Staatssekretariats auch die Anweisungen des Ministerpräsidenten sind (Ziffer 1) und verpflichtete es beispielsweise »zur Aufdeckung, Unterbindung und Entlarvung feindlicher Tätigkeit die Zensur, die Beobachtung und die Verwendung technischer Mittel (Abhören) durchzuführen«. Den Mitarbeitern des Staatssekretariats war es erlaubt, »sich der Möglichkeit zu bedienen, die andere Polizeiorgane oder sonstige Einrichtungen haben, um feindliche Tätigkeit erfolgreich zu bekämpfen« (Ziffer 4e).

Dieses von Art. 98 der Verfassung gestützte Statut hielt die Volkskammer als höchstes Organ der Republik (Art. 50) offensichtlich für eine zureichende gesetzliche Grundlage der Tätigkeit des StfS/MfS, sonst hätte sie die Änderung des Statuts von 1953 veranlasst oder ein spezielles Gesetz zur Telefonüberwachung und Postkontrolle erlassen.

In der nachfolgenden Entwicklung der DDR gab es wiederholt strukturelle Veränderungen im Staatsaufbau. Als Präsident Pieck starb, wurde als kollektives Staatsoberhaupt der Staatsrat gebildet. Es entstand der Nationale Verteidigungsrat (NVR). Beide Organe wurden durch die Volkskammer bestätigt und waren ihr rechenschaftspflichtig. Sie waren ermächtigt, verbindliche Regelungen und gesetzliche Vorschriften, auch für die Ausübung und Kontrolle der Tätigkeit des MfS, zu erlassen. Durch Beschluss vom 30. Juli 1969 erließ der NVR auf gesetzlicher Grundlage ein neues Statut des MfS. In § 4 (2) hieß es: »Das MfS erfüllt die Abwehr- und Aufklärungsaufgaben unter Anwendung spezifischer Mittel und Methoden.«

Der Begriff »spezifische Mittel und Methoden« ist ein synonymer Ausdruck für konspirative und geheimdienstliche Mittel und Methoden. Dazu gehören die Beobachtung, der Lauschangriff und die Postkontrolle.

Den Bestimmungen der Verfassung (Art. 8, später Art. 31) der DDR, wonach das Post- und Fernmeldegeheimnis nur auf gesetzlicher Grundlage eingeschränkt werden dürfe, wurde damit Rechnung getragen.

Der Minister für Staatssicherheit gehörte stets der Regierung an.[8] In dieser Eigenschaft war er befugt und verpflichtet, für seinen Verantwortungsbereich Dienstanweisungen und Richtlinien zu erlassen. Das galt auch für Durchführungsbestimmungen zur Umsetzung und Einhaltung von Rechtsvorschriften, die die Volkskammer oder von ihr ermächtigte Organe vorgaben. Diese Ministerweisungen hatten für alle Mitarbeiter Gesetzeskraft.

Die Rechtsetzung für das MfS erfolgte also auf der Grundlage der Verfassung der DDR nach einer generell gültigen hierarchischen Struktur. Beschlüsse der SED, Gesetze und Beschlüsse der Volkskammer, Verordnungen, Beschlüsse und andere allgemein verbindliche Rechtsvorschriften des Ministerrates, des Staatsrates und des Nationalen Verteidigungsrates, Anordnungen zuständiger Minister – soweit sie die Tätigkeit des MfS als Schutz-, Sicherheits- und Rechtspflegeorgan betrafen – und dienstliche Bestimmungen und Weisungen des Ministers für Staatssicherheit bestimmten Inhalt und Rahmen für die Tätigkeit der Angehörigen des MfS.

Die das MfS betreffenden rechtlichen Bestimmungen waren folglich nicht in einem einzigen Gesetz zusammengefasst, sondern widerspiegelten sich in den jeweiligen Gesetzen, Verordnungen, Statuten und Weisungen.[9] Diese einzeln zu behandeln, ist hier kein Raum. Ihre Inhalte waren zum Teil bewusst so formuliert, dass die darin enthaltene Aufgabenstellung für einzelne Strukturen des MfS öffentlich nicht zu erkennen war.

Das am 30. Juli 1969 durch den NVR erlassene Statut für das MfS war als Geheime Kommandosache (27/5/69) eingestuft und wurde also nicht veröffentlicht.

Ähnliches trifft übrigens auf den BND zu. Im § 3 des 1990 erlassenen BND-Gesetzes heißt es: »Der Bundesnachrichtendienst darf zur heimlichen Beschaffung von Informationen einschließlich personenbezogener Daten die Mittel gemäß § 8 Abs. 2 des Bundesverfassungsschutzgesetzes anwenden, wenn Tatsachen die Annahme rechtfertigen, daß dies zur Erfüllung seiner Aufgaben erforderlich ist.« Die für den Bundesnachrichtendienst geltenden rechtlichen Bestimmungen sind also ebenfalls auf mehrere Gesetze verteilt. Im § 8 Abs. 2 des Bundesverfassungsschutzgesetzes finden sich darüber hinaus Festlegungen über die Richtlinienkompetenz des Bundesinnenministers. Folglich müssen weiterhin Weisungen und Durchführungsbestimmungen des BIM existieren.

Für die Angehörigen der bewaffneten Organe der DDR, zu denen das MfS gehörte, kam noch hinzu, dass die Volkskammer von ihnen bedingungslosen militärischen Gehorsam verlangte. Deshalb wurde jede Nichtausführung von Befehlen und die Befehlsverweigerung unter eine spezielle Strafnorm gestellt (§ 257 StGB/DDR).

Angesichts dieser breiten juristischen Basis ist es absurd zu behaupten, dass es kein Gesetz für die Tätigkeit des MfS und deren operative Mittel und Methoden gegeben habe, womit die Tätigkeit des MfS verfassungswidrig gewesen sei. Wer solches erklärt, lügt.

Zutreffend allerdings ist, dass Rechtsordnung und Gesetzgebungsverfahren der sozialistischen DDR nicht mit der kapitalistischen BRD zu vergleichen sind. Die DDR war explizit kein bürgerlicher Staat. Oder wie es Generalleutnant a. D. Wolfgang Schwanitz, im Herbst 1989 als Nachfolger Erich Mielkes kurzzeitig Leiter des Amtes für Nationale Sicherheit, in einem Gespräch mit der *jungen Welt* am 6. Juni 2009 pointiert erklärte: »Der bürgerliche Rechtsstaat und der sozialistische Rechtsstaat sind nicht miteinander zu vergleichen, weil das sozialistische Recht und das bürgerliche Recht auf unterschiedlichen Prinzipien fußen. Es gibt kein neutrales Recht, es ist immer an die herrschenden politischen Verhältnisse gebunden.«

Auch wenn Juristen oder Politiker der BRD dies bestreiten, handeln sie dennoch entsprechend. Sie sollten darum akzeptieren, dass dies ebenfalls in der DDR so gehandhabt wurde. Das betraf auch die Mitarbeiter des MfS.

Die Frage, ob die Tätigkeit des MfS verfassungsgemäß war, hat die Volkskammer der DDR auch nach den gravierenden Veränderungen der politischen Machtverhältnisse 1989 nicht in Zweifel gezogen. Sie hat ausdrücklich nicht zugelassen, dass die Tätigkeit im MfS nachträglich kriminalisiert wurde. Sofern einzelne Angehörige des MfS Strafbestimmungen der DDR verletzten, wurden sie stets strafrechtlich verfolgt, wie die Strafverfolgungspraxis in der DDR beweist. Innerhalb des Untersuchungsorgans (HA IX) des MfS gab es die Abteilung IX/5, die speziell für die Untersuchung von Straftaten inoffizieller und hauptamtlicher Mitarbeiter des MfS zuständig war.

Die Auflösung des MfS/AfNS am 30. Juni 1990 war die logische Konsequenz aus der politischen Entwicklung, die zum Ende der DDR führte. Es war keineswegs das Verbot einer vermeintlich kriminellen Vereinigung – obgleich später bekannt wurde, dass solche Pläne in Bonn bestanden. Nach dem »Beitritt« der DDR sollte eine solche Maßnahme vollzogen werden.[10] Dieser Schritt richtete sich allerdings weniger gegen die frühere Tätigkeit des MfS, sondern gegen einen erwarteten organisierten Widerstand aus dieser Richtung.

Obwohl es in der staatlichen Struktur der Bundesrepublik – anders als in der DDR – ein parlamentarisches Kontrollgremium für die Geheimdienste gab und gibt, entscheidet dieses nicht über den Einsatz operativer Mittel und Methoden durch den BND, den Militärischen Abschirmdienst (MAD), den Verfassungsschutz (BfV), das Bundeskriminalamt (BKA) und die politische Polizei. Es tritt immer erst dann auf den Plan, wenn durch Medienberichte oder andere Indiskretionen Pannen und Unregelmäßigkeiten öffentlich wurden. Das heißt im Klartext: Eine parlamentarische, öffentliche Kontrolle der Geheimdienste fand und findet weder im Osten noch im Westen statt. Der einzige Unterschied bestand wohl in der Medienpraxis. Wir wissen, dass der Begriff »Pressefreiheit« weder in der BRD noch in der DDR zutraf, es existiert keine überparteiliche, unabhängige Presse, wo die Verlage auf Anzeigenerlöse von Großkunden angewiesen sind und Nachrichtendienste Redakteure kaufen oder eigene Leute platzieren. Gleichwohl werden da und dort gelegentlich Geheimdienstpannen publik, was in der DDR-Presse so nicht funktioniert hätte.

»Repressionsinstrument« operative Beobachtung

Die Observation gehört zum Handwerk und Instrumentarium jedes Nachrichtendienstes auf der Welt. Nur in der DDR soll sie grundsätzlich und prinzipiell illegal und rechtswidrig gewesen sein. Es ist nur schwer zu vermitteln, dass diese Praxis lediglich in der DDR zur Repression seiner Bürger gehört habe, in der Bundesrepublik, den USA, Großbritannien und anderen Staaten dienten technische und menschliche Überwachung der Bürger ausschließlich deren Schutz und Sicherheit.

Gewiss kann man darüber geteilter Auffassung sein, ob es zwingend notwendig war, Personen zu observieren, die beispielsweise kritisch zum gesellschaftlichen System der DDR standen oder das Land auf ungesetzlichem Wege verlassen wollten. Aber das stützt sowenig die Behauptung von einer vermeintlich flächendeckenden Überwachung noch die Annahme, dass grundsätzlich alle Observationen unbegründet gewesen seien. Da scheint eine Prüfung jedes einzelnen Falles nicht nur nützlich, sondern auch zwingend.

Eine sachliche Differenzierung würde zudem offenbaren, dass die für Beobachtungen zuständige Linie VIII (HA VIII – Beobachtung/Ermittlung) Dienstleister für alle operativen Diensteinheiten war.

Aber beginnen wir von vorn:

Die Einsatzrichtungen wurden von aktuellen Erfordernissen des Schutzes der DDR und ihrer Verbündeten bestimmt. Die Tätigkeit gegnerischer Dienste sowie staatlicher Einrichtungen, politischer Parteien und gesellschaftlicher Organisationen im Westen Deutschlands wurde aufmerksam verfolgt. Daraus wurde abgeleitet, was, wo, wie aufgeklärt werden musste.

In Westberlin und im Bundesgebiet galt es, gegnerische Dienststellen ausfindig zu machen und deren Mitarbeiter zu beobachten, um Erkenntnisse über ihre Arbeitsmethoden und Kontakte etwa zu DDR-Bürgern zu gewinnen. Daraus wurden Aufgaben abgeleitet zur Beobachtung von Personen, Objekten und Verbindungswegen innerhalb der DDR. Ein Einsatzgebiet war die Verhinderung des Missbrauchs des Territoriums der DDR zur Einschleusung von Agenten, Materialien, Sprengstoff, nachrichtendienstlichen Hilfsmitteln und Ähnlichem. Es galt, Helfershelfer, Schleichwege, Tote Briefkästen und Verstecke ausfindig zu machen und unter Kontrolle zu halten.

Ähnliches galt für Kuriere und Instrukteure, die gegnerische Netze zur Spionage und Sabotage in der DDR zu installieren und arbeitsfähig zu halten suchten. Im Visier waren auch DDR-Bürger, welche bis zur Schließung der offenen Grenze 1961 nach Westberlin reisten, um dort ihren Auftraggebern Bericht zu erstatten und neue Aufträge entgegenzunehmen. Man schleuste auf diesem Wege Propagandamaterial in die DDR, schmuggelte Lebensmittel und Konsumgüter hinüber und herüber, warb Fachpersonal ab und veranlasste sie »zur Flucht« in den Westen. Ja, es handelte sich mehrheitlich um »Flüchtlinge« – um Wirtschaftsflüchtlinge.

Besonders sicherheitsrelevante Aktivitäten gingen in den 40er und 50er Jahren von Diversions- und Sabotage-Organisationen aus, wie etwa von der durch US-amerikanische Geheimdienste finanzierte »Kampfgruppe gegen Unmenschlichkeit«. Bei der Beobachtung durch das MfS ging es dabei immer um die Aufklärung der Verbindungen, Kontakte, Stützpunkte und Handlungsmuster verdächtiger Personen – nicht um deren politische Einstellung oder die Motive ihres Handelns. Diese aufzuklären, war Aufgabe der jeweils federführenden Diensteinheiten des MfS und – im Falle einer Inhaftierung – des Untersuchungsorgans.

Ein ständiger Schwerpunkt bis zum Ende der DDR war die Beobachtung der Aktivitäten der Militärverbindungsmissionen (MVM) und Militärinspektionen (MI) der westlichen Besatzungsmächte auf dem Territorium der DDR, da diese, unter Missbrauch alliierter Rechte, aggressive Spionage betrieben und technische Spionagehilfsmittel im Bereich militärischer Objekte in der DDR einsetzten.

Mit Schließung der Staatsgrenze der DDR zu Westberlin im Jahre 1961 veränderten sich bei gleichbleibender Zielstellung – Schutz der DDR – die Einsatzgebiete der Linie VIII.

Einen neuen Schwerpunkt bildeten fortan die Transitstrecken zwischen der BRD und Westberlin sowie nach Polen und in die CSSR. Die westlichen Geheimdienste schickten Kuriere und Instrukteure, welche die Transitstrecken verließen, um ihre Aufträge auszuführen. Des Weiteren schickten die

Geheimdienste Spione auf die Transitstrecken, um in der Nähe gelegene Militärobjekte aufzuklären. Dafür wurden auch die Schienenwege genutzt. Andere Feindorganisationen nutzten Treffen mit DDR-Bürgern an den Transitstrecken und schleusten auf diese Weise Propagandamaterial in die DDR ein bzw. sammelten die von ihnen benötigten Informationen. Kriminelle Menschenhändler- und Schleuserbanden wurden aktiv.

Um die Größenordnungen und Relationen zu verdeutlichen: 1980 reisten zwischen Westberlin und der BRD im Transit auf der Straße 19,4 Millionen Personen, im Jahre 1985 waren es 23,7 Millionen. Auf diesen rund tausend Kilometern Autobahn waren 300 Mitarbeiter für Beobachtungs- und Überwachungsmaßnahmen eingesetzt.[11]

Einen besonderen Schwerpunkt bildeten die so genannten Reisespione. Bei ihnen handelte es sich um Bürger Westberlins, der BRD und anderer westeuropäischer Staaten, die im Auftrage des BND und US-amerikanischer Geheimdienste Besuche in der DDR zur Sammlung von Informationen und zur Anwerbung von Spionen nutzten. Für die Bearbeitung solcher Vorgänge – in der Regel kamen solche Personen mehrfach jährlich in die DDR – kamen pro Einreise bis zu 30 Beobachtungskräfte zum Einsatz. Die Zeitdauer der Bearbeitung lag zwischen zwei und fünf Jahren.

In den 70er Jahren – nach dem Ende der diplomatischen Blockade der DDR und ihrer internationalen Anerkennung – erhielten die westlichen Geheimdienste legale Möglichkeiten, als Diplomaten getarnte Mitarbeiter direkt in der DDR zu stationieren. Diese galt es zu identifizieren und unter Kontrolle zu halten. In diesem Zusammenhang gerieten auch politisch oppositionelle Bürger der DDR wegen ihrer Verbindungen und Kontakte zu diesem Personenkreis ins Visier des MfS.

Die Beobachtungstätigkeit im Operationsgebiet Westberlin und der BRD war auch nach 1961 weiterhin erforderlich. Norbert Jurezko, ein ehemaliger BND-Mitarbeiter, berichtete in seinem 2004 erschienenen Buch »bedingt einsatzbereit« zu Beobachtungsmaßnahmen am Münchner »Sattelhof«, seiner Dienststelle. »Hätte ich damals schon gewusst, was ich nach der Wende erfuhr, ich wäre schreiend weggelaufen. Die ganze Wahrheit kam nämlich erst heraus, als im Jahr 1990 ein asketisches Männlein im Trenchcoat, eine abgegriffene Aktentasche unter dem Arm, vor der Dienststelle am Bonner Platz stand und läutete. Als ihm von einem verdutzten Mitarbeiter aufgetan wurde, bat der heftig sächselnde Fremdling um ein Gespräch. Seine Begründung war einfach und alarmierend: ›Ich habe Sie in den letzten Jahren bearbeitet!‹

Fazit: Der ›Sattelhof‹ gehörte beileibe nicht zu den geheimsten aller geheimen Orte. Die Stasi kannte ihn schon lange. Die Karl-Theodor-Straße 55 wurde von der Gegenseite permanent observiert, die Mitarbeiter des BND akribisch bei ihren Außenaktivitäten überwacht. Damit noch nicht genug. Die Staatssicherheit aus der Ostberliner Normannenstraße veranstaltete etwas, was jeden unserer Mitarbeiter im Nachhinein erniedrigen musste. Die Stasi nutzte das Objekt im Herzen der bayerischen Landeshauptstadt als eigenes Schulungsobjekt.

Wenn die Staatssicherheit der DDR einen Observationslehrgang abgeschlossen hatte – das muss man sich auf der Zunge zergehen lassen –, dann wurde die Abschlussprüfung nicht etwa in Potsdam oder Wittenberge durchgeführt, sondern am Münchner ›Sattelhof‹ mit seinen geheimsten Verbindungsführern. Also tummelten sich am Bonner Platz hin und wieder ganze Kommandotrupps von Stasioffizieren. Im Sportjargon würde man sagen, hier spielten zwei Mannschaften aus unterschiedlichen Ligen gegeneinander.«[12]

Fasst man die sich aus den grob angeführten Einsatzgebieten ergebenden Anforderungen an die Zahl der Beobachtungskräfte zusammen und vergleicht sie mit dem operativen Personalbestand der Linie VIII, so stellt sich die Frage: Wieviel Beobachtungskräfte standen tatsächlich für die Überwachung politischer Gegner im Inneren der DDR zur Verfügung?

Exakt beantworten könnte diese Frage die BStU, was sie aus verständlichen Gründen unterlässt. Sie würden damit ihrer eigenen These von einer (flächendeckenden) politischen Überwachung der Bürger der DDR durch das MfS widersprechen. Der Mitarbeiter der Forschungsabteilung der BStU Helmut Müller-Enbergs hat eine Untersuchung zu den inoffiziellen Mitarbeitern des MfS durchgeführt, bei der auch die Linie VIII erfasst wurde. Zu jeder Abteilung dieser Diensteinheit lieferte er eine Charakteristik. Daraus war ersichtlich, dass nur eine von

15 Abteilungen der HA VIII für die Beobachtung von Akteuren »politischer Untergrund und Polittourismus« zuständig war.[13] Das sind nicht mehr als zehn Prozent der vorhandenen Kapazität.

Dass es sich offenkundig um eine marginale Aufgabe handelte, bestätigte indirekt Bundespräsident Roman Herzog am 23. Juni 1998: »Die Massenbewegung, die im Herbst 1989 zum Erfolg der friedlichen Revolution führte, stand auf den Schultern eines kleinen Kreises aktiver Oppositioneller.«[14]

Von der BStU und anderen Demagogen werden also offenbar auch die bewegten Massen, die nicht im Fokus des MfS standen, in die Opferzahlen eingerechnet. Auf diese Weise wurden auch all jene, die für Veränderungen in der DDR und für eine sozialistische Perspektive stritten, ungefragt zu »Opfern« erklärt.

Ungesetzliche Lauschangriffe?

Die Bildung und Tätigkeit der Linie 26 (Technische Abhörmaßnahmen) erfolgte so, wie es die Volkskammer grundsätzlich bestimmt hatte. Ihre Tätigkeit war im MfS dienstrechtlich exakt geregelt und logischerweise in der DDR nie strafbar. Der Leiter dieser Struktureinheit wurde, wie andere Leiter von Diensteinheiten des MfS, im Auftrage der Volkskammer vom Vorsitzenden des Nationalen Verteidigungsrates zum General ernannt.

Der Staatsrat zeichnete die gesamte Linie 26 und ihre Tätigkeit zum 35. Jahrestag der DDR 1984 mit dem Vaterländischen Verdienstorden in Gold aus.

Welcher Legitimation sollte es aus Sicht der Mitarbeiter dieser Linie für ihre Arbeit noch bedürfen?

Trotzdem wurden und werden sie kriminalisiert. Der 4. Strafsenat des Kammergerichts Berlin stellte in einem Beschluss vom 19. November 1990 (Az.: [4] 2 Js 6/90 - HE s - [119/90]) fest: »Post- und Fernmeldegeheimnis waren nach Art. 31 der Verfassung der DDR unverletzbar und durften nur auf gesetzlicher Grundlage eingeschränkt werden, wenn es die Sicherheit des sozialistischen Staates oder eine strafrechtliche Verfolgung erforderten. Die gesetzlichen Grundlagen für die Überwachung und die Aufnahme des Fernmeldeverkehrs auf Tonträger waren in allen Einzelheiten in §§ 115 Abs. 4 und 5, 109 Abs. 1 und 121 StPO abschließend geregelt. Dieses Verfahren hätte auch der Beschuldigte einhalten müssen. Das Gesetz über die Bildung eines Ministeriums der Staatssicherheit vom 8. Februar 1950 (GBl./DDR Nr. 15, S. 95) enthält keine Ermächtigung zur Einschränkung des Fernmeldeverkehrs.«

Das war falsch.

Das Gesetz zur Bildung des MfS vom 8. Februar 1950 und alle ihm folgenden Rechtsetzungen zur Tätigkeit des MfS enthielten sehr wohl eine Ermächtigung zur Einschränkung des Fernmeldeverkehrs im Sinne des Artikels 31 der Verfassung.

Die Ausführungen im Beschluss des 4. Strafsenat des Kammergerichts Berlin zu den Bestimmungen der Strafprozessordnung der DDR sind völlig abwegig.

Wie es der Name schon sagt, regelte dieses Gesetzeswerk den Strafprozess und nicht die Tätigkeit des MfS. Den Strafverfolgungsbehörden und dem Richter waren in der DDR bei strafprozessualen Maßnahmen – insbesondere im Rahmen von Ermittlungsverfahren – Aufgaben zur Durchführung und Kontrolle erforderlicher Telefonüberwachung und Postkontrolle gestattet. § 115 der StPO/DDR (Beschlagnahme von Postsendungen sowie Überwachung und Aufnahme des Fernmeldeverkehrs) und §§ 109 und 121 (sie betrafen die Zuständigkeit zur Anordnung und die richterliche Bestätigung) galten im MfS ausschließlich für dessen Untersuchungsorgan.

Die geheimdienstliche Informationsbeschaffung fiel in der DDR ebenso wenig unter die Regelungen der StPO wie das in der BRD der Fall ist.

1963 hatte der Bonner Innenminister, Hermann Höcherl, anlässlich einer aufgeflogenen Abhöraktion des Verfassungsschutzes offenherzig erklärt, die Mitarbeiter des Verfassungsschutzes könnten »nicht täglich mit dem Grundgesetz unter dem Arm herumlaufen«. Sein Nachfolger im Amt Wolfgang Schäuble geht mit diesem Thema noch offensiver um.

Im Mai 2008 ließ er die Öffentlichkeit wissen, dass seine Behörde in Köln eine zentrale Abhörzentrale plane. In Medienberichten dazu hieß es: »Bisher unterhalten in Deutschland das

Bundeskriminalamt (BKA), das Bundesamt für Verfassungsschutz (BfV), die Bundespolizei und der Bundesnachrichtendienst (BND) ihre eigene Abhörtechnik, dazu kommen entsprechende Einrichtungen der Bundesländer. Insgesamt sind laut *Spiegel* mehr als 75 Lauschanlagen in Betrieb. Im Innenministerium gäbe es Überlegungen für ein gemeinsames Rechenzentrum am Rhein, wie aus einem internen Papier hervorgehe.«[15]

Am 1. Januar 2009 trat ein neues BKA-Gesetz in Kraft. Darin werden dem Bundeskriminalamt weitere Befugnisse eingeräumt, die bereits Landespolizeien und Geheimdiensten zustanden. Neben der umstrittenen Online-Durchsuchung haben die neuen §§ 20a bis 20x des Gesetzes neu geregelt: Raster- und Schleierfahndung, Einsatz von verdeckten Ermittlern, Lauschangriff (auch innerhalb der Wohnung dritter Personen), Videoüberwachung innerhalb der Wohnung, heimliches Betreten von Wohnungen. Das BKA erhielt außerdem das Recht, präventive Ermittlungen ohne konkreten Tatverdacht in eigener Regie durchzuführen. Im Rahmen der »Vorfeldermittlungen« unterliegt das BKA nicht mehr der Leitungsbefugnis der Staatsanwaltschaft. Erst wenn die Ermittler des BKA meinen, dass die Erkenntnisse ausreichend sind, muss die Bundesanwaltschaft informiert werden. Abhörmaßnahmen dürfen auch gegen Berufsgeheimnisträger (§ 53 StPO) – mit Ausnahme der Verteidiger, Abgeordneten und Geistlichen einer staatlich anerkannten Religionsgemeinschaft – durchgeführt werden (§ 20u BKAG).

Die Linie 26 des MfS war Dienstleister für die operativen Diensteinheiten, deren Aufträge bestimmten Umfang und Inhalt ihrer Tätigkeit. Innerhalb der Linie 26 gab es einen technischen Bereich, zuständig und spezialisiert für alle technischen Aufgaben zur Durchführung von Lauschangriffen. Ein Kontakt der Mitarbeiter dieses Bereiches zu den operativen Auftraggebern war in der Regel nicht erforderlich. Für die Auswertung (live oder Aufzeichnung) war ein anderer Bereich verantwortlich. Die Mitarbeiter aus beiden Bereichen hatten keine Informationen über Gründe und Zielstellung der operativen Bearbeitung der Zielpersonen. Soweit erforderlich und möglich, wurden der Auswertung Hinweise gegeben, welche Kontakte für eine Auswertung von besonderer Bedeutung seien. Absicht war die Reduzierung des Zeitaufwandes. Berichte für die Auftraggeber wurden überwiegend schriftlich angefertigt. Der Kontakt der Mitarbeiter des Bereiches Auswertung zum operativen Auftraggeber war eingeschränkt. Insofern sind Darstellungen wie etwa im seinerzeit hochgejubelten Film »Das Leben der Anderen« schlicht falsch.

In Einzelfällen war es aus Sicht der operativen Auftraggeber erforderlich, die in jedem Fall – auch bei Live-Auswertung – gefertigten Aufzeichnungen nachzuhören. Ein Beispiel: Bei der Bearbeitung eines Spions fiel der Auswertung der Linie 26 auf, dass der Verdächtigte wiederholt in seiner Wohnung aktiv wurde, nachdem seine Ehefrau und die Kinder zu Bett gegangen waren. Eine Analyse der audiotechnisch aufgezeichneten Bewegungsabläufe des Verdächtigten durch die vorgangsführende operative Abteilung führte zur Lokalisierung des Verstecks seiner nachrichtendienstlichen Hilfsmittel. Im Rahmen einer danach erfolgten konspirativen Durchsuchung seiner Wohnung konnten diese dokumentiert und ihr Inhalt zur Aufklärung eines Mittäters genutzt werden.

In anderen Einzelfällen waren Unklarheiten oder offene Fragen in den Auswertungsberichten Anlass zum Nachhören von Sprachaufzeichnungen. Je nach Gegebenheit erfolgte dies bei der jeweiligen Abteilung 26, oder die Informationsträger wurden zeitweilig von der operativ zuständigen Abteilung übernommen. Intime Details ohne operativen Bezug waren für die operativen Diensteinheiten nicht von Interesse und auch nicht in den Auswertungsberichten der Linie 26 enthalten. Auch in dieser Hinsicht wird gern gelogen, um den Eindruck zu vermitteln, hier seien Voyeure aktiv gewesen.

Systeme zur automatischen Auswertung waren zu damaliger Zeit unbekannt bzw. für den eigentlichen Zweck ungeeignet. Jede Stunde Tonaufzeichnung verlangte daher praktisch auch eine Stunde Auswertung plus den Zeitraum, der für Anfertigung der Berichtstexte benötigt wurde.

Den Kreis der Auftraggeber für operative Beobachtungen und die von diesen verfolgten Themen kann man analog auf die Linie 26 übertragen. Es wird ersichtlich, dass daran oppositionelle Kräfte minimal vertreten waren.

Als »Posträuber« kriminalisiert

In der DDR wurde die geheimdienstliche Postkontrolle bis Oktober 1989 strafrechtlich nicht verfolgt, weil dieses Handeln nicht strafbar war. Erst im letzten Jahr der DDR gab es politisch motivierte Bestrebungen, diesbezüglich juristisch zu verfolgen. In keinem Fall kam es jedoch zu einem gerichtlichen Verfahren. Diese setzten erst nach 1990 ein.

Die für geheimdienstliche Postkontrolle zuständige Linie M des MfS entstand insbesondere als Reaktion auf den Missbrauch des Postverkehrs zwischen der DDR und Westberlin, der BRD sowie anderen westeuropäischen Staaten durch westliche Geheimdienste und andere feindlich gegen die DDR tätige Organisationen. Dieses Einsatzziel wurde auch dadurch deutlich, dass die Linie M dem Leiter der HA II (Spionageabwehr) unterstellt war. Die nach operativen Erkenntnissen erfolgte Fahndung hat in Tausenden von Fällen Ausgangshinweise für die Aufklärung von Spionagetätigkeit sowie Vorbereitung und Durchführung von weiteren staatsfeindlichen Handlungen einschließlich der Verhinderung des Einschleusens und Verbreitens von Hetzmaterialien erbracht.

Rechtlich war die Tätigkeit der Linie M in gleichem Umfang wie die der Struktureinheiten VIII und 26 gedeckt. Die für die Diensteinheit M geltenden rechtlichen Regelungen hat nicht der Leiter der HA II geschaffen. Diese leiteten sich ab vom Statut zur Tätigkeit des MfS, den Beschlüssen des NVR und den darauf basierenden Arbeitsrichtlinien des Ministers für Staatssicherheit.

Zur Gewährleistung des Valutamonopols der DDR erließ die Volkskammer am 19. Dezember 1973 das Devisengesetz (GBl. I Nr. 58 S. 574); geändert durch das Änderungsgesetz vom 28. Juni 1979 (GBl. I Nr. 17 S. 147) und das 5. Strafrechtsänderungsgesetz vom 14. Dezember 1982 (GBl. I Nr. 29 S. 335). Der Gesetzesgeber regelte darin Erwerb, Besitz und Umlauf von Devisen in der DDR, den Umlauf von Devisenwerten zwischen der DDR (Devisenland) und anderen Staaten (Devisenausland) sowie den Erwerb und den Besitz von im Devisenausland befindlichen Devisenwerten durch Deviseninländer sowie für den Umlauf dieser Devisenwerte.

Wer vorsätzlich entgegen den devisenrechtlichen Vorschriften Devisenwerte an der Zoll- oder Staatsgrenze der DDR der Devisenkontrolle vorenthielt, machte sich strafbar nach § 17. Solche Handlungen waren in weniger schwerwiegenden Fällen als Ordnungswidrigkeiten verfolgbar.

Gemäß § 3 (1), (3) der 5. Durchführungsbestimmung zum Devisengesetz (GBl. I 1973 Nr. 59 S. 588) war die Linie M verpflichtet, alle in ihren Besitz gelangten Devisenwerte anzumelden, d. h. nach der Post-Anordnung abzuführen.

Zur Durchsetzung der devisenrechtlichen Regelungen wurde das MfS über den Nationalen Verteidigungsrat verpflichtet, bei der Kontrolle festgestellte, verbotswidrig beförderte Devisen dem Staatshaushalt zuzuführen und dabei die Geheimhaltung zu wahren.

Mit der Post-Anordnung vom 28. Februar 1986 erhielt die Devisenkontrolle der Linie M eine zusätzliche Grundlage, auch wenn aus Geheimhaltungsgründen die Linie M darin nicht genannt werden durfte. Die Tätigkeit der Linie M erfolgte also auch diesbezüglich auf gesetzlicher Grundlage.

Es ist nachweisbar, dass der Haushaltsausschuss der Volkskammer wusste, welche Beträge das MfS jährlich aus Zufallsfunden bei der Postkontrolle im Zuge der Spionageabwehr an den Staatshaushalt abführte.

Wer rechtswidrig Zahlungsmittel in Postsendungen beförderte, kannte das damit verbundene Verlustrisiko. Vermutlich aber waren die Verluste wegen der – durch gezielte Merkmalsfahndungen der Linie M bedingt – geringen Kontrolldichte bei Betroffenen nicht so groß, dass dadurch eine Eindämmung des weiteren Missbrauchs des Postweges zur Umgehung des Devisengesetzes erfolgte.

Die Frage, wie ein Staat bei der Postkontrolle verfahren sollte, fällt einerseits in dessen Souveränitätsbereich und ist andererseits nur politisch zu beantworten. Es ist nicht Aufgabe des Strafrechts eines Staates, politische Entscheidungen seines ehemaligen Gegners nachträglich an willkürlich ausgewählten Personen zu kritisieren und juristisch zu verfolgen. Genau das aber praktizierte die bundesdeutsche Justiz mit Anklagen und Verurteilungen ehemaliger Mitarbeiter der Linie M.

1 BNDG, Ausfertigungsdatum: 20.12.1990, Vollzitat: »BND-Gesetz vom
20. Dezember 1990 (BGBl. I S. 2954, 2979), zuletzt geändert durch Artikel 4 u. 10 Abs. 3 des Gesetzes vom 5. Januar 2007 (BGBl. I S. 2)«; Text-
nachweis ab: 30.12.1990; Das G wurde als Art. 4 G v. 20.12.1990 I 2954
vom Bundestag mit Zustimmung des Bundesrates beschlossen; das G
wurde am 29.12.1990 verkündet und ist gem. Art. 6 Abs. 1 G v.
20.12.1990 I 2954 am Tage nach der Verkündung in Kraft getreten.

2 GBl. Nr. 15 S. 95.

3 Beschluss der Regierung der DDR vom 26. Januar 1950 über die Abwehr von Sabotage.

4 Provisorische Volkskammer der DDR, 10. Sitzung, 8. Februar 1950 –
Protokoll – S. 213

5 Vergl. Provisorische Volkskammer der DDR, 12. Sitzung, 22. Februar
1950 – Protokoll – S. 259.

6 *Neues Deutschland* vom 25. Juli 1953, GBl. I 1956 Nr. 1 S. 1.

7 GBl. 1949 Nr. 1 S. 5.

8 Gesetz über die Regierung der DDR vom 8. November 1950 (GBl. Nr.
127 S. 1135); Gesetz über den Ministerrat der DDR vom 16. Oktober
1972 (GBl. I Nr. 16 S. 253).

9 Mit dem 1. Strafrechtsergänzungsgesetz (StEG) vom 11. Dezember
1957 (GBl. I Nr. 78 S. 543) erzwang die Volkskammer die Erfüllung
der Befehle zur Telefonüberwachung und Postkontrolle (§ 35). Sie hielt
diese Position über das 2. StEG – Militärstrafgesetz – vom 24. Januar
1962 (GBl. I Nr. 2 S. 25) – §§ 9, 10 –, das StGB vom 12. Januar 1968
– §§ 257, 258 – (GBl. I Nr. 1 S. 1) bis hin zum 5. Strafrechtsänderungsgesetz – StÄG – vom 14. Dezember 1988 (GBl. I Nr. 29 S. 335)
aufrecht. Im Gesetz über die Verteidigung der DDR (Verteidigungsgesetz) vom 20. September 1961 (GBl. Nr. 18, S. 175) bestimmte die
Volkskammer, dass dem NVR die einheitliche Leitung der Verteidi-
gungs- und Sicherheitsmaßnahmen mit der gesetzlichen Befugnis ob-
liegt, die dazu erforderlichen Maßnahmen zu bestimmen (§ 2 Abs. 2).
Im § 2 Abs. 3 bestimmte die Volkskammer: »Alle staatlichen Organe
haben die vom Nationalen Verteidigungsrat der Deutschen Demokratischen Republik angewiesenen Maßnahmen durchzuführen.«
Der Begriff Landesverteidigung war der Oberbegriff für die Begriffe Verteidigung und Gewährleistung der nationalen Sicherheit. Ursprünglich
war der Begriff »nationale Sicherheit« als Oberbegriff vorgesehen. Der
Entwurf des Statuts des NVR vom 8. Dezember 1959 sah deshalb vor,
den NVR als »Nationalen Sicherheitsrat« zu bezeichnen. Die vom MfS
zur Gewährleistung der Sicherheit der DDR zu erfüllenden Aufgaben
bestimmte der NVR durch einen Beschluß vom 30. Juli 1969, mit dem
er ein neues Statut des MfS erließ. Rechtsgrundlage dafür waren § 2 des

Verteidigungsgesetzes und Anlage 1 Ziffer 9 des Statuts des NVR vom 23. Oktober 1969 (GKdos A 58670), das seine Grundlage in der genannten gesetzlichen Ermächtigung im Verteidigungsgesetz vom 10. Februar 1962 hatte.

Die Verfassung 1968 machte auch deutlich, dass der Nationale Verteidigungsrat ein Organ der Volkskammer und des Staatsrates ist. Art. 73 legte dazu fest: »(1) Der Staatsrat fasst grundsätzliche Beschlüsse zu Fragen der Verteidigung und Sicherheit des Landes. Er organisiert die Landesverteidigung mit Hilfe des Nationalen Verteidigungsrates. (2) Der Staatsrat beruft die Mitglieder des Nationalen Verteidigungsrates. Der Nationale Verteidigungsrat ist der Volkskammer und dem Staatsrat für seine Tätigkeit verantwortlich.« Am 13. Oktober 1978 erließ die Volkskammer ein neues Verteidigungsgesetz (GBl. I Nr. 35 S 377), das u. a. die Gesetze zum Nationalen Verteidigungsrat von 1960 und 1964 ebenso aufhob, wie das Verteidigungsgesetz von 1961. Ausdrücklich in Kraft blieben die zur Durchführung des Verteidigungsgesetzes von 1961 erlassenen Folgebestimmungen § 16 Abs. 3. Von dieser Regelung erfasst wurde das Statut des MfS von 1969, das auch auf der Grundlage des § 2 des Verteidigungsgesetzes von 1961 vom NVR erlassen worden war. Ihre seit 1950 vertretenen verfassungsrechtlichen Positionen zum Verhältnis Unverletzlichkeit des Post- und Fernmeldegeheimnisses/Einschränkung dieser Unverletzlichkeit auf gesetzlicher Grundlage im Interesse der Sicherheit des Staates unter Wahrung der gesetzlich bestimmten Geheimhaltungspflichten setzte die Volkskammer im Verteidigungsgesetz von 1978 fort. Die Volkskammer gab ihrer Auffassung, dass der NVR mit seinen Anordnungen und Beschlüssen *gegen* Gesetze entscheiden darf, in diesem Gesetz erstmals öffentlich Ausdruck. Sie ermächtigte ihn im § 4 Abs. 3 von Gesetzen abweichende Regelungen zu treffen, wenn es für die Durchführung der Mobilmachung oder den Verteidigungszustand erforderlich ist. Nach dem vom NVR 1969 auf gesetzlicher Grundlage erlassenen Statut des MfS war dieses u. a. berechtigt und verpflichtet: »§ 4 (2) Das MfS erfüllt die Abwehr- und Aufklärungsaufgaben unter Anwendung spezifischer Mittel und Methoden.«

10 Ausarbeitung 155/92 der wissenschaftlichen Dienste des Deutschen Bundestages vom 22. April 1992, Reg.-Nr,: WF VII – 51/92, Thema: »Einstufung des Ministeriums für Staatssicherheit der ehemaligen DDR als kriminelle Organisation – Rechtliche Möglichkeiten und politische Konsequenzen«

11 Vgl. Zur Abwehrarbeit des MfS, edition ost, Berlin 2002, Bd. 1, S. 403.

12 Norbert Jurezko, Bedingt dienstbereit, Berlin 2004, S. 78.

13 *Müller-Enbergs_441-IM3_Tabellenteil.pdf*, S. 313.

14 Rede von Roman Herzog auf dem Bürgerrechtler-Kongress der Konrad-Adenauer-Stiftung am 23. Juni 1998 in Leipzig.

15 *Der Tagesspiegel*, »Eine Abhörzentrale in Köln geplant«, 18. Mai 2008.

Die DDR wird mit der Nazi-Diktatur verglichen – ein Vergleich mit dem Rechtsnachfolger des Dritten Reiches, als der sich die Bundesrepublik Deutschland verstand und versteht, wird hingegen brüsk zurückgewiesen. Nicht weniger vehement bestreitet man die Zulässigkeit eines Vergleichs zwischen dem MfS und den Nachrichtendiensten der Bundesrepublik. Wenn zwei dasselbe tun, wäre dies noch lange nicht das Gleiche. Dem ist insofern zuzustimmen, als das politische Umfeld und der gesellschaftliche Auftrag von sehr gegensätzlicher Natur waren.

Allerdings treffen Vorhaltungen und Unterstellungen, mit denen das MfS und seine Mitarbeiter zu Kriminellen gemacht werden sollen, weitaus eher auf bundesdeutsche Institutionen zu.

<u>Der Kumpanei mit Nazi- und Kriegsverbrechern bezichtigt</u>

Konstitutives Element der DDR war der Antifaschismus. Er war Credo für alle Bereiche der Gesellschaft. An der Wiege des MfS standen Kommunisten, die aktiv gegen die Nazis gekämpft und dafür in KZ und Zuchthäusern gelitten hatten. Und an der Spitze des Staates standen ausgewiesene Antifaschisten.

Insofern ist es ahistorisch und heuchlerisch, wenn diesem Staat und seinen Einrichtungen der Antifaschismus abgesprochen wird. Als im Sommer 2009, in der Zeit des Bundestagswahkampfes, wieder einmal die »Stasi«-Debatte hysterisch angeheizt wurde mit der Behauptung, angeblich wären aktuell »mindestens 17.000« ehemalige Hauptamtliche des MfS im öffentlichen Dienst tätig, sprach der *stern*-Journalist Hans-Peter Schütz am 9. Juli 2009 im *stern*-Blog von einer »absurden Form einer Hexenjagd«, die »aus leicht erkennbaren politischen Gründen angezettelt worden« sei. »Die Rufe nach ›Beseitigung dieser Altlasten‹ verbieten sich in den alten Bundesländern [...]. Die Bundesrepublik hat Hunderttausende von Altnazis nach dem Kriege in den öffentlichen Dienst übernommen. Adenauer ließ sogar das Kanzleramt von einem Altnazi namens Globke führen. Ein Kurt Georg Kiesinger konnte trotz frühzeitiger NSDAP-Mitgliedschaft CDU-Kanzler werden. Und ein bis übers Kriegsende hinaus systemtreuer Jurist wie Hans Karl Filbinger amtierte als CDU-Ministerpräsident.« Wer vor diesem Hintergrund mit spitzem Finger auf Ostdeutsche zeige, der »sollte mit dem Rest der Hand auf die Bewältigung des Nazi-Reichs durch die Bundesrepublik weisen«.

Darauf schall dutzendfach Widerspruch zurück, der offenbarte, wie sehr die Propaganda bereits Wirkung erzielt hatte. »Die Bundesrepublik hat Hunderttausende von Altnazis nach dem Kriege in den öffentlichen Dienst übernommen«? Ach! Und das rechtfertigt nun die Weiterbeschäftigung von Ex-Stasi-Mitarbeitern im öffentlichen Dienst?«

Oder: »Übrigens hatte sich in der Nachkriegszeit nicht nur die Bundesrepublik ehemaliger Altnazis bedient. Gerade im harten Foltergeschäft des frühen MfS und beim Aufbau der bewaffneten Volkspolizei waren stramme Nazis gern behilflich.« (*www.stern.de/blog/82_wahlfisch/archive/2656_absurde_stasi-diskussion.html*)

Überzeugend hat ein niederländischer Wissenschaftler diesen Unsinn widerlegt. Christiaan Frederick Rüter von der Universität Amsterdam legte eine Studie mit dem Titel »DDR-Justiz und NS-Verbrechen. Sammlung ostdeutscher Strafurteile wegen nationalsozialistischer Tötungsverbrechen« vor.[1] Bei der Vorstellung des Buches am 25. Oktober 2002 in Berlin erklärte der international renommierte Historiker über den unterschiedlich ausgeprägten Verfolgungswillen in beiden deutschen Staaten, was wohl ein hinreichender Beweis für den antifaschistischen Charakter der DDR war: »Wie Sie sehen, wurden in Ostdeutschland in der Bevölkerungsrelation mehr als zweimal soviel Personen wegen NS-Tötungsverbrechen abgeurteilt als in Westdeutschland. Und diese Masse bewältigte man in Ostdeutschland wesentlich schneller als im Westen: bis 1960 sind in der DDR 87 Prozent der Verfahren abgeschlossen, im Westen rund die Hälfte, 55 Prozent.

Und die SBZ macht schon bald Tempo: bis zum 1.1.1947 hatte sie pro 100.000 Einwohner neunmal soviel Personen wegen NS-Tötungsverbrechen abgeurteilt als in den drei Westzonen […].

Jetzt, abschließend, ein Blick auf die beiden zentralen Ermittlungsbehörden. In Westdeutschland ist das die Zentrale Stelle in Ludwigsburg und in der DDR das Ministerium für Staatssicherheit. Das MfS war schon seit Anfang der 50er Jahre im Geschäft, aber mit einer anderen Ausgangslage: Wegen NS-Verbrechen wird von ihm in den frühen 50er Jahren vornehmlich dann ermittelt, wenn jemand wegen gegen die DDR gerichtete Taten oder Bestrebungen aufgefallen ist. Die Masse der Verfahren der Jahre 1950 bis 1955 sind allerdings noch solche, die von der Polizei und nicht vom MfS bearbeitet worden sind.

Erst ab 1956 verdrängt das MfS die Polizei definitiv aus den Ermittlungsverfahren. Wer also zum Beweise dafür, dass die ostdeutschen NS-Verfahren nichts taugen können, ›Stasi, Stasi‹ rufend durchs Land zieht, hat eine im bereits erwähnten Urteilslabyrinth versteckte Tretmine erwischt. Denn in über 94 Prozent aller ostdeutschen NS-Verfahren war die Stasi überhaupt nicht involviert.

Seit Anfang der 60er Jahre sind NS-Verbrechen für das MfS aber nicht mehr ein Zufalls- oder Nebenprodukt von Staatsschutzverfahren, sondern ein eigenes, selbständiges Ermittlungsziel. Damit ändert sich auch ihre Kundschaft. Vor Gericht erscheinen nicht mehr Leute, die Ostmark nach Westberlin geschafft, die LPG bestohlen, für Herrn Gehlen spioniert, SED-Bürgermeister verprügelt oder gegen die Sowjetunion gehetzt haben – und dann, wie sich herausstellt, auch noch eine NS-Vergangenheit haben. Jetzt kommen angepasste, des öfteren wegen ihrer beruflichen und gesellschaftlichen Arbeit in der DDR mehrfach ausgezeichnete DDR-Bürger vor Gericht, die sich nicht selten, wie es in den Urteilen heißt, ›in die Partei der Arbeiterklasse einschlichen‹, also SED-Mitglied geworden sind.«

Von einem »Täterschutz« durch das MfS, auch wenn die Täter zwischenzeitlich Mitglied der SED geworden waren, kann also nicht die Rede sein.

Anders verhielt es sich mit ehemaligen NSDAP-Mitgliedern und Wehrmachtangehörigen, welche sich keiner Verbrechen schuldig gemacht hatten oder denen – auch das ist nicht auszuschließen – eine Schuld nicht nachgewiesen werden konnte. In der DDR galt – was im übrigen die BRD ehemaligen DDR-Bürgern nicht zubilligt: Schuld ist nicht kollektiv, sie ist immer persönlich. Eine pauschale Ausgrenzung, wie sie seit 1990 gegen DDR-Bürger – nicht nur in Bezug auf ehemalige Mitarbeiter des MfS – praktiziert wird, hat es in der DDR nie gegeben.

Prof. Rüter widerlegte auch die Behauptung, Hunderte von NS-Tätern seien vom MfS aus politischen Gründen in »Reserve« gehalten worden. »Nun wird aber seit Jahren erzählt, das MfS habe nicht einzelne, sondern Hunderte von verurteilungsfähigen NS-Verbrechern der Strafverfolgung entzogen. Dass eine Ermittlungsbehörde in langwierigen und kostbaren Nachforschungen Hunderte von Leuten durchermittelt, um sie dann, nachdem man fündig geworden ist, mit den besten Empfehlungen an die Frau Gemahlin nach Hause zu schicken, erstaunt ein wenig.

Dies wird aber durch eine weitere These erklärt: Die DDR habe NS-Täter nicht aus einem inneren Bedürfnis heraus verfolgt, sondern nur um Westdeutschland international bloßzustellen. Dazu habe man ein Reservoir angelegt, aus dem bei Bedarf ein passender Angeklagter herausgezogen wurde. Wer dazu nicht tauglich war, blieb unbehelligt.

Diese beiden Thesen haben allerdings eine gemeinsame und recht entscheidende Schwachstelle: Zwölf Jahre nach der Wende sind diese vielen Hunderte von Namen und Fällen noch immer nicht aufgetaucht. Auch ich bin bei den 40 Behörden, vom Bundesministerium für Justiz über die Gauck-Behörde bis zum letzten Landesarchiv, die ich bei meiner Arbeit bemüht habe, nicht auf sie gestoßen. Und die Staatsanwälte der Zentralen Stelle, die immerhin jahrelang die Archive des MfS durchforscht haben, haben sie ebensowenig zutage fördern können.

Niemand von diesen Hunderten ist nach 1990, als alles anders und besser gemacht werden sollte, vor Gericht erschienen. All dies müsste, so würde man meinen, doch einigen Leuten aufgefallen sein. Aber die Reservoir-These erfreut sich nach wie vor breiter Beliebtheit.

Genauso wie die abgrundtiefe Schlechtheit des MfS, die es ihr verwehrt haben sollte, in NS-Sachen professionell zu ermitteln. Und so lesen sich dann auch manche Betrachtungen zur DDR-Ahndung wie Waldheimurteile: die Sachverhaltsfeststellung ähnelt einem Thesenpapier – Gegenbeweis nicht zugelassen –, die Rechtswidrigkeit wird vorausgesetzt – aus der DDR kann nichts Rechtes kommen, die Schuldfrage wird floskelhaft abgehakt und schon eilt man ›schuldig, schuldig‹ rufend zum Urteilsspruch."

Drei Jahre nach der Vorstellung der auch international stark beachteten Studie von Rüter, fast auf den Tag genau, lud die Pressestelle der BStU zur Präsentation des Buches »NS-Verbrechen und Staatssicherheit. Die geheime Vergangenheitspolitik der DDR«. Autor war Henry Leide, ein von der BStU bezahlter Mitarbeiter.[2]

Die Einführung besorgte Behördenchefin Marianne Birthler, assistiert von Dr. Jens Gieseke, wissenschaftlicher Mitarbeiter der BStU, und Gunther Latsch, Journalist vom *Spiegel*. Der Pressesprecher der BStU, Christian Booß, hatte vorab erklärt: »Das vorliegende Buch von Henry Leide schließt eine geschichtswissenschaftliche Lücke, indem es die Verfolgung von NS-Tätern in der DDR im Zeitraum vom Ende der 60er Jahre bis 1989 untersucht.«

Nun, eine solche Lücke war zu jenem Zeitpunkt nicht existent, sie war spätestens 2002 von Prof. Rüter geschlossen worden. Er hatte in seinem Buch dokumentiert, dass in jener Zeit die restlichen sechs Prozent von Verfahren gegen NS-Täter unter Beteiligung des MfS bearbeitet worden waren. Also 94 Prozent aller NS-Verfahren waren in der DDR zuvor und ohne Beteiligung des MfS geführt worden.

Leide stützte sich auf Unterlagen der HA IX/11, in denen er erkannt haben wollte, dass es der SED und der Staatssicherheit bei der Verfolgung von NS-Taten nur darum gegangen sei, nach außen ein gutes Bild abzugeben.

»Die vorliegende Studie von Henry Leide zur vergangenheitspolitischen Rolle des Ministeriums für Staatssicherheit in der DDR«, so Pressesprecher Booß, »belegt, dass Hunderte von Personen von Ermittlungen und Strafen verschont blieben, obwohl dem MfS in vielen Fällen konkrete Anhaltspunkte für eine Beteiligung an Kriegsverbrechen bzw. Verbrechen gegen die Menschlichkeit vorlagen.«[3]

Da waren sie wieder, die Heerschaaren von NS-Tätern, die Prof. Rüter jedoch in 40 Archiven – auch dem der BStU – nicht hatte finden können.

Aus welchem Zauberhut hat Henry Leide sie gezogen?

Die »Täter« Horst Busse (Staatsanwalt), Dr. Hans-Herbert Nehmer (Richter) und Dieter Skiba (Untersuchungsorgan des MfS) analysierten Leides Werk akribisch.[4] »Das ganze Palaver zum Kern des Themas ist im Ergebnis pure Dichtkunst«, urteilten sie am Ende.

Als Mörder und Terroristen stigmatisiert

Am 4. Juni 1992, etwa gegen 10 Uhr vormittags, wurde Dr. Karli Coburger festgenommen. Auf dem Transport zum Haftrichter nach Karlsruhe wurden ihm von einer weiblichen Begleiterin einige Zeitungen übergeben. Auf der ersten Seite verkündete der *Berliner Kurier* in zentimeterdicker Überschrift: »Chefs der Stasikiller festgenommen!«

Generalmajor a. D. Coburger hatte von 1984 bis 1989 die HA VIII geleitet. Nach langer U-Haft musste er – weil unschuldig – freigelassen werden.

Das Thema »Stasikiller« war damit aber weder für die deutsche Justiz noch für die Medien erledigt. Beschuldigt wurden nacheinander die HA I und II, die Hauptverwaltung Aufklärung (HV A) und Arbeitsgruppen des Ministers – ohne gerichtsverwertbare Fakten.

In einem Urteil mit Freispruch stellte das Amtsgericht Düsseldorf 1999 nach Anhörung der BStU fest, dass es Mordkommandos des MfS nicht gegeben habe.[5]

Trotzdem wurden »getarnte Ermittler« in die Spur geschickt. Im Herbst des Jahres 2003 wurde die erste Festnahme eines 53-jährigen Installateurs aus der ostdeutschen Provinz vermeldet. Dieser hatte angeblich 27 Auftragsmorde ausgeführt. Das Münchner Magzin *Focus* berichtete: »Die Auftraggeber des verhafteten Installateurs, ließ die Bundesanwaltschaft verlauten, werden im ›Staatsapparat der ehemaligen DDR‹ vermutet. Damit stünde nicht mehr allein das ohnehin gefürchtete Ministerium für Staatssicherheit (MfS) am zeitgeschichtlichen Pranger, sondern vielmehr die engste Genossenschar um Erich Honecker, Egon Krenz & Co. Erstmals wurde belegt, dass die DDR-Regierung, die an ihrer Staatsgrenze Flüchtende von Scharfschützen abknallen ließ, zusätzlich ein geheimdienstlich geschultes Team von Profikillern beschäftigte. Nach *Focus*-Recherchen prüft das BKA derzeit Hinweise auf vier weitere Männer, die zusammen mit G. eine Todesschwadron gebildet haben sollen. Die Indizien gegen Jürgen G., der zuletzt sein Geld als Hausmeister einer Bootsstation verdiente, müssen erdrückend gewesen sein. Ansonsten hätte der Ermittlungsrichter am Bundesgerichtshof wohl kaum einen Haftbefehl erlassen.«[6]

Unter den in den Medien genannten »Mordopfern« waren Uwe Barschel, der in den Westen geflüchtete Fußballer des BFC Dynamo, Lutz Eigendorf, sowie Personen aus anderen westeuropäischen Ländern. »Laut *Spiegel* will G. an der Ermordung eines DDR-›Postministers‹ im Ostberliner Stadtteil Karlshorst beteiligt gewesen sein. Weil aber nie ein DDR-Postminister umgebracht wurde, mutmaßten die Fahnder, dass der frühere DDR-Finanzminister Siegfried Böhm gemeint gewesen sein könnte«, schrieb *Die Welt* am 29. September 2003. »Böhm war am 4. Mai 1980 erschossen in seinem Haus in Karlshorst aufgefunden worden. Sein Tod war in der DDR offiziell als Unglücksfall dargestellt worden. Demnach war Böhm in einem Eifersuchtsdrama von seiner Ehefrau erschossen worden, anschließend habe diese sich selbst erschossen – laut *Spiegel* mit einer Makarow-Pistole. Die *Berliner Zeitung* berichtete, dass die Bundesanwaltschaft hinter der Tat ein getarntes Komplott des Killerkommandos vermutet. Böhm sei zum Sicherheitsrisiko geworden, nachdem er sich zuletzt kritisch über die DDR-Finanzpolitik geäußert habe.«

Die Phantasie schoss reichlich zwei Monate ins Kraut, bis im Dezember publik wurde: Alles nur geklaut.

Jürgen G., ein klammer Installateur aus Rheinsberg, der einmal eine Heizungsanlage in einem Gästehaus des DDR-Innenministeriums repariert hatte, wurde Opfer eines verdeckten Ermittlers, der vorgab, im Auftrage der CIA befähigte Mitarbeiter zu suchen. G. erfand deshalb »geeignete Referenzen«[6a] Der Bundesanwalt hob am 20. Dezember 2003 den Haftbefehl auf. In dreijährigen Ermittlungen hatte man nichts gefunden.

Die Fülle wahrheitswidriger Behauptungen über Mord in Verbindung mit Terror durch das MfS ist kaum zu überschauen. Es gibt Lügen über vermeintliche Netzwerke des MfS für Terrorakte in der BRD, über die Unterstützung arabischer Terrorgruppen und die »Rote Armee Fraktion« (RAF) in der Bundesrepublik. Die Führungsspitze der BRD – namentlich Bundeskanzler Helmut Schmidt – und auch die Geheimdienste waren darüber informiert, dass Aussteiger der RAF in der DDR aufgenommen und eingebürgert wurden. Sie lebten mit neuer Identität und wurden durch das MfS betreut und auch überwacht.[7]

Seit 1991 wurde die Legende verbreitet, dass die RAF vom MfS unterstützt und gesteuert wurde. Selbst die Ermordung des Präsidenten der Treuhandanstalt, Detlev Karsten Rohwedder, am 1. April 1991 – als es das MfS längst nicht mehr gab – wurde »Stasiseilschaften« in der RAF zugeschrieben. Der ehemalige Stellvertretende Minister des MfS, Generalleutnant Dr. Gerhard Neiber, und eine Vielzahl ihm unterstellter Mitarbeiter wurden monatelang inhaftiert. Die ausnahmslos erfolgten Freisprüche machten keine Schlagzeilen.

Eine andere perfide Mär ist die von den Häftlingen, die in den Tod getrieben worden sein sollen. Die *Berliner Morgenpost* verstieg sich am 23. März 2001 zur Behauptung, etwa 2.500 Häftlinge seien ermordet und Tausende in den Selbstmord getrieben worden.

Nicht für einen einzigen Mord konnte auch nur ein Anfangsverdacht belegt werden.

Seit 1990 wurden Gespinste aus Unterstellungen und Unwahrheiten gewebt, die im Bedarfsfall in den Medien auftauchen. Eine zentrale Funktion hat dabei der Städtische Friedhof in der Hohenschönhausener Gärtnerstraße in Berlin in der Nähe der ehemaligen zentralen UHA des MfS. Auf diesem als »Denkort« gestalteten Friedhof wurden 1999 die sterblichen Überreste von 132 Menschen bestattet, die angeblich auf dem Gelände der ehemaligen Untersuchungshaftanstalt des MfS und in deren Umgebung gefunden worden wären.

Auf dem Gelände der U-Haftanstalt, die im Zeitraum von 1956-1960 erbaut wurde?

Warum wurde damals bei den Bauarbeiten nichts gefunden? Und was hieß »deren Umgebung«? Waren es ein, zwei oder vielleicht fünf Kilometer?

Auf dem Friedhof in der Gärtnerstraße hatten schon vorher Tote ihre letzte Ruhe gefunden, die nach offiziellen Verlautbarungen im einstigen sowjetischen Internierungslager ums Leben gekommen sein sollen. Zweifellos starben in den Internierungslagern Menschen als Folge von Krankheiten und Hunger. Bis zu einer Million sollen in den Lagern der Westalliierten auf den Rheinwiesen und anderswo umgekommen sein.

Auf dem angrenzenden Gelände in Hohenschönhausen befand sich während des Krieges auch ein Außenlager des KZ Sachsenhausen. Auch Opfer der Bombenangriffe und Gefallene der letzten Kämpfe des Krieges kamen dort unter die Erde.

Alle aufgefundenen Gebeine wurden dem MfS zugeordnet. Es fand keine Bestimmung des Zeitpunktes und der Ursache des Todes statt. Es wurde nur behauptet: alles Stasi.

Zu den laut *Berliner Morgenpost* »Tausenden in den Selbstmord getriebenen« U-Häftlingen: Auf gesicherten Erkenntnissen und Statistiken fußten sie gewiss nicht. In der UHA Hohenschönhausen gab es im Zeitraum von 1951 bis 1990 sechs dokumentierte Suizide und in allen U-Haftanstalten des MfS zusammen vierzehn.

Laut *Spiegel* 20/2008, Seite 45, gab es in Gefängnissen der Bundesrepublik zwischen 2000 und 2005, also im Zeitraum von nur fünf Jahren, insgesamt 549 Selbsttötungen männlicher Häftlinge.

Dann gab es noch die »Gift-Akten der Stasi«. Ehemalige operative Mitarbeiter des MfS und Wissenschaftler, auch außerhalb des MfS, wurden der Vorbereitung von Giftmorden beschuldigt.[8] Ausgangspunkt war ein Forschungsauftrag, der 1987 an die Sektion Kriminalistik der Humboldt-Universität Berlin ging. Er wurde abgestimmt zwischen dem MfS, dem Leiter der Hauptabteilung Kriminalpolizei und dem Leiter des Kriminaltechnischen Institutes der DDR. Das Thema lautete: »Untersuchung zu chemischen Substanzen mit besonderer kriminalistischer Relevanz.«

Anlass waren Erfordernisse der kriminalistischen Arbeit bei der Untersuchung von Todesfällen, aber auch durch internationale Publikationen über politische Morde und Mordversuche. Sie hatten Überlegungen inspiriert, wie mögliche Angriffe gegen Repräsentanten der DDR erkannt und abgewehrt werden könnten. Die Studie untersuchte Gifte und ihre bisher bekannte kriminelle Anwendung.

Statt diese Studie für die kriminalistische Arbeit in der BRD nutzbar zu machen, wurde sie 1994 durch die Boulevardmedien zu abenteuerlichen Behauptungen missbraucht. Von geplanten Giftmorden beim Sex, im Menstruationszyklus und in der Sauna war die Rede. Trotz hohem Verfolgungswillen konnte die deutsche Justiz allerdings keine Ansätze für eine juristische Kriminalisierung finden, weil man dann jegliche kriminalistische Fachliteratur hätte zur Anklage bringen müssen.

Als sechs Jahre später ein westdeutscher Olympiasieger positiv auf Doping getestet wurde, hieß es, ihm sei nach Art der »Stasi« Dopingsubstanzen über seine Zahnpasta beigebracht worden. Wenige Tage später tauchten die »Giftakten der Stasi« bei *Bild* wieder auf, diesmal jedoch mit einem völlig anderen Hintergrund: »Umberto Ecos Roman ›Der Name der Rose‹: Ein Mönch blättert heimlich mit angefeuchtetem Finger in einem verbotenen Buch – und wird am nächsten Tag tot aufgefunden: Die Buch-Seiten waren vergiftet. […]

Wollte die Stasi auf ähnliche Weise geheime Dokumente sichern? Der Giftalarm in der Gauck-Behörde (*Bild* berichtete) – es ist alles viel schlimmer! Fünf Wissenschaftler hatten bei Recherchen zu den Stasi-Machenschaften mit radioaktivem Material vor Monaten ein Dutzend Akten entdeckt, getränkt von unbekannten Chemikalien. Dazu Kartons mit Chemie-Proben. Nach dem Durchblättern der Akten wurde ihnen plötzlich schlecht. Drei bekamen Hautausschlag, Magenkrämpfe, Nasenbluten. Eine Mitarbeiterin war fünf Monate krank geschrieben. »BStU-Forscher« Thomas Auerbach: ›Mir hat es regelrecht die Gummihandschuhe weggeätzt‹.«[9] Woran hat man erkannt, dass die Akten »chemisch getränkt« waren? Weshalb hat man sie nicht von Spezialisten untersuchen lassen, bevor sich Leute wie Thomas Auerbach darüber hermachten? Wer soll solchen Unsinn glauben?

Psychiatrie, Psychopharmaka, Folter,
Zwangsadoptionen und andere Menschenrechtsverletzungen

Das Wegsperren von Menschen in geschlossene psychiatrische Anstalten hat in Deutschland Konjunktur: »Unstrittig ist seit Beginn der 80er Jahre die jährliche Zahl der Patienten, die gegen ihren Willen eingewiesen werden, bundesweit stark angestiegen. Pro Jahr werden in Deutschland mittlerweile etwa 110.000 Menschen nach den Unterbringungsgesetzen der Länder (UBG/PsychKG) und dem im Bürgerlichen Gesetzbuch (BGB) geregelten Betreuungsrecht in der Bundesrepublik zwangsweise untergebracht. Untersuchungen lassen zudem vermuten, dass mindestens noch einmal so viele Patienten ohne richterlichen Beschluss zwangsbehandelt werden.

In NRW haben sich die Unterbringungsverfahren nach PsychKG zwischen 1986 und 1997 nahezu verdoppelt. Nach BGB sind sie – ohne sogenannte unterbringungsähnliche Maßnahmen – gar um das Neunfache gestiegen. Tausende Menschen werden jährlich zu Unrecht eingewiesen, sagt Georg Bruns, Verfasser einer der raren psychiatrischen Studien zum Thema Zwangsbehandlungen. […] Wolf Crefeld stellte 1998 in einer NRW-weiten Erhebung fest, dass das Risiko einer zwangsweisen Unterbringung in einigen Kommunen zehnmal höher ist als in anderen und auch von Bundesland zu Bundesland erheblich differiert. In NRW und Bayern lag das Risiko 1995 um 85 Prozent über dem von Thüringen und Brandenburg.«

»An der Uniklinik Göttingen wurde die Zahl der unfreiwilligen Zwangseinweisungen gerade untersucht. Die Ergebnisse von Prof. Peter Müller haben für großen Wirbel unter Deutschlands Psychiatern gesorgt. ›In den letzten rund zehn Jahren haben unfreiwillige Einweisungen sich verdoppelt‹, sagt der Psychiatrie-Professor. ›Das ist deshalb erstaunlich, weil im Prinzip die Behandlungsmöglichkeiten in der Psychiatrie besser geworden sind. Man also eigentlich davon ausgehen müsste, dass die unfreiwilligen Einweisungen abnehmen und das Gegenteil ist der Fall. [...] Da spielen mehrere Faktoren eine Rolle‹, sagt Prof. Peter Müller. ›Das Eine: eine Einschränkung in ambulanten Behandlungsmöglichkeiten durch Kostendämpfung. Zum Zweiten hat der Gesetzgeber die so genannten Zwangseinweisungen erleichtert, das heißt, die Hürde, dass ein Arzt so etwas anstößt oder das Ordnungsamt das beschließt, ist geringer geworden. [...] Wie erschreckend niedrig diese Hürden sind, zeigt der Fall der Ärztin, die sogar eingewiesen wurde, obwohl sie gesund war. Dieser Extremfall zeigt drastisch, wie dringend verbindliche Regeln gebraucht werden.‹«[10]

Begünstigt wird dieser Horror durch die Pflegegesetzgebung des Bundes und der Länder. Staatlich geförderte Willkür und nicht selten Motive nach Bereicherung, Ausschluss von Erbrechten, Übernahme wirtschaftlicher Macht u. a., werden als Ursachen sichtbar.

Die Vorwürfe gegen das MfS konzentrieren sich bei diesem Thema auf politische Gegner des gesellschaftlichen Systems der DDR. Es gibt Verweise auf den »Diktaturenvergleich«, Praktiken im Nazireich und auf stalinistische Methoden der Psychiatrisierung politischer Dissidenten in der Sowjetunion.

Seit 1990 suchte die deutsche Justiz nach Beweisen. »Die psychiatrische Einrichtung in Waldheim wurde zum Zentrum erklärt, in welchem das MfS politisch Andersdenkende unterbringen ließ. Der organisierte Aufschrei in den Medien über solche vom MfS organisierten »Untaten« gipfelte in der öffentlichen Aufforderung an »Opfer«, sich zu melden, was dann zunächst in einigen Fällen auch Erfolg brachte. Jedenfalls meldeten sich nach gründlichem Medienrummel tatsächlich ›Opfer‹.«[11]

Gerichtsverwertbare Fakten lieferten sie nicht.

Einer, der nicht erst gerufen werden musste, war der Ex-Pfarrer Heinz Eggert, der als »Pfarrer Gnadenlos« zunächst Karriere als Landrat für die CDU machte. Dann stieg er auf zum Innenminister des Landes Sachsen und zu einem der Stellvertreter des Parteivorsitzenden Helmut Kohl. Am 8. Januar 1992 »enthüllte« er in einer Fernsehsendung, vom MfS entsprechend behandelt worden zu sein. Er nannte einen Arzt mit Namen und die Klinik. Er sei von der »Stasi« gejagt und mit Ruhr-Bakterien infiziert worden. Er wäre in tiefe Depression mit Selbstmordgedanken gestürzt und dann dem Psychiater Wolf zugetrieben worden, der ihn in eine psychiatrische Abteilung eingewiesen und in eine Zwangsjacke geschnürt habe. In der Klinik sei er von Dr. Wolf mit Psychodrogen gespritzt worden.

Schlagzeilen wie »Chefarzt Dr. Reinhard Wolf: Satan in Weiß«, »Der Stasi-Fall, der das Volk erschüttert« und ähnlich denunziatorische Behauptungen füllten die Medien.[12]

Zwei Jahre wurde gegen Dr. Wolf wegen Freiheitsberaubung, Nötigung, Körperverletzung und Vergiftung ermittelt. Er verlor seine Anstellung als Chefarzt und musste seinen Wohnort wechseln. Als er von allen Beschuldigungen freigesprochen wurde, war seine Existenz zerstört.[13]

Weder Eggert noch eine Zeitung entschuldigte sich. Zumindest wurde dergleichen nicht bekannt.

1999 veröffentlichte Dr. Sonja Süß eine Studie »Politisch mißbraucht? – Psychiatrie und Staatssicherheit in der DDR«. Die Nervenärztin, die ihre Approbation in der DDR erworben und sich in der Bürgerbewegung für ihren Einsatz in der BStU qualifiziert hatte, wertete die psychologische Fachliteratur der DDR aus, arbeitete Dokumente der Abteilung Gesundheitswesen des ZK der SED und des Ministeriums für Gesundheitswesen durch, studierte die Akten der BStU und führte eine Vielzahl von Gesprächen mit Ärzten und Juristen sowie mit Personen, die sich als Opfer betrachteten.

Das Hauptergebnis ihrer Untersuchungen: »Es wurde kein Fall gefunden, in dem eine psychisch nicht kranke Person auf Betreiben von Sicherheitskräften in eine psychiatrische Einrichtung der DDR gebracht und dort längere Zeit zwangsweise festgehalten sowie mit Psychopharmaka oder anderen Mitteln behandelt worden wäre.«

Geschenkt, dass sie diese Aussage, welche gewiss nicht im Sinne ihrer Auftraggeber war, mit der Behauptung relativierte, es sei der moralischen Standhaftigkeit der Mehrheit des ärztlichen Personals der DDR zu danken, dass das MfS seine Ziele nicht erreichen konnte.

Aus Kreisen fanatischer Eiferer kam Protest. Das Ergebnis selbst sei ein Unrecht, hieß es.[14]

Dass diese Praxis – Enthüllung, bundesweite Skandalisierung in den Medien, Reaktionen aus der Politik und den einschlägigen Institutionen und Organisationen, kleinlaute Richtigstellung, relative Ruhe bis zur nächsten »Entdeckung« – Dauerzustand ist, ist auch auf Beschlüsse wie die des Deutschen Bundestages vom 13. Dezember 2007[15] zurückzuführen. Die Bundesregierung hatte damit auf Petitionen zum »DDR-Unrecht« reagiert. Verschiedene »Opferverbände« und Einrichtungen hatten eine öffentliche Feststellung über den tatsächlichen Umfang und dessen »Aufarbeitung« verlangt. Damit wurde eine amtliche Bekanntmachung der Ergebnisse der strafrechtlichen Verfolgung von »DDR-Unrecht« angestrebt.

Zum Thema »Psychiatriemissbrauch« finden sich in diesem Beschluss der Bundesregierung folgende Aussagen: »Soweit mit der Petition der Wahrheitsgehalt der Praxis der psychiatrischen Zwangseinweisungen angezweifelt wird, stellt der Petitionsausschuss fest, dass auch auf diesem Gebiet Forschungsarbeiten zu dem Ergebnis kamen, dass Psychiatriemissbrauch in der ehemaligen DDR in unterschiedlicher Ausprägung, unter anderem zur Disziplinierung unbequemer Menschen durch politische Machthaber, tatsächlich stattgefunden hat. Zweifel bestehen nur dahingehend, ob Zwangseinweisungen in der ehemaligen DDR systematisch zur Verfolgung politischer Gegner eingesetzt wurden.«

Anstelle von Fakten also auch hier allgemeine Feststellungen und Behauptungen, die nicht belegt wurden.

Selbst die Tatsache, dass der im Haftkrankenhaus des MfS in Berlin-Hohenschönhausen tätig gewesene Psychiater gerichtlich von allen Vorwürfen freigesprochen wurde, er habe durch falsche Medikation die »Erpressung von Geständnissen« unterstützt, beendete die Verleumdungen nicht.

Einee andere Methode der Kriminalisierung ist die sogenannte Zwangsadoption, welche regelmäßig ins Spiel gebracht wird.

»Zwei Jahre nach dem Fall der Mauer kommt eines der dunkelsten Kapitel der DDR-Geschichte ans Licht. In der

DDR wurden Kinder auf Veranlassung des Staates, ohne Einwilligung der leiblichen Eltern, zwangsadoptiert«, erinnerte der MDR am 25. Dezember 2003.

Es ging darin um zwei verworrene Fälle, die aber – das musste man eingestehen – sich so auch in der Bundesrepublik hätten zutragen können. Nicht verschwiegen werden konnte nämlich die Analogie der juristischen Basis. Wie gemäß BGB in der BRD die Entziehung des Sorgerechts bei staatsfeindlicher Beeinflussung möglich ist, so regelte das in der DDR das Familiengesetz.

Trotzdem unterzog man sich nicht der Mühe einer juristischen Analyse der Sachverhalte. Hauptschuldige war Margot Honecker, Ministerin für Volksbildung. Dem schloss sich das Bedauern an, dass sie nach Chile hatte ausreisen dürfen und sich damit dem Zugriff der deutschen Justiz habe entziehen können.

Die Behandlung des Themas »familiäre Trennung« kulminierte in einem Zweiteiler des öffentlich-rechtlichen Fernsehens, der im Herbst 2007 unter flächendeckender medialer Ankündigung und Begleitung auf mehreren Kanälen ausgestrahlt wurde. »Die Frau vom Checkpoint Charlie« wäre ein Film »über die Aktivistin Jutta Gallus«[16], hieß es. Frau Gallus, jetzt Fleck, tingelte durch alle Talkshows, kaum eine Zeitung, die sie nicht zu ihrem Schicksal befragte.

Millionen brachte sie zum Weinen, wie es hieß. In Tränen konnte man in der Tat zerfließen angesichts dieses hanebüchenen, konstruierten Melodrams, das so ging:

»Teil 1

1982 lebt Sara Bender mit ihren beiden Töchtern Silvia (11) und Sabine (9) in Erfurt. Wegen einiger regimekritischer Äußerungen der Mutter haben die Kinder bereits früh unter Benachteiligungen im schulischen und sportlichen Umfeld zu leiden.

Sara will ihren Freund und Kollegen Peter Koch heiraten. Auf der Fahrt zur Hochzeit verunglückt ihr in der Bundesrepublik lebender Vater bei Helmstedt auf der Autobahn. Die Trauung wird zunächst abgesagt. Sara möchte ihren schwer verletzten Vater im Krankenhaus besuchen doch als kritischer DDR-Bürgerin wird ihr die Reise in den Westen untersagt.

Der Vater verstirbt, ohne dass Sara ihn noch einmal sehen konnte. Daraufhin stellt sie einen Ausreiseantrag, der allerdings abgelehnt wird und ihr berufliche Repressalien einbringt.

Ihr Wunsch nach Freiheit wächst, und so wagt sie gemeinsam mit ihren Töchtern einen Fluchtversuch über die ›grüne Grenze‹ von Rumänien nach Jugoslawien. Die Stasi, die ihre Wohnung verwanzt hat, bekommt jedoch Wind von dem Plan und vereitelt die Flucht. In Rumänien werden Sara und ihre Kinder verhaftet und nach Ost-Berlin gebracht. Dort wird die Familie noch auf dem Flughafen getrennt. Die Töchter werden zunächst in einem Dresdner Kinderheim untergebracht. Sara selbst kommt in Untersuchungshaft. Ihr Freund Peter, den sie kurz zuvor noch heiraten wollte, entpuppt sich als Verräter, der für die Stasi und gegen sie arbeitet. Sara wird schließlich zu drei Jahren Haft im Frauengefängnis Hoheneck verurteilt.

Teil 2

Nach zwei Jahren wird Sara endlich von der Bundesregierung freigekauft und in die Bundesrepublik abgeschoben. Allerdings ohne ihre beiden Töchter, die fortan bei einer regimetreuen Pflegefamilie leben. Durch trickreiche Täuschung ist Sara unmittelbar vor ihrer Abschiebung dazu gebracht worden, der Aberkennung des Sorgerechts zuzustimmen.

Doch Sara möchte nicht ohne ihre Kinder in der Bundesrepublik leben. Von Anfang an kämpft sie darum, dass die beiden ebenfalls ausreisen dürfen. Dies scheitert jedoch am Widerstand der DDR-Behörden, die an Sara ein Exempel statuieren möchten. Enttäuscht stellt sie fest, dass sie auch von der Bundesregierung keine wirkliche Unterstützung zu erwarten hat, weil diese die empfindlichen Beziehungen zu Ost-Berlin nicht gefährden will.

Ihre einzige Chance sieht Sara darin, ihren Fall öffentlich zu machen. Dabei erhält sie Unterstützung von dem Journalisten Richard Panter. Mit einem Schild ›Gebt mir meine Kinder zurück!‹ demonstriert Sara regelmäßig am Checkpoint Charlie, und Richard sorgt dafür, dass die Bilder der Protestaktion um die Welt gehen. Die DDR-Führung, die dies als schwere Provokation empfindet, versucht sie massiv einzuschüchtern. Sara erhält anonyme Drohanrufe und wird in West-Berlin von Stasi-Agenten überfallen, die sie verletzen und mit dem Tode bedrohen. Auch von der Bundesregierung wird sie gebeten, die Aktionen in der Öffentlichkeit zu unterlassen.

Doch Sara lässt sich nicht beirren. Durch geschmuggelte Briefe und Tonbänder hält sie den Kontakt zu ihren Töchtern aufrecht, und alle drei hoffen auf ein glückliches Wiedersehen in der Bundesrepublik. Saras zahlreiche Bemühungen scheitern jedoch immer wieder am Widerstand der Bürokratie.

Schließlich reist sie zur KSZE-Konferenz nach Helsinki (welche allerdings 1986 in Wien stattfand, nicht, wie im Film angegeben, in Helsinki – in der Wirklichkeit reiste Jutta Gallus 1985 zum Festakt zum 10. Jahrestag der Schlussakte nach Helsinki), um vor den Augen der Weltöffentlichkeit gegen das ihr angetane Unrecht zu protestieren. Als sie dort versucht, Bundesaußenminister Genscher zu treffen, gerät sie in einen Hinterhalt der Stasi und entgeht nur knapp einem Mordanschlag. Und weiter im Film:

Ihren beiden Töchtern wird erzählt, Sara sei bei einem Autounfall verstorben. Sie stimmen daher einer Adoption durch ihre Pflegefamilie zu. Durch einen Bericht im Westfernsehen über die unermüdlichen Proteste ihrer Mutter, den sie zufällig sehen, erfahren die Kinder jedoch die Wahrheit.

Dank der Hilfe der Pflegemutter, die sich schließlich erbarmt, genehmigen die DDR-Behörden am Ende die Ausreise der Kinder nach West-Berlin, wo sie ihre Mutter endlich wiedersehen.«[17]

Wie man liest, wurde kein Klischee ausgelassen, wobei man es selbst mit dem nachprüfbaren historischen Fakten nicht so genau nahm – wie die Klammerbemerkung hinter Helsinki deutlich macht. Das schien selbst den Verantwortlichen bewusst gewesen zu sein. Aber sei's drum: Die Masse wird es schlucken – und sie hat den schwachsinnigen, aber politischen Kitsch genossen. Millionen, so hieß es, hätten mitgefühlt, mitgelitten und mitgebangt.

Die Welt versuchte noch eins draufzusetzen. »Die Wirklichkeit war noch viel schlimmer«[18], schrieb das Flaggschiff des Springer-Verlages. Allerdings stimmten dem nicht alle Leser zu.

Prof. Dr. Horst Schneider aus Dresden, der Heimatstadt von Jutta Gallus-Fleck, ging dem realen Fall nach und sprach auch mit Christian Gallus, dem geschiedenen Ehemann der »Heldin«.[19]

Was ist tatsächlich passiert? »Eine DDR-Bürgerin, die des dortigen Alltags überdrüssig ist, will nach ihrer Scheidung mit ihren beiden Töchtern in die ›Freiheit‹ der BRD. Eine illegale Ausreise über Rumänien/Jugoslawien misslingt. Sie wird nach den Gesetzen der DDR bestraft, lässt ihre Kinder im Stich und versucht, nach ihrem ›Freikauf‹ mit spektakulären Aktionen auf ihr (selbst verschuldetes) Schicksal aufmerksam zu machen.«[20]

Auf die »literarische Vorlage« eingehend – Ines Veith: Die Frau am Checkpoint Charlie, Verlag Droemer/Knaur, München 2006 – schrieb Schneider: »Vorsichtshalber hat ja die Buchautorin Ines Veith selbst angemerkt, dass ›in wenigen Ausnahmefällen Schauplätze verändert und die Handlung romanhaft ergänzt wurde‹. [Das] dürfte jedoch kaum rechtfertigen, dass schon in den zwölf Zeilen ›So fing alles an …‹ mindestens fünf Unwahrheiten enthalten sind:

1. ›Ich hatte mich gerade scheiden lassen.‹ Nicht Jutta Gallus hatte sich scheiden lassen, sondern nach vierzehn Jahren Ehe – laut Gerichtsurteil – Christian Gallus von ihr.

2. ›Mein zwölfter Ausreiseantrag [war] abgelehnt worden.‹ Bis zur Scheidung gab es nicht zwölf Ausreiseanträge – sondern gar keinen.

3. ›Ich […] wollte endlich […] in den Westen. Zumal mein Vater schon seit 30 Jahren in der Nähe von Aachen lebte.‹ Allerdings gab es zu ihrem Vater seit ihrem 15. Lebensjahr keinen Kontakt.

4. ›Meinen Job als Informatikerin hatte man mir ohnehin weggenommen.‹ Ihr ›Job als Informatikerin‹ ist ihr nicht weggenommen worden (was in der DDR kaum möglich war), sondern sie hat ihre Tätigkeit auf eigenen Wunsch beendet.

5. ›Ich hatte es satt, wegen meines Ausreisewunsches ständig […] den Schikanen des Staates ausgesetzt zu sein.‹ Sie war bis dahin keinen Schikanen des Staates ausgesetzt. Ihre versuchte und gescheiterte Republikflucht war ihre freie Entscheidung.«[21]

Jutta Gallus wurde durch das MfS operativ nicht bearbeitet – weder bis zu ihrem Versuch, die DDR auf ungesetzlichem Wege zu verlassen, noch danach in der BRD oder an einem anderen Aufenthaltsort. Folglich war kein »Stasi-Romeo« auf sie angesetzt, und es gab auch kein »Killerkommando«, welches sie in Helsinki beseitigen sollte. Und: Allein die Tatsache, dass Jutta Gallus aus der BRD postalische Verbindung zu ihren Kindern unterhielt, widerlegt die Behauptung, dass die »Stasi« den Kindern den Tod der Mutter vorgegaukelt hat.

Die Kinder waren nach der Festnahme von Jutta Gallus kurzzeitig in einem Kinderheim untergebracht und – ohne schuldhaftes Zögern der zuständigen Behörden der DDR – anschließend dem leiblichen Vater übergeben worden. Sie waren zu keiner Zeit »zwangsadoptiert«.

Das Elternpaar, dass die Gallus-Mädchen laut Film adoptiert haben soll, ist reine Erfindung. Dies bestätigte Christian Gallus auch bei der Vorstellung von Schneiders Buch »Gruselstory Checkpoint Charlie« am 9. August 2008 in Dresden. Vor ihrer Entlassung in die BRD habe seine geschiedene Frau freiwillig auf ihr Sorgerecht für ihre Kinder verzichtet, wie auch den Akten des Falles zu entnehmen ist.[22]

Die Produktionskosten des Films beliefen sich laut Schneider auf rund 4,5 Millionen Euro, wovon fast vier Millionen Euro von der ARD getragen wurden[23] – also mit Gebühren- und Steuermitteln bezahlt wurden.

Einige Wochen später, am 28. August 2008, las in Dresden Ines Veith, in ihrer Begleitung war Jutta Gallus-Fleck. Auf die Frage, welche Recherchen sie angestellt habe, erklärte die Autorin: »Keine. Ich hatte nur die Geschichte der Frau Fleck-Gallus zur Verfügung.«[24]

Auf gleicher Sachkenntnis beruht ganz offenkundig die vom *Spiegel* zitierte Aussage von Gallus-Fleck, in der DDR seien Tausende Kinder verschleppt worden.[25] Die Hamburger Journalisten hätten nur in den Beschluss des Bundestages vom 13. Dezember 2007 schauen müssen, um diese abwegige Erklärung dementieren zu können. »Insgesamt konnten bereits sieben Fälle (*im Verlauf von siebzehn Jahren! – d. Hrsg.*) der Kindesentziehung wegen Republikflucht nachgewiesen werden. Die Verfasserin einer derzeitigen Studie über die Praxis der Zwangsadoptionen in der ehemaligen DDR, Marie-Luise Bartmuß, kann nach eigener Aussage durch private Recherche noch zwei weitere Fälle aufdecken.«

Sieben plus zwei mögliche, behauptete die Regierung. Auch wenn sie den Beweis für diese neun angeblichen Fälle schuldig blieb – es waren keine Tausende, wie der *Spiegel* kolportierte.

Trotz gewagter und erfundener Konstrukte zeigte der Fall Gallus, dass es vergleichsweise schwierig war und ist, die Themen Zwangsadaption und Staatssicherheit miteinander zu verknüpfen. Entscheidungen zum Sorgerecht fielen in die Zuständigkeit der Organe für Jugendhilfe und der Familiengerichte. Waren, wie im Fall Gallus, Kinder bei der Festnahme eines oder beider Elternteile betroffen, musste das Untersuchungsorgan des MfS umgehend den Staatsanwalt informieren, der die Jugendhilfe zur Regelung aller zu klärenden Fragen und Entscheidungen einschaltete.

Darstellungen, die dieses festgelegte Szenarium nicht oder falsch wiedergeben, verfolgen – natürlich – andere Absichten als die wahrhaftige Widerspiegelung der Realität.

Das lässt sich auch am Fall Petra Köhler belegen, den der *Spiegel* im Januar 2008 ausbreitete.

»Im Februar 1981 wird ihr, veranlasst durch den Staat, in der Kinderkrippe Gera ihr Sohn weggenommen. Über die Mauer der Krippe hinweg versucht sie Kontakt mit Enrico aufzunehmen. Eine Kindergärtnerin entdeckt sie, informiert die Stasi. ›15 Minuten später haben sie mich geholt.‹

Die 21-Jährige kommt ins Geraer Stasigefängnis. Man verbietet ihr, sich noch einmal in die Nähe der Kindereinrichtung zu begeben, man droht mit Gefängnis, schlägt und tritt sie, auch in den Unterleib. ›Das Kinderkriegen würden sie mir austreiben, haben sie gesagt.‹ Als Petra 1984 ihren zweiten Sohn Sven bekommt, erscheinen zwei Stasibeamte auf der Entbindungsstation. Sie sprechen eine deutliche Drohung aus: ›Wenn ich mich dem Staat nicht beugen würde, dann sei er der Nächste.‹«[27]

Unterstellt, dieAussagen sind von Frau Köhler so gegenüber dem *Spiegel* gemacht worden – woran jedoch durchaus gezweifelt werden darf, die Arbeitsmethoden auch der Journalisten aus

Hamburg sind marktüblich –, dann wäre in Gera der »Stasibeamte«, der sie angeblich in den Unterleib getreten haben soll,
juristisch ganz sicher schon längst belangt worden. Zumindest
hätte es schon in den 90er Jahren einen publizistischen Aufschrei gegeben.

Aber das eigentlich Groteske an solchen absurden Behauptungen ist die Annahme jener, die sie erfinden und verbreiten,
sie würden von allen geglaubt werden. Natürlich setzen sie mit
Recht auf das kollektive Kurzzeitgedächtnis, das nirgendwo in
der Welt sehr weit zurückreicht. Für das Schwinden der Erinnerung sorgt auch die sogenannte Informationsgesellschaft:
Die Menschen ertrinken gleichsam in der Flut der Nachrichten, es setzt sich tagtäglich viel Sediment im Hirn ab. Hinzu
kommt, dass immer weniger Menschen noch über eigene Erinnerungen verfügen, um Wahrheit und Lüge aufgrund eigenen
Erlebens unterscheiden zu können. Und unterschätzen wir
nicht das Gift der Gewöhnung: Es wirkt schleichend. Wenn
lange und laut behauptet wird, die Erde sei eine Scheibe,
nimmt die Zahl jener stetig zu, die daran glauben.

Oder dass »die Stasi« gefoltert habe.

Wenn es auch nur einen solchen Fall unter den Bedingungen der Zweistaatlichkeit gegeben hätte: Nie wäre er geheim
geblieben.

Und dennoch erklärte der Petitionsausschuss des Bundestages am 13. Dezember 2007: »Behauptungen über Folter […]
zu entkräften, hält der Ausschuss diese Zielsetzung insbesondere im Hinblick auf die Opfer des DDR-Unrechts für untragbar. […]

Hinsichtlich des mit der Petition in Frage gestellten Einsatzes von Folter in der ehemaligen DDR verweist der Petitionsausschuss zunächst auf die Einschätzung des Historikers und
Experten für die Geschichte der Folter, Robert Zagolla, der Folterhandlungen in der ehemaligen DDR bis 1956 anhand der
einschlägigen Literatur eindeutig nachgewiesen hat. Für die
Zeit nach 1956 kann zumindest festgestellt werden, dass die
Schwelle zur grausamen, erniedrigenden und unmenschlichen
Behandlung nach dem Völkerrecht häufig überschritten worden ist, um die ›Aussagebereitschaft‹ der Untersuchungshäftlinge zu erhöhen.

Bislang stehen Dokumentationen der Folterhandlungen nicht in ausreichendem Maß zur Verfügung.

Außerdem wird die an sich schon schwierige Nachverfolgung von psychischen Foltermethoden dadurch erschwert, dass nach den vorliegenden Informationen körperliche und seelische Leiden in einzelne, für sich genommen wenig gravierende Schikanen zerlegt worden sind und erst im Zusammenspiel ihre Wirkung entfalteten, so dass ein Foltervorwurf sich nachträglich nur schwer begründen lässt.

Letztlich kann nach Ansicht des Petitionsausschusses der Umfang der Folterhandlungen in der ehemaligen DDR gegenwärtig nicht ohne weitere Erforschung, unter anderem der Archive der ehemaligen zentralen Untersuchungshaftanstalt des Ministeriums für Staatssicherheit, eindeutig festgestellt werden. Allerdings liefern Zeitzeugenberichte den Nachweis für eine generelle Praxis der Anwendung von Folter in der ehemaligen DDR.« Die Vorwürfe angeblicher Folter richteten sich gegen die Tätigkeit des Untersuchungsorgan und der U-Haftanstalten des MfS.

Auch wenn Unterstellungen dieser Art in Gänze und prinzipiell zurückgewiesen werden, ist dennoch darauf hinzuweisen, dass es sich dabei um verschiedene Verantwortungsbereiche handelt, die gesondert zu betrachten sind. Das ist auch insofern relevant, weil ein »Zusammenspiel einzelner Schikanen« behauptet wird, was unter den gegebenen Bedingungen der Aufgaben- und Verantwortungsteilung nicht möglich war. Untersuchungsführer hatten keinen Zutritt zur Untersuchungshaftanstalt. Die Mitarbeiter der für den Vollzug der U-Haft zuständigen Linie XIV kannten weder den Stand der Ermittlungen, noch das Aussageverhalten Beschuldigter. Wie konnte also ein »Zusammenspiel einzelner Schikanen«organisiert werden?

Der Bundestags-Text wirft weitere Fragen auf.

1. Was ist eine Einschätzung wert, die sich auf »einschlägiger Literatur« gründet? Fand eine Quellenkritik statt? Hat der Experte auch die in der BStU liegenden Materialien ausgewertet, die die Ergebnisse der Tätigkeit operativer Diensteinheiten (insbesondere in Form von Vorgängen zu operativen Personenkontrollen und Operativ-Vorgängen) dokumentieren? Flossen

in sein Urteil auch die Unterlagen über die Ergebnisse der Ermittlungen (Untersuchungs-, Gerichts-, Haft- und Gesundheitsakten) ein, welche sich bei der BStU befinden?

2. Wie wurde festgestellt, dass die Schwelle zur grausamen, erniedrigenden und unmenschlichen Behandlung nach dem Völkerrecht häufig überschritten worden ist? Welche Kriterien lagen dieser Einschätzung zugrunde?

3. Ist es nicht wahrscheinlich, dass nahezu jeder Untersuchungshäftling darauf rechnet, mit Wohlverhalten und Aussagen Nachsicht und Milde auf der anderen Seite zu erreichen? Dass manchen das später reut, ist in der Fachliteratur hinlänglich dokumentiert. Dieses menschliche Verhalten jedoch als Folge einer Folter auszugeben, mit der die Aussagebereitschaft der Untersuchungshäftlinge erhöht wurde, entspricht zwar dem Zeitgeist der gegenwärtig herrschenden politischen Verhältnisse, nicht aber historischen Fakten.

4. Nach fast zwei Jahrzehnten stehen laut Erklärung des Bundestages »Dokumentationen der Folterhandlungen nicht in ausreichendem Maß zur Verfügung«. Wenn es so ist – woran kein Zweifel besteht –, sollte man die simple Frage stellen: Warum nicht? Am Geld wird es nicht gelegen haben, dafür ist immer welches da. Lag es vielleicht an den fehlenden Fällen?

5. Gleiche Frage bei der Aussage, bisher seien die »Archive der ehemaligen zentralen Untersuchungshaftanstalt des Ministeriums für Staatssicherheit« nicht erforscht? Warum nicht?

6. Wer sind die Zeitzeugen, auf die man sich beruft, sie hätten »den Nachweis für eine generelle Praxis der Anwendung von Folter in der ehemaligen DDR« erbracht?

Wurden die Aussagen dieser »Zeitzeugen« kritisch überprüft oder blind akzeptiert, nur weil sie die politische Erwartung bedienten? Wo sind die Urteile gegen »Folterer«? *(Näheres dazu im Kapitel 3.)*

Der Deutsche Bundestag diskutierte im Frühjahr 2009 leidenschaftlich das Thema Kinderpornografie im Internet und fasste entsprechende Beschlüsse. Bei dieser Gelegenheit verlor mancher Politiker nicht nur die Selbstkontrolle, sondern auch sein Mandat.

Jahre zuvor hingegen versuchte man auch das MfS mit diesem schmutzigen Thema zu belasten. Die *Berliner Morgenpost* meldete im Februar 2002²⁷: »Das Ministerium für Staatssicherheit (MfS) der DDR hat mit Kinderpornografie einflussreiche Persönlichkeiten in Westeuropa erpresst. Das erklärt der ehemalige Verbindungsoffizier zwischen dem früheren sowjetischen Geheimdienst KGB und dem MfS, Wanja Götz (Deckname ›Grigori‹)²⁸, in einer eidesstattlichen Versicherung, die der *Berliner Morgenpost* vorliegt. ›Zu den Erpressten gehören Politiker, Richter und Industrielle, von denen einige nach wie vor Einfluss in den westlichen Demokratien haben. Nach dem Fall der Mauer hat das ehemalige Stasi-Netzwerk die geheimdienstlichen in finanzielle Interessen umgewandelt. Eine Schlüsselrolle spielte Rainer Wolf, der Vater des unter mysteriösen Umständen noch immer vermissten Berliner Jungen Manuel Schadwald‹, berichtet der in Berlin lebende Götz.

Nach Recherchen der *Berliner Morgenpost* hatte auch der im August 1996 verhaftete belgische Kinderhändler Marc Dutroux, dem der Mord an mehreren Mädchen zur Last gelegt wird, zeitweise im Auftrag der Stasi gearbeitet. ›Es gab in der Tat Hinweise, wonach sich solche Informationen in dem Stasi-Material wiederfinden, das dem amerikanischen Geheimdienst CIA zugespielt wurde. Der belgische Geheimdienst wäre gut beraten, diese Unterlagen gründlich auszuwerten‹, sagt der ehemalige Geheimdienstkoordinator der Regierung Kohl, Bernd Schmidbauer (CDU). Die CIA hatte sich in den Wendezeiten Material über die Spionageabteilung der Hauptverwaltung Aufklärung des MfS sichern können. Wegen der Brisanz der darin enthaltenen Informationen auch über westeuropäische Politiker wurden diese Unterlagen damals der Öffentlichkeit vorenthalten. Lediglich Geheimdienste durften in die von der CIA gefilterten Materialien Einsicht nehmen. Nach Expertenmeinung erklärt das, warum die Ermittlungsbehörden sowohl den Fall Dutroux als auch das Verschwinden von Manuel Schadwald bislang nicht klären konnten. Der seit Juli 1993 vermisste Junge ist nach zahlreichen Aussagen von Zeugen ins niederländische Kinderporno-Milieu verschleppt worden.

Sein Vater Rainer Wolf, ein angeblich in der DDR-Friedensbewegung eingesetzter Stasi-Mitarbeiter, war bereits vor Jahren nach Zeugenaussagen in den Verdacht geraten, seinen

Sohn selbst ins Kinderporno-Milieu verbracht zu haben. Der ehemalige KGB- und Stasi-Agent Wanja Götz, dessen Deckname ›Grigori‹ sich auch in den Stasi-Akten über Rainer Wolf wiederfindet, erklärt in seiner eidesstattlichen Versicherung: ›Ich hatte den Auftrag vom DDR-Geheimdienst, diesen Mann psychologisch einzuschätzen. Erst viel später erfuhr ich, dass Wolf nach seiner von der Stasi inszenierten Übersiedlung in die BRD 1984 im Auftrag der Auslandsspionage des DDR-Geheimdienstes mit Kinderpornografie Westeuropäer erpresst hat.‹ Die Kinder habe sich das MfS aus DDR-Heimen geholt.«[28]

Gierig griffen andere Blätter in Deutschland, Holland und Belgien sowie Rundfunk- und Fernsehstationen und auch Internetplattformen das Thema auf. Keinem fiel auf, dass die meisten »Stasi«-Vorgänge erst nach dem Ableben des MfS angelegt worden waren. Die am 10. Februar 2003 von der BStU abgegebene Erklärung, dass die Informationen nicht aus ihrem Hause stammten und nicht durch MfS-Unterlagen belegt werden könnten, blieb unbeachtet.

Wie sich zeigte, handelte es sich bei Götz vermutlich um einen Irren, was aber die Redaktion der *Berliner Morgenpost* nicht davon abhielt, den von ihm verbreiteten Unsinn für bare Münze zu nehmen. Die angebliche journalistische Sorgfaltspflicht ist ein Fremdwort, wenns gegen das MfS geht.

»Die Stasi-Hysterie war notwendig, um Ostdeutsche von den ihnen angestammten Plätzen zu entfernen. Es hat zur Paralysierung der ostdeutschen Intelligenz geführt. Es hat zur Infragestellung ganzer Generationen geführt«, erklärte der Rechtsanwalt Peter-Michael Diestel, der letzte Innenminister der DDR.[29] »Man hat im Westen gemeint, das wäre notwendig, um den Osten beherrschbar zu machen. Man hat die IM aufs Schafott geführt, um mit dem Osten abrechnen zu können. [...] Das Stasi-Syndrom – das haben meine Recherchen, wie auch die Gleichgesinnter ergeben – forderte inzwischen mehr Todesopfer als die Mauer. [...] Menschen, die nach riesengroßen Konflikten keinen Ausweg mehr fanden und den Selbstmord fatalerweise als die Lösung ihres Problems sahen«.

1 Christiaan Frederick Rüter, DDR-Justiz und NS-Verbrechen, 2 Bände, Amsterdam University Press und K. G. Saur Verlag, 2002. Vgl. Die ostdeutschen Strafverfahren wegen NS-Tötungsverbrechen – Ein Fachgespräch. Berlin 25. Oktober 2002 Auszüge aus der Pressedokumentation.

2 BStU-Pressestelle, Pressemitteilung 14.Oktober 2005; Internet: *www.bstu.de.*

3 Booß, Pressemitteilung vom 17. Oktober 2005, Internet *www.bstu.de.*

4 Busse, Nehmer, Skiba: Anti-Leide Herrn Henry Leides Umwälzung der Geschichte der DDR, Bibliografische Informationen der Gesellschaft zur rechtlichen und humanitären Unterstützung e. V. (GRH e.V.), Berlin, September 2007, S. 55.

5 Urteil des AG Düsseldorf, Gesch. Nr. 402/ Ls 810 Ja 413/94.

6 *Focus* Nr. 40, 29. September 2003.

6a Vergl. »Bereit zum Töten für die CIA«, *BZ* vom 6. Oktober 2003; *focus.msn.de/F/FM/FMB/FMBA/fmba.htm?snr=2680*

7 Robert Allertz, Die RAF und das MfS, edition ost, Berlin 2008

8 *Tango* Nr. 44 vom 27. Oktober 1994, Die perfekte Anleitung zum Giftmord; *Berliner Zeitung* vom 27. Oktober 1994, Geheime Datei beweist: Stasi wollte Babys töten.

9 *junge Welt*, Zorro oder Zahnpasta, 4. September 2000; *Neues Deutschland*, Fall Baumann noch vor Olympia, 4. September 2000; *Bild*, Die Gift-Akten der Stasi: Wer sie anfasst bekommt Magenkrämpfe, Nasenbluten, 23. November 2000.

10 *www.openPR.de* - das offene PR-Portal; Verdrehte Fakten zum WPA-Kongress; Zwangsbehandlung in der Psychiatrie. Eine umfassende Rückschau; 6. Juni 2007 – 16:21; Kategorie: Gesundheit & Medizin; Pressemitteilung von: chancen.

11 ARD 20. Juli 2005. Siehe: *http://www.toxcenter.de/artikel/Deutschland-in-der-Zwangsjacke-der-Psychiatrie.php.*

12 Siegerjustiz?, Berlin 2003, S. 195

13 »Brennpunkt« des ARD-Fernsehens, 8. Januar 1992; *Super!* vom 11. Januar 1992, Titelseite; *Spiegel* 3/1992; Erste Kratzer, *Spiegel* 5/1993; Ein Ankläger und seine Angeklagten, *triller-online.de/c0015 htm.*

14 Dietmar Eckstein in *Deutsches Ärzteblatt* 96, Heft 23, 11. Juni 1999«.

15 BT-Drucksache 16/7493

16 *wikipedia.org/wiki/Die_Frau_vom_Checkpoint_Charlie.*

17 Ebenda.

18 *Die Welt* vom 30. September 2007.

19 Horst Schneider, Gruselstory Checkpoint Charlie, 2008.

20 Ebenda.

21 Ebenda, S. 17.

22 Ebenda, S. 24ff.

23 Vgl. ebenda, S. 37ff.

24 Vgl. ebenda.

25 Vgl. ebenda, S. 87.

26 *Der Spiegel* 4/2008, S. 18.

27 Kinderpornographie: Stasi erpresste Politiker, von Dirk Banse und Michael Behrendt, in: *Berliner Morgenpost* vom 9. Februar 2002.

28 Bei jenem Wanja Götz handelt es sich ganz offenkundig um einen vorbestraften Hochstapler, der laut verschiedener Quellen ein aus Nowosibirsk stammender Wahlberliner aus dem Dunstkreis der Germanischen Neuen Medizin (GNM), kommissarischer Reichsregierungen (KRR), des Geistheilwesens sowie eines holocaustleugnenden Revisionismus ist (*http://esowatch.com/index.php?title=Iwan_Wanja_G%C3%B6tz*).
»Eigenen Angaben zufolge soll seine Mutter 1946 von Berlin nach Sibirien deportiert worden sein. Er habe dann die ersten 22 Lebensjahre in Nowosibirsk verbracht und sei dort Schlosser geworden. Anfang Mai 1969 sei er in die DDR übergesiedelt und habe dort als Dolmetscher und Privatdetektiv (Firmenname: Siberian Scout) gearbeitet. Götz behauptet, Sohn eines russischen KGB-Generals zu sein. Unter dem Decknamen ›Grigori‹ sei er selbst für den KGB tätig geworden. Insbesondere habe er Kinder aus DDR-Heimen vor 1989 heimlich westlichen pädophilen Politikern zugeführt und sei in die Machenschaften des Kinderschänders und Mörders Marc Dutroux aus Belgien involviert gewesen. Eine lange Liste von deutschen Politikern beschuldigte er des sexuellen Missbrauchs von Minderjährigen (darunter Jörg Schönbohm, Ole von Beust, Johannes Rau, Kuno Böse, Rainer Eppelmann und Richard von Weizsäcker). [...]

29 Peter Michael Diestel, Ich fordere eine Salzgitter-Behörde für ausgegrenzte Ossis. Interview für *Neues Deutschland*, 27./28. Mai 2000; vgl. auch: Das MfS ist juristisch rehabiliert. Interview für *junge Welt*, 31. Mai 2001.

Die Mehrheit der Mitarbeiter des MfS hat mit Herz und Verstand für die DDR gearbeitet. Gleich vielen anderen Menschen waren sie davon überzeugt, dass die Zeit und Mühe, die ihnen in ihrer täglichen Arbeit auferlegt und abgefordert wurde, dem Frieden nützt und ihnen, ihren Kindern und Kindeskindern eine Zukunft sichert. Die Wende in Deutschland stürzte auch sie in ein tiefes Loch, und nach anfänglicher Verfolgung und Verunsicherung gab ihnen Bundespräsident Richard von Weizsäcker 1992 mit seiner Aussage Hoffnung: »Die Menschen wollen Aufklärung, nicht Abrechnung. Die Wahrheit soll ans Licht, damit Aussöhnung und Frieden möglich werden. Das geht nur durch Differenzierung. Pauschalurteile führen nicht zur Einsicht, sondern zur Verstockung.«[1]

Diese hochamtliche Aussage nährte die Erwartung auf eine faire Behandlung. Eine sachliche Differenzierung würde der pauschalen Verteufelung den Boden entziehen und die »Stasikeule« aus dem Verkehr ziehen. Bei nicht wenigen Mitarbeitern wuchs die Bereitschaft, in diesem Prozess aktiv mitzuwirken. Sie mussten schon bald erkennen, dass es sich um eine illusionäre Hoffnung ohne jeglichen Hintergrund handelte. Die Politik wollte es anders als es der Sonntagsprediger aus dem Schloss Bellevue ins Bautzener Gästebuch eingetragen hatte.

Die wohlfeil geforderte »sachliche Differenzierung« hätte beispielsweise bestätigt, was der Friedensforscher und Geheimdienstexperte Erich Schmidt-Eenboom beschrieb. Nachdem das MfS in den 50er und 60er Jahren hauptsächlich den Staat DDR vor seinen äußeren und inneren Feinden schützte, erfolgte seit Beginn der 70er Jahre eine Aufgabenverlagerung. »Das MfS war nicht etwa nur Schild und Schwert der Staatspartei, sondern auch ihr Lückenbüßer und Opfer, wurde zu ›Ersatzhandlungen für politische Defizite‹ herangezogen und litt unter einer ›ausufernden Aufgabenübertragung‹, die dem ab 1990 propagierten Zerrbild von der Allmacht der Stasi Vorschub leistete.«[2] Trotzdem blieben die eigentlichen Bereiche der dem MfS übertragenen Schutzfunktionen stets erhalten. Sie widerspiegelten sich in den heute ausgeblendeten Aufgaben- und Verantwortungsbereichen der operativen Linien.

Der politische Untergrund

In den Mediendarstellungen erscheint die HA XX – eine der operativen Linien – gleichsam als Zentrum des MfS. Ihr Auftrag habe darin bestanden, das öffentliche wie das private Leben in der DDR unter Kontrolle zu halten. Hunderttausende wären dem von dieser Hauptabteilung ausgeübten repressiven Druck ausgeliefert gewesen.

Die Frage stellt sich keiner: Wie war das den 461 Mitarbeitern, von denen nur jeder Zweite IM führte, möglich? Selbst wenn man die geschätzten 1.000 Mitarbeiter der Linie XX hinzurechnete, die in den Bezirksverwaltungen tätig waren, wäre das nicht zu bewerkstelligen gewesen.

Eine strukturelle und personelle Betrachtung der HA XX – für die Bezirke und Kreise liegt kein verwertbares Zahlenmaterial vor – bietet Ansatzpunkte für Fragen und Erkenntnisse. Die Linie XX war zuständig für den Schutz folgender Bereiche:

- *Bereich 1 (B1)* mit den Abteilungen 1 (Staatsapparat, Parteien, Sicherheitsüberprüfungen), 2 (FDJ und Jugendpolitik sowie Nazi- und Kriegsverbrechen) und 3 (Sport) mit 89 operativ tätigen Mitarbeitern, von denen 56 IM geführt haben;
- *Bereich 2 (B2)* mit den Abteilungen 4 (Kirchen und Religionsgemeinschaften), 5 (Arbeit im und nach dem Operationsgebiet zur politischen Untergrundtätigkeit [PUT]) und 9 (Bekämpfung politischer Untergrundtätigkeit) mit 106 operativen Mitarbeitern, von denen 75 IM führten;
- *Bereich 3 (B3)* mit den Abteilungen 7 (Kultur und Medien) und 8 (Bildungswesen, Hoch- und Fachschulwesen) mit 69 operativen Mitarbeitern, von denen 52 IM geführt haben;
- *Bereich 4 (B4)* mit der Abteilung 10 (Sicherung von SED-Einrichtungen und Sonderobjekten) mit 15 operativen Mitarbeitern, von denen sieben IM führten.

Das Argument, dass die Rolle der HA XX durch die sogenannte Federführung gegenüber anderen operativen Linien bei der Bearbeitung des politischen Untergrundes bestimmt worden sei, greift nicht. Es bleibt bei den 461 Mitarbeitern (technische Kräfte und Sekretariate eingeschlossen) und den damit bestimmten Potenzen für die Lösung dieser Aufgabe – mit oder ohne Federführung, die im Übrigen erst durch eine Dienstanweisung (DA) des Ministers für Staatssicherheit im Jahre 1985 (DA 2/85) erlassen worden war.

Zum tatsächlichen Potenzial des politischen Untergrundes, welches der HA XX in der DDR gegenüber stand, äußerten sich politisch unverdächtige Zeugen.

Hans-Jochen Tschiche, in den 90er Jahren Minister in Sachsen-Anhalt, erklärte 1997: »Die Gruppe der Oppositionellen war bei Lichte gesehen nur eine kleine Minderheit von vielleicht 300 Leuten. Die überwiegende Mehrheit der DDR-Bevölkerung war so oder so mit dem System verflochten.«[3]

Gerd Poppe, Ex-Bürgerrechtler und von 1998 bis 2003 Beauftragter der Bundesregierung für Menschenrechtspolitik und humanitäre Hilfe sowie Mitglied des Vorstandes der Stiftung zur Aufarbeitung der SED-Diktatur: »Ich habe zu DDR-Zeiten immer gedacht, es würde überall im Lande solche oppositionellen Gruppen geben wie unsere. Aber nach der Wende habe ich festgestellt, daß es nur ganz wenige sogenannte Bürgerrechtler gab. Ehrlich gesagt, ich kannte sie alle.«[4]

Auch Insider des MfS haben ihnen bekannte Zahlen zur »politischen Untergrundtätigkeit« publiziert: »Von einer organisierten politischen Opposition in der DDR kann erst in den 80er Jahren die Rede sein. Analysen der HA XX gingen 1988/89 von insgesamt 2.000 (kirchliche Angaben: 3.000) Personen in etwa 150 relevanten Zusammenschlüssen aus, die sich politisch äußerst differenziert zusammensetzten und seinerzeit in den evangelischen Kirchen als Gruppen bezeichnet, nicht selten auch als ›unabhängige Friedensbewegung der DDR‹ dargestellt wurden.«[5]

Diese Zahlen und Fakten stimmen überein mit der Verteilung des operativ tätigen Mitarbeiterbestandes innerhalb der genannten Bereiche der HA XX.[6]

Behauptungen und Realität

Noch fragwürdiger sind Behauptungen über die angebliche Schlüsselstellung der HA XX in der Struktur des MfS, wenn man ihren Personalbestand mit anderen operativen Linien vergleicht. Dazu ist es zunächst erforderlich, die 1989 neben der HA XX existierenden wichtigen operativen Linien und ihre Aufgaben, also die Schutzfunktionen, die sie zu erfüllen hatten, kurz zu charakterisieren.

- *Hauptabteilung I* (HA I): Sicherung der Nationalen Volksarmee (NVA) und der Grenztruppen (GT);
- *Hauptabteilung II* (HA II): Federführende Linie für die Spionageabwehr;
- *Hauptabteilung VI* (HA VI): Sicherung, Kontrolle und Überwachung des Ein- und Ausreiseverkehrs sowie des Transitverkehrs an allen Grenzübergangsstellen (Land-, Wasser- und Luftwege) im Zusammenwirken mit den Grenztruppen und den Zollorganen;
- *Hauptabteilung VII* (HA VII): Sicherung des Ministeriums des Innern (MdI) und der nachgeordneten Organe und Dienstzweige, insbesondere der Deutschen Volkspolizei (DVP), der Volkspolizei-Bereitschaften (VPB), der Stäbe der Zivilverteidigung (ZV), der Kampfgruppen der Arbeiterklasse, der Hochschule/Schulen, der Hauptverwaltung Inneres/Abteilungen Inneres bei den örtlichen Räten, der Verwaltung Strafvollzug und von Strafvollzugseinrichtungen, der Staatlichen Archivverwaltung/Staatsarchive vor gegnerischen Angriffen;
- *Hauptabteilung XVIII* (HA XVIII): Sicherung der zentralen volkswirtschaftlichen Bereiche, Objekte und Einrichtungen entsprechend der Struktur der Industriezweige einschließlich der Leitungs- und Planungsorgane des Staatsapparates, insbesondere der Industrie-, Landwirtschafts-, Finanz- und Handelsministerien sowie der Einrichtungen der naturwissenschaftlichen Forschung und technischen Entwicklung (Akademie der Wissenschaften, Bauakademie, Kammer der Technik u. a.);
- *Hauptabteilung XIX* (HA XIX): Sicherung des Verkehrswesens der DDR – Deutsche Reichsbahn (einschließlich Militärverkehr), zivile Luftfahrt/Interflug und Wirtschaftsflug, Kraftverkehr, Binnen- und Seeschifffahrt, Binnen- und internationale Speditionstätigkeit, Hochseeflotte und Hafenwirtschaft, eingeschlossen Sicherheitsüberprüfungen zu Geheimnisträgern, Auslands-

und Reisekadern und Personen des grenzüberschreitenden Verkehrs.

Personell gesehen rangierte die HA XX auf dem 5. Platz. Und dies zu einem Zeitpunkt der höchsten Aktivitäten politischer Gegner im Inneren der DDR.

In diesem Zusammenhang ist auch eine Statistik über die IM des MfS von Bedeutung. Die 75 Führungsoffiziere der dem Bereich 2 zugeordneten Abteilungen der HA XX steuerten 1989 insgesamt 277 operativ eingesetzte IM, davon 84 der Kategorie IMB (direkter Kontakt zu operativ bearbeiteten Personen oder gegnerisch tätigen Organisationen).[7]

Warum werden die Einsatzziele dieser IMB nicht öffentlich gemacht? Weil Zielpersonen und Einrichtungen, die bearbeitet wurden, nicht nur in der DDR ansässig waren? Also nicht zur inneren Opposition gezählt werden können?

Die nebenstehende Grafik zeigt aber noch etwas anderes. Deutlich an der Spitze liegen die Diensteinheiten, deren Funktion mit Aufgaben von Sicherheitsdiensten weltweit vergleichbar sind. Eine differenzierte Aufarbeitung der tatsächlichen Struktur des MfS würde seine pauschale Kriminalisierung und die damit verbundene Delegitimierung der DDR gegenstandslos machen.

Es gäbe Möglichkeiten, Ziel, Inhalt und Ergebnis der Tätigkeit der genannten Linien des MfS bis in Details zu ana-

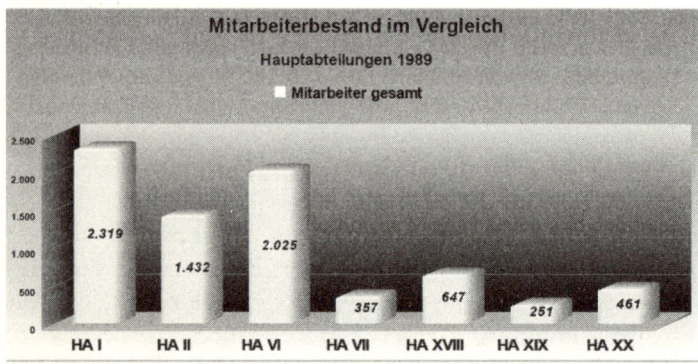

Die Größe der einzelnen Hauptabteilungen im Vergleich zueinander. Die bewusste HA XX war, entgegen den meisten Darstellungen, weder die größte noch wichtigste

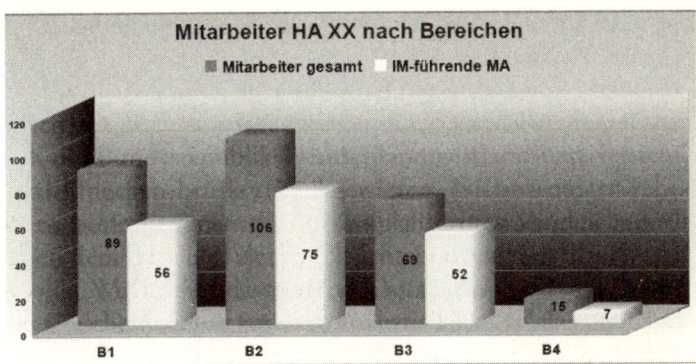

Aufschlüsselung der HA XX nach Bereichen und IM-führende Mitarbeiter

lysieren. Das Quellenmaterial dafür befindet sich in den Archiven der BStU. Es sind insbesondere die Materialien über durchgeführte Personenkontrollen, bearbeitete Operativvorgänge und eingeleitete Ermittlungsverfahren. Bei unvoreingenommener sachlicher Aufarbeitung dieser Materialien würde sich aber das bisher über das MfS gezeichnete Bild drastisch verändern. Nicht nur, dass eine breite Palette von Angriffen gegen die DDR sichtbar werden würde – es würden auch die Organisationen und Einrichtungen der BRD erkennbar, die als Inspiratoren und Geldgeber agierten. Letztlich würde sichtbar, dass eine Aufarbeitung der Geschichte der DDR und des MfS nicht möglich ist, wenn die westdeutsche Geschichte dabei ausgeblendet wird.

Genau dies aber soll um jeden Preis verhindert werden.

<u>Widerspieglung in der Struktur des Untersuchungsorgans</u>

Alle operativen Vorgänge der genannten Hauptabteilungen, die zur Einleitung eines Ermittlungsverfahrens gegen verdächtigte Personen führten, gingen ausnahmslos in die Zuständigkeit des Untersuchungsorgans (HA IX) des MfS über. Die dort zu bearbeitenden Delikte hatten Einfluss auf die Struktur dieser Diensteinheit. Ab etwa Ende der 60er Jahre gab es in der Struktur der HA IX sieben Abteilungen, die für die Bearbeitung von Untersuchungsvorgängen, also Ermittlungsverfahren, zuständig waren. Im Unterschied zu Abteilungen mit technischen oder administrativen Aufgaben wurden sie auch als *untersuchungsführende Abteilungen* bezeichnet.

Ihre Zuständigkeit sah so aus:

- *HA IX/1*: Spionagedelikte;
- *HA IX/2*: Staatsverleumdung, staatsfeindliche Propaganda und Delikte des so genannten staatsfeindlichen Untergrundes;
- *HA IX/3*: Angriffe auf die Volkswirtschaft der DDR;
- *HA IX/5*: Straftaten hauptamtlicher und inoffizieller Mitarbeiter des MfS;
- *HA IX/6*: Straftaten von Angehörigen der NVA und der Grenztruppen;
- *HA IX/7*: Ppolitisch oder gesellschaftlich bedeutsame Tötungsdelikte, große Brände, Störungen und Havarien in der Volkswirtschaft, folgenschwere Unfälle im Bereich des Straßen-, Bahn-, Luft- und Seeverkehrs;
- *HA IX/9*: Krimineller Menschenhandel, Personenschleusungen und damit in Verbindung stehende oder selbstständige Delikte des ungesetzlichen Verlassens der DDR sowie von Angriffen gegen ihre Staatsgrenze.

Aus dem Nachweis über die Planstellenbesetzung der HA IX im März 1989 wurden Zahlen publiziert, die auch Aufschluss über die Zahl der in diesen Abteilungen als Untersuchungsführer tätig gewesenen Mitarbeiter geben.[8]

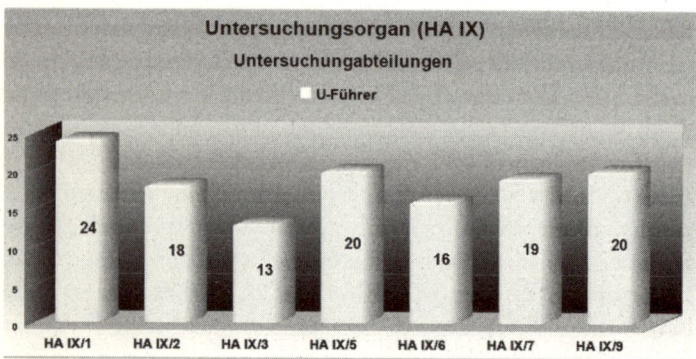

Übersicht der Zahl der Untersuchungsführer in den Abteilungen der HA IX

Sagen diese Zahlen zum Mitarbeiterbestand der HA IX etwas zur Rolle der HA XX und anderer Diensteinheiten aus? Wenn man davon ausgeht, dass die Planstellen für die untersuchungsführenden Abteilungen abhängig waren vom durchschnittlichen Vorgangsanfall im Verlaufe der Jahre, so ist diese Frage klar mit JA zu beantworten.

Auch die für die sogenannte politische Untergrundtätigkeit zuständige untersuchungsführende Abteilung, die HA IX/2, kommt hier nur auf den 5. Platz. Sicher kein Zufall. Darüber hinaus geben die Zahlen der tatsächlich eingesetzten Untersuchungsführer Aufschluss über das reale Arbeitsvermögen der HA IX. In Medienberichten über die »Produktion Hunderttausender Opfer« durch das Untersuchungsorgan des MfS werden diese Zahlen hingegen nicht genannt.

Und es drängt sich eine weitere Frage auf. Warum werden die Ergebnisse aller Abteilungen des Untersuchungsorgans nicht in die »Aufarbeitung« einbezogen? Entsprechend den Zuständigkeiten der einzelnen untersuchungsführenden Abteilungen würde ein breites Spektrum anderer Straftaten und Täter sichtbar werden.

Eine allseitige Aufarbeitung ist erforderlich

Zur Aufgabe der BStU gehört gemäß § 37 StUG die »Aufarbeitung der Tätigkeit des Staatssicherheitsdienstes durch Unterrichtung der Öffentlichkeit über Struktur, Methoden und Wirkungsweise des Staatssicherheitsdienstes«.

Aufarbeitung sollte umfassend und allseitig sein. Einseitige Untersuchungen, die vom Feindbild DDR bestimmt sind, führen weder zu Klarheit noch zur Wahrheit. In der »Organisationsstruktur des MfS« der BStU ist jede Diensteinheit mit Aufgabenstellung benannt. Mit dieser Struktur werden die Aufgaben des MfS in ihrer Gesamtheit und in Teilbereichen auf der Grundlage vorgefundener Dokumente zusammengefasst. Diese Übersicht der Forschungsabteilung der BStU und die dafür geleistete Arbeit ist durchaus positiv zu würdigen. Allerdings irrt, wer annimmt, dass diese Aufgabenstellung auch Basis sei für eine komplexe Beschäftigung mit dem Thema MfS. Es werden lediglich jene Arbeitsbereiche gezielt untersucht, in denen man zu finden hofft, was man beweisen will.

Mit einem derart eingeengten Blick scheut man nicht einmal vor Albernheiten zurück. In der publizierten »Organisationsstruktur« wird einleitend zur »Darstellungsweise« entschuldigend festgestellt: »Die Verpflichtung zur quellennahen Wiedergabe gebot es, sich an der Begrifflichkeit des Staatssicherheitsdienstes zu halten, die schlimmsten der oft verschleiernden, verfälschenden oder diffamierenden Termini (›Sicherung‹, ›kriminelle Menschenhändlerbande‹) durch Ausführungszeichen als MfS-Begriffe kenntlich zu machen.«[9]

Es wäre nützlich gewesen, hätten sich die Autoren zuvor mit Grundsätzen und Begriffsbestimmungen westlicher Dienste vertraut gemacht: Die verwenden nämlich gleiche und ähnliche Bezeichnungen.

Kriminelle Menschenhändlerbanden, also Schleuser, die für Geld Menschen über Grenzen schmuggeln, gibt es noch immer. (Zitat aus dem »Jahresbericht 2005 Schweden« von Amnesty Internationale: »Der Menschenrechtskommissar bemängelte ferner das Fehlen gesetzlicher Regelungen über den maximalen zulässigen Zeitraum der Inhaftierung erwachsener Asylsuchender. Seine besondere Sorge galt dem Verbleib unbegleiteter Kinder, die aus Fürsorgeeinrichtungen der Einwanderungsbehörde verschwunden sind und von denen befürchtet werden musste, dass sie Opfer pädophiler Netzwerke und *Menschenhändlerbanden* geworden sind.«[10] [*Hervorhebung d. Hrsg.*] Oder aus einer Sendung des *Deutschlandfunks* vom 11. Mai 2009: »In den Niederlanden wurde die Höchststrafe für Menschenhandel inzwischen von sechs auf acht Jahre erhöht; bei minderjährigen Opfern sind es sogar zwölf Jahre.«[11])

Albernheiten auch durch Setzen von An- und Abführungszeichen, z. B. in der Aufgabenstellung der Abteilung 26 – Erkennen und Aufklären vom Feind eingesetzter Raumüberwachungsmittel sowie Abstrahlungen an wichtigen Objekten im Inneren der DDR und in festgelegten Auslandsvertretungen. Westliche Geheimdienste hatten u. a. 15 Abhöranlagen mit über 50 Mikrofonen installiert. Die Absicherung der Ständigen Vertretung der BRD und der Missionsschutz, Ostforschung im Westen, Personenschutz im Osten – distanzierende An- und Abführungszeichen, als sei alles nur eine Fiktion, eine Erfindung des MfS.

Von der Imagination zum krankhaften Wahn ist es nur ein kleiner Schritt. Die Thüringer Landesbeauftragte der BStU forderte, die Leugnung von »Verbrechen der Stasi« analog der Leugnung des Holocaust zum Straftatbestand zu erklären.[12]

Allerdings mehren sich auch unter Politikern und Historikern Zweifel an der bisherigen »Aufarbeitung«. So z. B. wurden den von Hubertus Knabe aufgestellten Behauptungen[13] hinsichtlich einer angeblichen Unterminierung der BRD durch das MfS widersprochen.

Müller-Enbergs geht von 3.000 IM des MfS im Bundesgebiet aus und meint: »Die BRD wurde folglich vor allem als Ressource zur Systemstabilität genutzt, um ökonomisch, wissenschaftlich, technisch und militärisch mithalten zu können. Die politische Spionage diente vornehmlich dazu, die politische Gefährdungslage des herrschenden Systems in der DDR bestimmen zu können. Von einer Unterwanderung der BRD war die Geheimpolizei zahlenmäßig weit entfernt. Vielmehr waren ihre IM damit beschäftigt, vornehmlich das DDR-System zu stabilisieren, die Herrschaft abzusichern.«[14]

Die Journalisten Manfred Schell und Werner Kalinka setzten 1991 in ihrem Report »Stasi und kein Ende« die aberwitzige Zahl von »ein bis zwei Millionen« IM in die Welt. Müller-Enbergs von der BStU sprach von 173.081 IM des MfS insgesamt – unter Einbeziehung aller Inhaber von konspirativen Wohnungen, Deckadressen und allen Gesellschaftlichen Mitarbeitern für Sicherheit (GMS).[15]

GMS waren mit freiwilligen Helfern der Deutschen Volkspolizei zu vergleichen, die je nach Lage und Bedarf zur Lösung von Sicherungsaufgaben bei öffentlichen Veranstaltungen, in Betrieben oder gesellschaftlichen Bereichen eingesetzt wurden. Sie lieferten auch Informationen über Mängel und Missstände etwa beim Arbeits- und Brandschutz sowie bei der Verletzung von Sicherheitsvorschriften im gesellschaftlichen Bereich. Im Jahre 1988 zählte man 33.354 GMS.

Inoffizielle Mitarbeiter zur Konspiration (IMK) waren Inhaber konspirativer Wohnungen (KW), Verwalter oder Betreuer konspirativer Objekte (KO), Bürger deren Postanschrift als Deckadresse (DA) oder Telefon (DT) zur Tarnung genutzt wurden. An der inhaltlichen Gestaltung dieser Tätigkeit waren sie nicht beteiligt. Im Jahre 1988 waren 30.446 IMK registriert.

Des Weiteren gab es die IM-Kategorien IME und FIM, welche als Experten (IME) zu Ermittlungen, Einschätzungen, Gutachten etc. eingesetzt wurden oder das MfS bei der Geheimhaltung der Verbindung zu operativ tätigen IM, teilweise in hauptamtlicher Tätigkeit, unterstützten (FIM). Insgesamt waren in diesen Kategorien 11.758 IM im Jahre 1988 registriert.

Damit reduziert sich der Bestand der im Jahre 1988 operativ tätig gewesenen IM des MfS auf 97.523, also auf weniger als zehn Prozent der von Schnell und Kalinka behaupteten Zahlen. Und von diesen waren wiederum keine vier Prozent als IMB aktiv, d. h. bei der unmittelbaren Bearbeitung im Verdacht der Feindtätigkeit stehender Personen oder Organisationen tätig.

Würde die BStU – was real möglich ist – die IMB nach operativem Einsatzziel gliedern, so bildeten Geheimdienste und von diesen inspirierte oder gesteuerte Organisationen sowie andere ausländische Einrichtungen – nicht aber Oppositionelle innerhalb der DDR – den absoluten Schwerpunkt des Einsatzes dieser inoffiziellen Mitarbeiter des MfS.

Nachdem die Medien-Welle zur angeblichen Werbung von IM unter Schülern und Minderjährigen gelaufen war, stellte sich heraus, dass der Anteil der unter 18-Jährigen 0,8 Prozent vom Gesamtbestand ausmachte und das darunter überwiegend Jugendliche im Vorfeld ihres Wehrdienstes geworben worden waren. »218 Minderjährige waren als Zielgruppe des Staatssicherheitsdienstes unwichtig«, heißt es bei Müller-Enbergs.[16]

Ähnlich unergiebig erwiesen sich die großzügig geförderten Forschungsarbeiten zu weiblichen IM. Es stellte sich heraus, das ganze 17 Prozent der IM weiblichen Geschlechts und in unterschiedlichen IM-Kategorien registriert waren.[17]

Angesichts dieser patriarchalen Domäne erstaunt schon, wie Renate Ellmenreich in ihrer Untersuchung zu der These kam: »Mit Vorliebe wurden Frauen als IM geworben, die freundschaftliche oder intime Kontakte zu Männern hatten.«[18] Offenkundig waren die meisten Frauen in der DDR asexuell.

Angela Schmole schrieb gar von der »Angriffsfront Intimleben«[19] und erklärte somit die Betten zu Schlachtfeldern.

Birthler-Behörde und Medien applaudierten.

Viele der weiblichen IM waren Inhaber von konspirativen Wohnungen/Objekten, Deckadressen und -telefonen, die von Ehepaaren wahrgenommen wurden.

Die Mär vom größten Geheimdienst der Welt

Seit 1989 wird die Zahl der ehemaligen Mitarbeiter des MfS als ein wesentliches Element der Diffamierung benutzt.

In der gesamten DDR waren etwa hauptamtlich 90.000 Mitarbeiter tätig, von denen die eine Hälfte in zentralen Dienststellen arbeitete, die andere diente in Bezirksverwaltungen und Kreisdienststellen. Ein quantitativer Vergleich zu den Diensten anderer Staaten, inbesondere der BRD, unterbleibt. Dennoch ist man sich sicher: Man hat es mit dem größten Geheimdienst der Welt zu tun.

Anlässlich der Eröffnung einer MfS-Schmähausstellung im Potsdamer Stadthaus (»Feind ist, wer anders denkt«) sprach zum Beispiel der OB der Landeshauptstadt vom »MfS als dem größten Geheimdienst der Welt«.[20]

Tatsache ist, dass die BtSU auch all jene Mitarbeiter mitzählte, die nichts oder nur mittelbar mit operativen Arbeitsprozessen zu tun hatten. Aber deren Köpfe werden zum Aufpusten benötigt, das ist Füllmaterial. Erfasst werden u. a.:

- das Wachregiment mit 11.203 Mann, davon 8.735 Unteroffiziere auf Zeit (Zeitsoldaten im Rahmen der Wehrpflicht für drei Jahre) mit dem eigenem Rückwärtigen-, Medizin- und Kaderbereich;
- der Personen- Wach- und Objektschutz (HA PS) mit 3.760 Mitarbeitern;
- der Auswertungs-, Erfassungs- und Analysebereich, z. B. die Zentrale Auswertungs- und Informationsgruppe (ZAIG) mit 460 Mitarbeitern, die Abteilung XIII (zentraler Bereich der elektronischen Datenverarbeitung) mit 450 Mitarbeitern, wobei die in den nachgeordneten

Dienststellen hierfür tätigen Mitarbeiter, die die vorgenannten Zahlen weit übersteigen, unberücksichtigt blieben (in den namhaften westlichen Geheimdiensten, auch im BND, sind dort Tausende Mitarbeiter tätig);

- zentrale Diensteinheiten, deren Tätigkeit aus Gründen der Sicherheit und Geheimhaltung nicht in den zivilen Bereich verlagert wurden, z. B. das Nachrichtenwesen für das MfS und die Sonderverbindungen der Regierung mit eigenen Montageabteilungen (1.560 Mitarbeiter), der Medizinische Dienst mit Poliklinik, Krankenhaus und Haftkrankenhaus (1.150 Mitarbeiter), der Operativ-technische Sektor (OTS) mit 1.130 Mitarbeitern, die Juristische Hochschule einschließlich nachgeordneter Schulen mit 750 Mitarbeitern, Rückwärtige Dienste mit eigenem Baubereich und KfZ-Dienst mit 3.300 Mitarbeitern …

Ein Vergleich mit den Strukturen und dem Personalbestand im System der Geheimdienste der alten BRD ist auf Grund lückenhaft vorliegender Informationen, aber auch wegen diverser Unterschiede nur schwer möglich. Dennoch soll auf einige Positionen verwiesen werden, die die Notwendigkeit einer differenzierten Bewertung zeigen.

- Der BND hatte 7.500 Mitarbeiter – in der Zentrale in Pullach 6.000 und in etwa 100 nachgeordneten Dienststellen im In- und Ausland rund tausend.[21] Die Hauptverwaltung Aufklärung des MfS (HV A) hatte einen Personalbestand von rund 4.300 Mitarbeitern einschließlich der 500 in den Außenstellen (Abteilungen XV in den Bezirken), der 670 Planstellen für OiBE (Offiziere im besonderen Einsatz), welche sich vorwiegend im Auslandseinsatz befanden, sowie 700 hauptamtliche Inoffizielle Mitarbeiter (HIM). Letztere sind mit Sicherheit auch im BND vorhanden, aber werden nicht ausgewiesen.

- Dem Ministerium für Verteidigung der BRD ist die militärische Abwehr in eigener Verantwortung übertragen. Von den etwa 1.900 Mitarbeitern arbeitet etwa jeder Vierte in der Zentrale, die Hälfte ist in den MAD-Gruppen und ein Viertel in MAD-Stellen tätig.[22] Im MfS war für die Abwehr in militärischen Objekten ausschließlich der HA I mit etwa 2.000 Mitarbeitern verantwortlich.

- In Konzernen und Großbetrieben sowie in Ministerien und Dienststellen der BRD bestanden und bestehen Sicherheitsabteilungen und -referate, die mit den Ämtern für Verfassungsschutz kooperieren. So erfolgen regelmäßig Sicherheitstagungen, die Prüfung sicherheitsrelevanter Vorgänge und verdächtiger Personen. Eine solche Struktur gab es in der DDR nicht. Dafür bestand eine enge Verbindung der territorial und objektmäßig zuständigen Diensteinheiten mit den staatlichen Leitern. Die hohe Zahl der Mitarbeiter dieser Sicherheitsabteilungen und -referate, die schwer zu schätzen ist, wird in den Zahlen des BRD-Sicherheitssystems nicht erfasst.
- Im MfS war die HA XXII mit 880 Mitarbeitern zentral für die Terrorabwehr verantwortlich einschließlich der vier Einsatzkommandos, Flugsicherheit, Ausbildung, Sicherstellung usw. In der Alt-BRD gab und gibt es ein ganzes System speziell für die Terrorabwehr. Zu nennen ist hier die ehemalige GSG-9 mit 300 Angehörigen und die Abteilung TE (Terrorismus) im Bundeskriminalamt mit 300 Planstellen.[23]
- Im MfS existierte mit der HA III eine zentrale Hauptabteilung für die Funkelektronische Aufklärung. Sie hatte insgesamt 2.300 Mitarbeiter, davon waren 870 in Ausbildung befindliche Einsatzkräfte. Erfasst wurden alle Aufklärungsstützpunkte, der Rückwärtige Dienst, die EDV-Auswerter und das eigene Institut zur Entwicklung neuer Technik. Im System der Nachrichtendienste der BRD liegt für diesen Bereich die Federführung beim BND, dessen Informationsaufkommen zu 20 Prozent aus der elektronischen Spionage kommt. Diese stellt in der Bundesrepublik ein eigenes System dar, in das z. B. die Aufklärungsanlagen der Bundeswehr sowie rund 50 Fernmeldebataillone und -regimenter aller Waffengattungen einbezogen sind.[24] Die Gesamtzahl der in diesem Bereich eingesetzten Mitarbeiter dürfte die der HA III bedeutend übersteigen.
- Das BKA mit 4.300 Mitarbeitern und die Landeskriminalämter (LKA) mit geschätzten 1.500 Mitarbeitern bis hin zu verantwortlichen Kräften der Politischen Polizei auf

den Stadt- und Kreisebenen lösen im bedeutenden Maße geheimdienstliche Aufgaben. Neben den speziellen Staatsschutzabteilungen in BKA und LKA sowie der Sicherungsgruppe im BKA existieren Bereiche wie Kriminal-Technischer Dienst (KI/KTK), ED Personenerkennung, EA 2 »Wirtschaftskriminalität«, TB »Spreng- und Branddelikte«. In der DDR waren für solche Aufgaben Mitarbeiter des MfS in verschiedenen Diensteinheiten erfasst.

Es ist unbestritten, dass der Personalbestand des MfS auf der Grundlage der Sicherheitsdoktrin der Partei- und Staatsführung hoch, punktuell zu hoch war. Das gilt insbesondere für die administrativen Bereiche. Wesentliche Säulen der operativen Arbeit in den bereits genannten Diensteinheiten waren nicht hypertrophiert, ihre personelle Besetzung war angemessen und keineswegs überzogen.

Eine undifferenzierte Bewertung des Personalbestandes, die Unterlassung eines internationalen Vergleichs und die Verfälschung der Aufgaben und Tätigkeit der einzelnen Diensteinheiten tragen, vermutlich keineswegs ungewollt, zur Diskreditierung und Diffamierung des MfS bei.

Anmerkungen

1 Eintragung von Bundespräsident Richard von Weizsäcker ins Gästebuch der Stadt Bautzen am 20. Februar 1992.
2 Zur Abwehrarbeit des MfS, edition ost, Berlin 2002, 2 Bände; Rezension von Erich Schmidt-Eenboom in: *Neues Deutschland* vom 4. Mai 2002.
3 Zit. nach: Grüne Unschuld verloren. *Spiegel*-Streitgespräch, in: *Der Spiegel* 2/1997, S. 45, in: Zur Abwehrarbeit des MfS, edition ost, Berlin 2002, Band 1, S. 636.
4 Zitiert nach Alexander Osang: Die verlorenen Revolutionäre. In: *Berliner Zeitung*, 30. November 1996; in: Zur Abwehrarbeit des MfS, edition ost, Berlin 2002, Band 1, S. 636
5 Zur Abwehrarbeit des MfS, edition ost, Berlin 2002, Band 1, S. 636.
6 Zahlenmaterial wurde selektiert aus: MfS-Handbuch, die Organisationsstruktur des MfS 1989, herausgegeben von BStU, Abteilung Bildung und Forschung, 2. Auflage 1996 und: Die Sicherheit Zur Abwehrarbeit des MfS, edition ost, Berlin 2002.
7 Eich Müller-Enbergs, Inoffizielle Mitarbeiter des MfS, Berlin 2008, S. 50, 341 und 346.

8 Vergl. Rita Sélitreni, Doppelte Überwachung, Berlin 2003.

9 Organisationsstruktur des MfS 1989, S. 10.

10 Jahresbericht 2005 für Schweden von Amnesty International, Berichtszeitraum 1. Januar bis 31. Dezember 2004.

11 »Ihr Europäer nehmt Menschenhandel einfach nicht ernst genug«. Ein
niederländisches Gericht beschäftigt sich mit einem nigerianischen
Frauenhändlerring. Bericht von Kerstin Schweighöfer im Deutschlandfunk am 11. Mai 2009.

12 »Die Leugnung von Verbrechen kommunistischer Staaten muss nach
Ansicht der Thüringer Stasi-Beauftragten Hildigund Neubert unter
Strafe gestellt werden. Ihrer Ansicht nach würde dies helfen, der Ver-
breitung totalitärer Gedanken entgegenzutreten.«, in: *Die Welt* vom
26. April 2009.

13 Hubertus Knabe, Die unterwanderte Republik - Stasi im Westen. Berlin 1999.

14 Erich Müller-Enbergs, Inoffizielle Mitarbeiter des MfS, Berlin 2008, S.
219.

15 Ebenda, S. 40; 441-IM3_Tabellenteil.PDF, S. 242, 345ff.

16 Ebenda, S. 76.

17 Ebenda, S. 91.

18 Ebenda, S. 95.

19 Ebenda, S. 95 .

20 *Neues Deutschland* vom 10. Januar 2009.

21 Studie über das »Nachrichtensystem der BRD« aus dem Jahre 1992
von Erich Schmidt-Eenboom.

23 Ebenda.

24 Ebenda.

2.5 Im Zentrum der Diffamierung:
Untersuchungshaftanstalten und -abteilungen des MfS

Die Delegitimierung bedarf neben ständiger Intonation des üblichen Kanons der Schröcklichkeiten auch ihrer emotionalen Aufbereitung. Dem »Auschwitz der Seelen« (Jürgen Fuchs) musste sichtbar Gestalt gegeben werden. Offenkundig hielt man von Anbeginn der »Aufarbeitung« die Untersuchungshaftanstalten des MfS für besonders geeignet, diese Idee umzusetzen. Als »Gedenkstätten« wurden sie ein wesentliches Element des propagandistischen Netzwerkes der BStU und ihrer Ländervertretungen, von großen und kleinen Institutionen, Opferverbänden und Einrichtungen zur Aufarbeitung der SED-Diktatur. Neben der Erfüllung ideologischer Aufgaben sicherten und sichern sie auch Arbeitsplätze. Die Eifersüchteleien und Rivalitäten, die gelegentlich in der Öffentlichkeit etwa bei der Verteilung der Mittel erkennbar werden, sollten nicht darüber hinwegtäuschen, dass hier ein Orchester gemeinsam spielt.

In den Gedenkstätten wird das »tausendfache Leid« gleichsam visualisiert. Schulklassen werden mit Bussen aus dem ganzen Land herbeigeholt, Bundestagsabgeordnete sind gehalten, das Besuchergruppen aus ihren Wahlkreisen mindestens eine »Gedenkstätte« aufsuchen. Touristikunternehmen werden mit Offerten gelockt, damit sie solche Visiten mit ins Programm nehmen. In Berlin und einigen anderen Bundesländern sind für Schulen Besuche in »Gedenkstätten« obligatorisch, also Pflicht. Und Politiker wie andere wichtige Leute werden nicht müde zu fordern, dieses Thema noch stärker als bisher in den Unterricht einzubauen.

Die »Gedenkstätte« Berlin-Hohenschönhausen

Seit 1994 wird die ehemalige Untersuchungshaftanstalt des MfS in Berlin-Hohenschönhausen – von der Bundesrepublik und dem Land Berlin finanziert – als »Lernort« betrieben. Seit 2000 in der Rechtsform einer Stiftung. Dem Stiftungsrat gehören an: Staatssekretär Dr. h. c. André Schmitz, Senatskanzlei für kulturelle Angelegenheiten (Vorsitzender), Dr. Ingeborg Berggreen-Merkel, Ministerialdirektorin des Beauftragten der Bundesregierung für Kultur und Medien, Silke Klewin, Leiterin Gedenkstätte Bautzen. Ein Beirat berät den Stiftungsrat sowie den Vorstand in allen inhaltlichen und gestalterischen Fragen. 2009 hat der Beirat folgende Mitglieder: Martin Gutzeit, Berliner Landesbeauftragter für die Stasi-Unterlagen (stellvertretender Vorsitzender), Marianne Birthler, Bundesbeauftragte für die Stasi-Unterlagen, Dr. Gabriele Camphausen, Vorsitzende des Vereins Berliner Mauer-Gedenkstätte und Dokumentationszentrum e. V., Jörg Drieselmann, Forschungs- und Gedenkstätte Normannenstraße, Prof. Dr. Rainer Eckert, Direktor des Zeitgeschichtlichen Forums in Leipzig, Prof. Dr. Klaus-Dietmar Henke, Technische Universität Dresden, Dr. Anna Kaminsky, Geschäftsführerin der Stiftung zur Aufarbeitung der SED-Diktatur, und Dipl.-Psychologe Hans-Eberhard Zahn.

Seit 2003 existiert auch ein Förderverein, der seine Aufgabe darin sieht, »die Gedenkstätte Berlin-Hohenschönhausen bei der Auseinandersetzung mit der kommunistischen Diktatur in Ostdeutschland materiell und ideell zu fördern. Mit Unterstützung von Persönlichkeiten des öffentlichen Lebens soll der Verein zusätzliche Kräfte und finanzielle Mittel für die Arbeit der Gedenkstätte mobilisieren. Die Organisationsform als gemeinnütziger Verein soll nicht nur die Spendenbereitschaft von interessierten Unternehmen und Einzelpersonen erhöhen, sondern gewährleistet auch die Unabhängigkeit von staatlichen Einflußnahmen.« Zu den Gründungsmitgliedern zählten gemäß Selbstauskunft »herausragende Personen des öffentlichen Lebens wie Bundeskanzler a. D. Dr. Helmut Kohl und Bundestagsvizepräsident Dr. Hermann Otto Solms«.[1]

Die Namen weisen auf den politischen Willen und die dort konzentrierte Macht hin.

Ähnliche Strukturen und Nomenklatura finden sich auch in Gera, Halle, Rostock, Schwerin und anderen einstigen Untersuchungshaftanstalten, die nach 1990 einer neuen Verwendung zugeführt wurden.

Im Zentrum der dort vermeintlich kritisch-wissenschaftlichen Auseinandersetzung mit der Vergangenheit stehen die Hauptabteilung XIV und deren Mitarbeiter, die für den Vollzug der Untersuchungshaft zuständig waren, und das Untersuchungsorgan des MfS.

Folgt man der gegenwärtigen Selbstdarstellung der Stiftung Hohenschönhausen im Internet, so hat sie »die gesetzliche Aufgabe, die Geschichte der Haftanstalt Hohenschönhausen in den Jahren 1945 bis 1989 zu erforschen, über Ausstellungen, Veranstaltungen und Publikationen zu informieren und zur Auseinandersetzung mit den Formen und Folgen politischer Verfolgung und Unterdrückung in der kommunistischen Diktatur anzuregen. Am Beispiel dieses Gefängnisses soll sie zugleich über das System der politischen Justiz informieren.«[2]

Zum Stand der seit 1994 betriebenen Forschung findet sich unter gleicher Quelle eine bemerkenswerte Aussage: »Die Geschichte des Haftortes Berlin-Hohenschönhausen ist bisher nur unzureichend erforscht. Repräsentative Angaben über die soziale Zusammensetzung der Gefangenen oder über die Gründe und die Dauer ihrer Inhaftierung liegen nicht vor. Es ist nicht einmal genau bekannt, wie viele Häftlinge in Hohenschönhausen inhaftiert waren.«[3]

Eine Offenbarung, die Fragen aufwirft. Was hat man denn bisher erforscht? Könnte es sein, dass man Mittel und Personal für andere Aufgaben, also zweckentfremdet, einsetzte? Aus dem Hause Birthler verlautet (MfS-Handbuch, Teil III/9 der BStU): »Im Zentralarchiv der Bundesbeauftragten für die Stasi-Unterlagen findet sich ein Bestand der zentralen Abteilung XIV von 145,1 laufenden Metern, der inzwischen vollständig erschlossen und damit für die Forschung zugänglich ist. Bei 76 laufenden Metern dieses Bestandes handelt es sich um etwa 15.000 Gefangenen- bzw. Haftakten.«[4]

Diese Feststellung bezieht sich auf die ehemalige UHA Berlin-Hohenschönhausen und datiert aus dem Jahr 1999.

Warum findet man auf der Internetseite der Stiftung zehn Jahre später solche wesentlichen Aussagen nicht?

In den Gefangenen- bzw. Haftakten finden sich hinlänglich aussagekräftige Unterlagen über den Vollzug der Untersuchungshaft, welche es erlauben, heutigen Darstellungen von tatsächlichen oder selbst ernannten Zeitzeugen leicht auf ihren Wahrheitsgehalt zu überprüfen. Nachprüfbar ist beispielsweise, ob und wie lange ein Untersuchungsgefangener sich in Einzelhaft befand, ob es ihm erlaubt war, Bücher und

Zeitungen zu lesen, einzukaufen, zu rauchen, tagsüber auf dem Bett zu liegen. Gab es im Haftraum Radio oder Fernseher? Hatte der Gefangene gesundheitliche Probleme, war eine medizinische Behandlung erforderlich, wo ist diese erfolgt? Gab es medizinische Vorgaben für die Verpflegung? Aufzeichnungen über die Zeiten, zu denen der Gefangene dem Untersuchungsorgan zur Vernehmung zugeführt wurde, sind gleichfalls dokumentiert. Ausgewiesen sein sollten weiterhin Besuchstermine mit Angehörigen und Rechtsanwälten; bei ausländischen Staatsbürgern auch Kontakte mit diplomatischen Vertretern ihres Heimatlandes.

Hubertus Knabe, der wissenschaftliche Direktor der »Gedenkstätte«, hält von detaillierten und überprüfbaren Fakten wenig. Nach Meinung des *Spiegel* hält er »zu viel Differenzierung bei der Aufklärung über Unrechtsregime für falsch«.[5]

Wenn also nicht auf Forschungsergebnisse und ohne Berücksichtigung existierender Belege – worauf basiert die Arbeit der Stiftung Berlin-Hohenschönhausen dann? Auch darauf findet sich auf der gleichen Internetseite eine Antwort: »Da ihr dafür das wissenschaftliche Personal fehlt, muss sie sich im Wesentlichen darauf beschränken, mündliche und schriftliche Quellen für spätere Untersuchungen zu sichern. Zu diesem Zweck betreibt die Gedenkstätte ein Zeitzeugenbüro.«

Auf der Internetseite findet man dazu Informationen unter dem Begriff »Zeitzeugenbörse«. Für ehemalige DDR-Bürger ist das ein gewöhnungsbedürftiger Begriff. Werden Aussagen oder Menschen wie Aktien oder Waren gehandelt? Die Stiftung erklärt: »Auf Anfrage vermittelt die Gedenkstätte Kontakt zu Zeitzeugen für Führungen, Veranstaltungen, Schulbesuche oder Interviews. Wir bitten um Verständnis, dass in der Regel eine Vorlaufzeit von mindestens zwei Wochen benötigt wird.«[6] Es werden Namen von 30 vermittelbaren »Zeitzeugen« genannt, deren Bilder gezeigt und ihr »Opferprofil« dargestellt. Wer diese mit wachem Geist liest, kann sich seine Gedanken über deren und die Motive jener machen, die diese Profile formuliert haben.

Die Charakteristiken gehen etwa so: »Gerhard ›Charlie‹ Rau, geboren 1952 in Berlin, war Fan der Rolling Stones. Er versuchte 1969, sie bei einem angeblichen Auftritt auf der Westberliner Seite vom Osten aus zu hören, geriet in Jugendproteste, die von der Volkspolizei niedergeschlagen wurde und kam in Haft. Seine ungebrochene Rebellion gegen das SED-Regime und die Erzieher brachten ihm insgesamt 17 Jahre Gefängnis ein, während der er körperlich misshandelt wurde. Er leidet noch heute schwer an den gesundheitlichen Folgen der Haftjahre. Gerhard Rau führt seit 2001 Besucher durch die Gedenkstätte.«

Leider wird die Frage nicht beantwortet, welche »Rebellion« ihn siebzehn Jahre Haft eintrug.

Und wieso wurde er wie andere nicht »freigekauft«?

Die Akten könnten Aufschluss über seine »Karriere« geben.

Zu vermuten steht auch, dass »Charlie« als Untersuchungsgefangener niemals in der UHA Berlin-Hohenschönhausen war, was immerhin auf jeden Zweiten der registrierten »Zeitzeugen« der Stiftung Berlin-Hohenschönhausen zutrifft. Aber: Sie sind hinlänglich kompetent.

In der Grafik wurden 28 der registrierten »Zeitzeugen« erfasst, deren »Opferprofil« verwertbare Informationen enthielt. Mehr als die Hälfte der kundigen »Führer« der Stiftung Berlin-Hohenschönhausen bezeugen bei den Rundgängen in der »Gedenkstätte« also Sachverhalte, die sie selbst nie erlebt haben. Wie bezeichnet man so etwas volkstümlich? Über 78 Prozent der »Zeitzeugen« wurden wegen staatsfeindlicher Propaganda, Fluchthilfe oder Versuch des ungesetzlichen Verlassens der DDR verurteilt.[7]

Es geht hier nicht um Beckmesserei. So sehr unterschieden sich die U-Haftanstalten nicht. Wer in Halle war, kann auch in Berlin was erzählen. Aber man sollte doch wirklich nur das weitergeben, was man tatsächlich selber gesehen oder gehört hat. Alles andere ist Aufschneiderei oder Hochstapelei. Doch es scheint, als spielten die meisten eine Rolle, die ihnen zugewiesen wurde. Sie bringen einen Text, den andere ihnen schrieben: Sie füllen deren Erwartung aus. Wie Marionetten hängen sie an Fäden.

Damit nicht genug.

Zur Inszenierung gehören Kulissen.

Das »U-Boot« als Symbol für Hohenschönhausen

Bei dem Gebäude handelte es sich um eine ehemalige Fabrik, welche seit 1946 von der sowjetischen Besatzungsmacht als Untersuchungshaftanstalt genutzt wurde. In das Hochkellergeschoss des Gebäudes war ein Zellentrakt eingebaut worden. Im März 1951 übergaben die Sowjets den Komplex an das MfS. Er war vollständig leer. Dabei erfolgte weder eine Übergabe von Dokumenten über das, was in den fünf Jahren dort geschehen war, noch über ehemalige Insassen. Im Gebäude existierten 55 Verwahrräume für 50 bis 60 Inhaftierte.

Unmittelbar nach Übernahme wurden bauliche Veränderungen vorgenommen, um die Haftbedingungen zu verbessern. Die Verwahrräume wurden ebenso wie die Fenster und Türen vergrößert, eine medizinische Einrichtung und ein Küchentrakt geschaffen. Ab 1954 wurden die verbliebenen Verwahrräume ohne Fenster nicht mehr genutzt.[8]

Zwischen 1956 und 1960 wurde auf dem genutzten Gelände mit einem Kostenaufwand von 14,5 Millionen Mark eine neue UHA gebaut. Sie entsprach damaligen Anforderungen. Es gab erstmals fließend warmes und kaltes Wasser und ein WC in den Zellen. Für bis zu 200 Untersuchungshäftlinge standen in drei Etagen insgesamt 87 Verwahrräume zur Verfügung. 20 waren für vier Beschuldigte vorgesehen, 58 Verwahrräume für zwei. Es gab acht Einzelzellen und einen Beruhigungsverwahrraum. Eine Isolationshaft war weder vorgesehen noch technisch zu realisieren.

Anfang der 80er Jahre erfolgte eine Generalrekonstruktion, die zu weiteren Verbesserungen der Haftbedingungen führte.

1960 lag die durchschnittliche Belegungsstärke bei 120 Beschuldigten, 1970 waren es 80, 1980 noch 70 und schließlich 1989 gab es 50 Insassen. Eine Überbelegung der Verwahrräume kann es deshalb wohl nicht gegeben haben.

Mit Inbetriebnahme der neuen UHA wurde das »U-Boot« nicht mehr für den Vollzug der Untersuchungshaft genutzt.[9]

Keine Frage: Gemessen an heutigen Standards waren die Haftbedingungen im »U-Boot« in den 40er und zu Beginn der 50er Jahre menschenunwürdig. Allerdings kann der Maßstab zur Beurteilung nicht die Gegenwart sein, sondern müssen die damaligen Umstände, also die Nachkriegszeit, vernünftigerweise herangezogen werden. Deutschland war zerstört und besetzt. Wohnungen waren wichtiger als Knäste. In Ost wie West gab es in den Zellen Pritschen und Kübel.

Und: Die Besatzungsmächte benahmen sich auch so. Es war, das nur nebenbei, ihr gutes Recht. Hatten sich doch bis 1945 deutsche Männer auf dem ganzen Kontinent wie die Barbaren benommen. Die Neigung, diese Menschen besonders human und nachsichtig zu behandeln, war verständlicherweise gering. Damit soll nichts entschuldigt oder bagatellisiert, wohl aber erklärt werden. Die Alliierten waren nicht nach Deutschland gekommen, um menschenwürdige Knäste zu errichten, sondern um den Krieg zu beenden, die Nazidiktatur zu zerschlagen und die Schuldigen zu bestrafen.

Zum Abtragen der Schuld gehörte auch die Zahlung von Reparationen, was wiederum der deutschen Wohlfahrt fehlte. Die DDR zahlte bis Mitte der 50er Jahre für ganz Deutschland an Polen und die Sowjetunion, die in Geld umgerechneten Leistungen der DDR betrugen damals etwa 16 Milliarden US-Dollar.[10] Da war kein Geld für neue Knäste übrig, und das erklärt, weshalb erst 1956 mit dem Bau der UHA in Hohenschönhausen begonnen werden konnte.

Wer diese Zusammenhänge verschweigt und das »U-Boot« zudem in ein Gruselkabinett umgestaltet, beugt nicht nur die Wahrheit, sondern lügt. Das Grauen war groß genug, da muss man nicht noch »Folterzellen« einbauen, die es zu keiner Zeit gegeben hat.

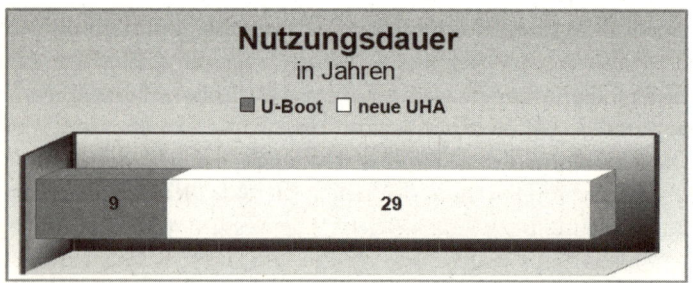

Das »U-Boot« wurde vom MfS neun, die neue UHA 29 Jahre lang genutzt

Folterzelle in der neuen UHA

Nach einem Vorfall mit einem US-Amerikaner, der in einem Tobsuchtsanfall die komplette Zelleneinrichtung demoliert und sich dabei selbst verletzt hatte, wurde im Jahre 1974 im Kellergeschoss der neuen UHA eine sogenannte Gummizelle eingebaut. Man orientierte sich dabei an psychiatrischen Einrichtungen und auch an Haftanstalten der BRD, wo ebenfalls solche Zellen existierten.

Von 1974 bis 1990 waren insgesamt elf Inhaftierte kurzzeitig in dieser Zelle untergebracht.[11] Die Namen der Betroffenen sowie Anlass und Dauer des Aufenthaltes lassen sich in den Haft- bzw. Gesundheitsakten für Inhaftierte in der Birthler-Behörde finden.

Seit 1992 führt Hartmut Rührdanz als »Zeitzeuge« in Berlin-Hohenschönhausen Besucher. Während seiner Strafverbüßung war er im Hauskommando der UHA Hohenschönhausen tätig. Wiederholt habe er gesehen, so berichtet er den schaudernden Besuchern, wie die Belüftungsfenster dieser Zelle mit Matratzen verschlossen wurden. Den Grund dieser Maßnahme habe ihm später seine Ehefrau, die im Frauenkommando arbeitete und zu Reinigungsarbeiten eingesetzt wurde, erklären können: Die Matratzen sollten verhindern, dass die Schreie gequälter und blutig geschlagener Häftlinge nicht nach draußen drangen.[12]

Das Ehepaar Rührdanz saß nachweislich 1963/64 als Strafgefangene in der UHA Berlin-Hohenschönhausen ein.

Die Gummizelle war erst 1974 eingebaut worden.

Mithin: Die von Rührdanz »bezeugten« Details sind frei erfunden.

Mit diesem Sachverhalt konfrontiert, räumte das Beiratsmitglied Hans Eberhard Zahn am 18. Oktober 2005 vor Zeugen ein, dass sich die Zeitzeugen der »Gedenkstätte« manchmal nicht an die Wahrheit hielten, wenn sie die Vergangenheit plastisch darstellten.

Zahn, das soll durchaus positiv vermerkt werden, unterscheidet sich von«Zeitzeugen« und anderen Mitarbeitern der »Gedenkstätte« darin, dass er Begegnungen und Diskussionen mit ehemaligen Mitarbeitern nicht aus dem Wege geht. Wie-

Herbert Kierstein (links) im Gepräch mit Hans Eberhard Zahn nach der Vorstellung des Buches von Peter Pfütze »Besuchszeit« in Berlin-Hohenschönhausen, April 2006. Im Hintergrund: Gotthold Schramm diskutiert mit einem kubanischen »Bürgerrechtler«, in der Mitte der FDJler Johannes Oehme

derholt nahm er an Buchvorstellungen und Veranstaltungen teil, bei denen insbesondere diese Themen erörtert wurden.

Röntgenkanonen gegen Dissidenten

Die Zollverwaltung der DDR und der Strafvollzug des Ministeriums des Innern setzten Durchleuchtungsgeräte ein, um Kleidungsstücke, Behältnisse und Verpackungen auf versteckte Schmuggelwaren zu untersuchen. Zu Beginn der 80er Jahre kamen solche Geräte, wie sie beispielsweise auf Flughäfen zur Gepäckkontrolle eingesetzt werden, auch im Bereich der Untersuchungshaftanstalten des MfS zum Einsatz. Sie erwiesen sich als nicht notwendig, oder wie es im Amtsdeutsch hieß: Sie bewährten sich nicht, und wurden darum 1987/88 aus dem Verkehr gezogen. Einige Geräte verblieben jedoch im Bestand und wurden später im Rahmen der Auflösung des MfS ordnungsgemäß an die zuständigen Kräfte übergeben.

Der harmlose Vorgang sollte schon bald gewaltige Aufwertung erfahren, als *Bild* im Mai 1990 erstmals über Existenz und Einsatz vermeintlicher Röntgenkanonen berichtete.

Michael Beleites – der als 25-Jähriger im Geraer Bürgerkomitee an der Auflösung der dortigen Bezirksverwaltung des MfS beteiligt war und im Dezember 2000 Sächsischer Landesbeauftragter für die Stasi-Unterlagen werden sollte und Mitte 2007 zwar ohne Erklärung, aber wegen diverser Meinungsverschiedenenheiten mit Marianne Birthler seine Mitgliedschaft im Beirat der BStU niederlegte – berichtete sehr viel später ausführlich über jene Geschichte, an deren Zustandekommen er selbst maßgeblich beteiligt war.

»Als Jürgen Fuchs[13] am 9. Mai 1999 an Blutkrebs starb, platzte ein Verdacht in die Öffentlichkeit, den er selbst seit geraumer Zeit hegte: Die Stasi könnte einige ihrer politischen Gegner in der Haft heimlich verstrahlt und somit Krebserkrankungen gezielt ausgelöst haben. Seit nunmehr fast zehn Jahren kursierte diese erdrückende Vermutung als ein unaufgeklärter, schwelender Verdacht unter den politisch Verfolgten der DDR. Ihren Ausgang nahm die Geschichte im Revolutionsjahr 1989, einen Tag nach Weihnachten – als wir zu fünft in meiner Geraer Wohnung saßen.

Der Nasi-Chef (*vermutlich der Leiter des Amtes für Nationale Sicherheit [AfNS], man beachte das feine Wortspiel – d. Hrsg.*) erwartete uns um 14 Uhr im Untersuchungsgefängnis. Zum ersten Mal sollte das Bürgerkomitee in das Innere der Geraer Stasi-Bezirkszentrale vorgelassen werden. Jörn Mothes und Markus Heckert aus Jena, Roland Geipel aus Gera-Lusan und Arnold Vaatz aus Dresden waren gekommen, um eine gemeinsame Strategie für den Nachmittag zu finden.

So richtig sachlich und konzeptionell wurde die Atmosphäre unseres Vorgesprächs nicht. Mit den Gedanken waren wir in Rumänien. […] Markus Heckert erzählte uns von Berichten aus Rumänien, wonach Beteiligte an dem Aufstand von Kronstadt/Brasov im November 1987 von der Securitate im Februar 1988 überraschend aus der Haft entlassen worden waren und wenige Wochen bzw. Monate darauf unter Symptomen einer Strahlenkrankheit verstorben seien. Auf dem Wege zum Stasi-Gefängnis am Geraer Amthordurchgang diskutierten wir noch darüber, wie es möglich sein kann, Häftlinge zu bestrahlen, ohne daß diese das merken.

Unter dem Eindruck dieser Überlegungen standen wir, als wir bei der Führung durch das Stasi-Untersuchungsgefängnis in der sogenannten Effektenkammer in einem Regal ein Filmdosimeter liegen sahen. Auf die Frage, was es mit diesem (sonst nur vom medizinischem Röntgenpersonal her bekannten) Dosimeter auf sich habe, antwortete der Leiter der Stasi-Untersuchungshaftanstalt, Herr Kürschner, dies gehöre zum Röntgengerät im Nebenraum.

Dort, im Fotoraum, der für die Anfertigung von Häftlingsfotos und Fingerabdrücken genutzt wurde, sahen wir zunächst keine Röntgentechnik. Erst als der Vorhang hinter dem in der Mitte des Raumes befindlichen drehbaren Fotostuhl aufgezogen wurde, kam eine merkwürdige Anlage zum Vorschein, ein, so sagte man uns, Gerät zum Durchleuchten von Paketen. Wir sahen auf einem gemauerten Sockel einen Blechkasten mit einer Scheibe an der linken Stirnseite und einen links daneben stehenden Schaltgenerator. An der Vorderseite des Kastens befanden sich links eine Schiebetür und über dem Boden des Kastens eine waagerechte, mechanisch von außen drehbare, runde Scheibe als Objektträger für zu durchleuchtende Gegenstände. Rechts, im umschlossenen Teil des Kastens, stand ein Röntgenstrahler, so (nach links) positioniert, daß sein Strahlenkegel über den Objektträger auf die Bleiglasscheibe an der linken Stirnseite traf, die von innen mit Fluoreszenzpapier beschichtet war und somit als Leuchtschirm funktionierte.

Da sich die Öffnung (mit Schiebetür) des fest installierten Röntgenkastens genau in Kopfhöhe nur einen Meter hinter dem ebenfalls fest installierten Fotostuhl befand, stellte sich die Frage, ob sich der (im rechten Teil des Gehäuses befindliche und quer zur Öffnung justierte) Strahler auch direkt hinter die Öffnung stellen und in den Raum hinein – und damit möglicherweise auch auf eine auf dem Fotostuhl sitzende Person – richten ließ?

Nach kurzer Absprache entschlossen wir uns, eine entsprechende Positionsveränderung des Strahlers im Kasten zu probieren. Daraufhin wurde der Strahler samt Holzunterlage nach links auf den Objektträger gestellt und dort um 90 Grad nach vorn gedreht. Es zeigte sich, daß der Strahler mit der Holzunterlage nicht im Gehäuse befestigt und zudem genügend freies Kabel vorhanden war, so daß eine derartige Positionsänderung des betriebsbereiten Strahlers mit zwei Handgriffen möglich war. Jetzt stimmten sowohl die Höhe des Strahlers als auch seine seitliche Ausrichtung exakt mit der Position des Kopf- und Nackenbereiches einer auf dem Fotostuhl sitzenden Person überein.

Die unmittelbar vor der Gefängnis-Begehung von uns diskutierte Frage, wie Menschen in der Haft unbemerkt bestrahlt werden können, schien durch den unerwarteten Fund im Fotoraum in fataler Weise beantwortbar. Dem sofort ausgesprochenen Verdacht, daß hier Häftlinge durch den Vorhang hindurch aus nächster Nähe heimlich bestrahlt worden sein könnten, setzte Michael Trostorff, der neue Chef der gerade in ›Bezirksamt für Nationale Sicherheit‹ umbenannten Stasi-Bezirksverwaltung, das ebenso einfache wie plausibel erscheinende Argument entgegen: ›Wenn wir damit wirklich Leute bestrahlt hätten, hätten wir das doch weggeräumt, bevor wir Ihnen diese Räume zeigen.‹«[14]

Das Argument von Michael Trostorff war nicht nur plausibel, es entsprach auch der Wahrheit. Eine unvoreingenommene Prüfung hätte Hysterie und vielen Menschen Ängste und Sorgen erspart.

Zur besseren Veranschaulichung dessen, was Michael Beleites und seine Begleiter am 27. Dezember 1989 lostraten,

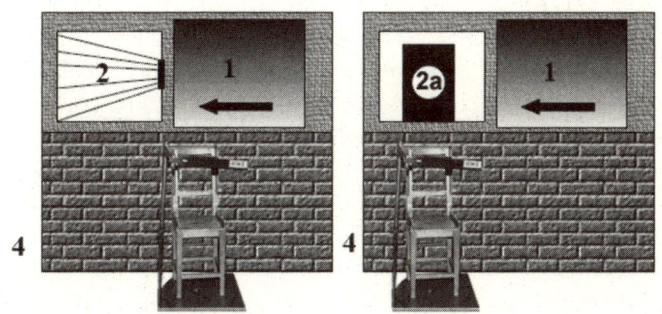

Rekonstruktion einer vermeintlichen Installation, mit der Häftlinge »bestrahlt« worden sein sollen

die Skizze auf der vorhergehenden Seite, welche nach Angaben ehemaliger Mitarbeiter der Linie XIV aus Gera[15] gefertigt wurde. Grundlage bildete ein im *Spiegel* veröffentlichtes Foto.[16]

Auf der linken Seite der Skizze ist die Anlage in ihrem ursprünglichen Zustand dargestellt. Erst wenn die Schiebetür (1) durch Verschiebung nach links den Raum, in dem sich der zu prüfende Gegenstand (2) befand, verschlossen hatte, gab ein Sicherungsschalter die weitere Steuerung des Durchleuchtungsgerätes frei. Die eingezeichneten Linien im Raum für das Prüfgut (2) deuten die Strahlungsrichtung an und weisen auf den Standort des Durchleuchtungsgerätes hin.

Hinter der Anlage befand sich in der hinteren rechten Ecke des Raumes ein Arbeitstisch und ein nicht rastender Fußschalter (4), der das Durchleuchtungsgerät solange in Betrieb setzte, wie er betätigt wurde.

Der Kontrollvorgang vollzog sich also folgendermaßen: Zunächst musste die Schiebetür (1) nach rechts geöffnet, der zu kontrollierende Gegenstand in den Kontrollraum (2) gelegt und die Schiebetür wieder geschlossen werden. Erst nachdem der Sicherungsschalter durch Schließen der Schiebetür (1) aktiviert war, konnte über den Fußschalter (4) der Kontrollvorgang durchgeführt werden. Bei Dauerbetrieb hätte sich das Durchleuchtungsgerät überhitzt. Dem beugte der Fußschalter (4) vor, der die Energiezufuhr unterbrach, sobald er nicht durch einen Fuß belastet wurde. Zu keiner Zeit erfolgte dabei eine Strahlung nach außen.

Sichtbar wird auch, dass die von den befragten ehemaligen Mitarbeitern der Linie XIV angegebene Position des Fotostuhls sich in die Logik des Arbeitsprozesses am Durchleuchtungsgerät einfügt.

Auf der rechten Seite der Skizze ist die Stellung des Durchleuchtungsgerätes dargestellt, wie sie von den Vertretern des Bürgerkomitees am 27. Dezember 1989 hergestellt wurde. Das Durchleuchtungsgerät wurde aus seiner ursprünglichen Position entnommen, in den für das Prüfgut vorgesehenen Raum gestellt und um 90 Grad gedreht, so dass seine Strahlung in Richtung des Betrachters erfolgt (2a). Die Position des Fotostuhls in dem ausgewerteten *Spiegel*-Foto weicht gegenüber der von den befragten Mitarbeitern der Linie XIV angegebenen Position nach links ab. Erst in dieser Position würde eine auf diesem Stuhl sitzende Person sich in der Abstrahlung des umgesetzten Gerätes befinden.

Da das Gebäude, in welchem sich die Anlage befand, zwischenzeitlich abgerissen wurde, lässt sich dieser Widerspruch schwerlich klären.

In der durch Beleites konstruierten Variante dürfte jedoch die Schiebetür (1) nicht geschlossen werden, weil sonst keine Strahlen emittiert worden wären. Der existierende Sicherungsschalter würde so aber auch nicht aktiviert und das Gerät eingeschaltet werden. Hypothesen von Beleites, dieser Schalter könnte mittels eines Bindfadens manipuliert und der Fußschalter durch einen Ziegelstein belastet worden sein, sind reichlich infantil. Warum hätte man einen Schalter einbauen sollen, den es anschließend zu manipulieren galt.

Welche Geister Beleites & Gefolgschaft mit dieser Theorie auf den Plan gerufen hatten, wurde erstmals deutlich, als die *Bild* im Mai 1990 das Thema aufgriff.

Beleites dazu in seinem Bericht: »Inwieweit die in Gera vorgefundene räumliche Anordnung der Geräteöffnung hinter dem Fotostuhl tatsächlich ›rein zufällig‹ war, ließ sich am ehesten durch die Frage klären, ob auch in anderen Stasi-Gefängnissen entsprechende Gerätekonstellationen vorhanden waren oder nicht. Also fragte das Geraer Bürgerkomitee nach.

In den meisten Stasi-Bezirksverwaltungen waren die entsprechenden Räumlichkeiten bereits leer, und die Bürgerkomitee-Mitglieder konnten sich an derartige Anlagen nicht erinnern. Allein Vertreter des Magdeburger Komitees wussten noch vage, irgendwo in der dortigen Untersuchungshaftanstalt ein Röntgengerät gesehen zu haben. Daraufhin erhielt Bernd Schullke vom Magdeburger Bürgerkomitee eine Kopie des Wolf-Gutachtens zugeschickt, um beurteilen zu können, ob die Magdeburger Anlage der Geraer entsprach. Von Schullke hörten wir dann nur indirekt wieder – er hatte die Sache (und zwar ausschließlich die Geraer Angelegenheit) der *Bild*-Zeitung überbracht.

›Stasi folterte mit Strahlen‹ – so titelte *Bild* am 7. Mai 1990. Auf der Innenseite fand sich ein Artikel von Günther

Trittel unter dem Titel ›Wer schwieg musste vor die Strahlen-Kanone‹. Darin hieß es: ›Die Kanone war in Richtung Geschlechtsteile der Häftlinge justiert. Sie war schwenkbar, sodass jeder Körperteil bestrahlt werden konnte.‹

Es berichteten dem Bürgerkomitee zwei Ex-Gefangene: ›Weil wir bei Verhören den Mund gehalten hatten, wurden wir in den Erkennungsdienstraum gebracht, wo man uns die Strahlenkanone zeigte. Wir wurden an den Foto-Stuhl gefesselt, und zwei Stasi-Leute machten sich dort zu schaffen, wo die Kanone stand. Danach blieben wir etwa eine Stunde allein im Raum. Aus Angst vor weiteren Behandlungen haben wir dann gesagt, was man von uns hören wollte.‹

Bernd Schullke wurde zitiert: ›Wir sind absolut sicher, daß auch die Stasi die Geräte einsetzte, um Tumore und Krebs zu erzeugen.‹

An diesen Aussagen war – auch aus der Sicht vom Mai 1990 – nahezu alles falsch: Die ›Kanone‹ war nicht auf die Geschlechtsteile der Häftlinge justiert, sondern auf den Leuchtschirm an der Stirnseite des Kastens. Sie hätte auf den Kopf und Nacken der Häftlinge justiert werden können.

Beim Geraer Bürgerkomitee hatte sich kein Ex-Gefangener gemeldet, der berichtet hätte, daß man ihm in Haft ›die Strahlenkanone zeigte‹ und ihn dann ›an den Foto-Stuhl gefesselt‹ hätte. Und zu keiner Zeit war sich irgend ein Mitglied des Geraer Bürgerkomitees ›absolut sicher‹, daß die Stasi Röntgenstrahler einsetzte, um Tumore und Krebs zu erzeugen.

Die öffentliche Wirkung dieses *Bild*-Artikels war verheerend. Zahlreiche ehemalige Stasi-Häftlinge, insbesondere solche, die in Gera in Untersuchungshaft waren, wurden extrem verunsichert und verängstigt. Sie beschäftigten sich nun ununterbrochen mit der Frage, ob auch sie einer heimlichen ›Strahlenbehandlung‹ unterzogen worden waren und nun faktisch Todeskandidaten seien.«

Soweit Beleites.

Dennoch sah das Bürgerkomitee Gera offenbar keinen Grund zu einer öffentlichen Richtigstellung.

Die technischen und medizinischen Belege dafür, dass die vom MfS genutzten Durchleuchtungsgeräte gänzlich ungeeignet waren, um die Gesundheit von Menschen vorsätzlich zu schädigen, wurden erst im Laufe von Jahren bruchstückhaft publik. Weder Strahlungsart noch -intensität – diese betrug maximal 2,75 % der Dosis, welche bei medizinischen Therapien zum Einsatz kommt – taugten, um die unterstellten Folgen herbeizuführen. Auch eine spezielle technische Analyse des Instituts für Strahlenschutz beim GSF-Forschungszentrum für Umwelt und Gesundheit Neuherberg auf Strahlenbelastung des Raumes, in welchem das Durchleuchtungsgerät installiert war, erbrachte einen eindeutig negativen Befund.

Früher als die Öffentlichkeit kannten Beleites & Co. diese Ergebnisse – wie er selbst offenbart. Sie haben jedoch nichts unternommen, um die von ihnen in die Welt gesetzte Vermutung zu korrigieren und die Wahrheit zu verbreiten. Stattdessen wurde diese Mär am Leben gehalten: »Als Jürgen Fuchs am 9. Mai 1999 an Blutkrebs starb, platzte ein Verdacht in die Öffentlichkeit, den er selbst seit geraumer Zeit hegte.«

Menschlich ist es völlig verständlich, dass einer, der mit dem MfS auf Kriegsfuß stand und dieses mit ihm, bei einer solchen Diagnose nach den Ursachen seiner Erkrankung forscht. Jeder Todgeweihte fragt sich: Woher kommt das, wann begann es, wäre es zu verhindern gewesen? Dass unter den bekannten Umständen auch das MfS ein Adressat war: Wer wollte dies Fuchs verdenken?

Auch wenn sich bei der Ursachenforschung Daten und Fakten verschieben.

Jürgen Fuchs saß 1976 in der Untersuchungshaftanstalt des MfS ein. In Berlin-Hohenschönhausen, nicht in Gera.

Ja, es wurden in den UHA des MfS eine Zeitlang solche Geräte eingesetzt – in der ersten Hälfte der 80er Jahre. Da aber lebte Jürgen Fuchs bereits auf freiem Fuß im Westen.

Wie im Übrigen die anderen vermeintlichen »Strahlenopfer« Rudolf Bahro und Gerulf Pannach auch.

Folter auf Schienen

Zu keiner Zeit wurden jemals Untersuchungsgefangene aus den Untersuchungshaftanstalten des MfS auf dem Schienenwege befördert. Dennoch wird an dieser Behauptung unverändert festgehalten.

Transportiert wurde ausschließlich auf der Straße. Zum einen befanden sich der Besucherraum und die Berliner UHA im Stadtgebiet, weshalb sich objektiv eine Bahnreise erübrigte. Zum anderen richteten sich Gerichtstermine in den Kreis- und Bezirksstädten nicht nach dem Fahrplan der Deutschen Reichsbahn. Drittens schließlich verfügten die Gerichte der DDR nicht über Wachpersonal. Deshalb waren sowohl beim Ministerium des Inneren als auch beim MfS die für den Vollzug der U-Haft verantwortlichen Diensteinheiten auch für die Vorführung und Bewachung Beschuldigter zu gerichtlichen Verhandlungen zuständig. Transport mit Kraftfahrzeugen war, auch im Hinblick auf Sicherheitserfordernisse, die effektivste Form.

Der Bereich Strafvollzug des MdI verfügte für Sammeltransporte von Strafgefangenen – also gerichtlich verurteilte Straftäter, nicht Untersuchungshäftlinge – über ein Transportsystem auf dem Schienenwege. Das aber war nicht systemtypisch für die DDR, wenngleich schon zu Bismarks Zeiten und auch in der Bundesrepublik Häftlinge per Bahn befördert wurden bzw. werden.

Im März 2004 wurde ein Schienentransportwagen aus dem MdI-System in der ehemaligen UHA des MfS in Berlin-Hohenschönhausen – plakatiert als »Grotewohl-Express« – mit medialem Getöse aufgestellt. Die »Gedenkstätten«-Leitung, die dies veranlasst hatte, teilte dazu mit: »Die Häftlingstransporte wurden von der Deutschen Reichsbahn im Auftrag des Innenministeriums bzw. der Staatssicherheit durchgeführt. Viele politisch Verfolgte wurden auf diese Weise durch die DDR transportiert.«[17]

Nun, das ist sachlich falsch. »Die Staatssicherheit« hat zu keiner Zeit »Häftlingstransporte« bei der Deutschen Reichsbahn in Auftrag gegeben.

Zutreffend ist, dass der Vorgänger der Deutschen Bahn AG rund drei Millionen Juden, Sinti und Roma in Personen- und Güterwaggons nach Auschwitz, Majdanek, Sobibor und in andere Vernichtungslager deportierte. »Im Juli 1941 handelte das Reichssicherheitshauptamt mit der Reichsbahn einen Sondertarif für Judentransporte aus: Zwei Pfennig pro Kilometer entsprachen dem halben Fahrpreis in der dritten

Klasse. Kinder unter zehn Jahren zahlten die Hälfte, Kinder bis vier Jahren fuhren umsonst«, hieß es in einem Bericht des *Deutschlandfunks* am 23. Januar 2008. »Die Reichsbahn stellte ganz normal Kosten, machte Gruppenreisenermäßigungen, behandelte das also absolut bürokratisch. Und meistens zog dann das Reichssicherheitshauptamt von den jüdischen Gemeinden oder den Juden selbst diese Kosten ein.«

Möglicherweise hatten die Verantwortlichen, die jenen Waggon in Berlin-Hohenschönhausen implantierten, eben diese Assoziation im Auge. Aber da lagen und liegen sie falsch.

In den Archiven des MdI lässt sich leicht feststellen, wie viele und welche Strafgefangenen transportiert wurden. Daraus ließe sich auch der vermeintliche Anteil politisch Verfolgter bestimmen. Vorausgesetzt natürlich, es gäbe inzwischen eine objektive Bestimmung, wer tatsächlich ein politisch Verfolgter war.

»Der zukünftig auf dem Gelände der Gedenkstätte zu sehende GSTW wurde von der Deutschen Reichsbahn im Auftrag des DDR-Innenministeriums Anfang der 80er Jahre gebaut und war bis 1989 in Betrieb. Bis zur Wiedervereinigung 1990 waren noch fünf dieser Fahrzeuge im Einsatz. Die Transportbedingungen in dem Grotewohl-Express waren menschenunwürdig. […] Oft stand der Zug stundenlang auf einem Abstellgleis, im Sommer in brütender Hitze ohne Ventilationssystem. Im Winter konnte der abgekoppelte Wagen nicht beheizt werden«, hieß es in der Ankündigung.

Halten wir fest: Bis zum Ende der DDR waren nicht »noch fünf« Fahrzeuge im Einsatz – was ja suggeriert, es habe sehr viel mehr gegeben. Es gab in der ganzen DDR-Zeit überhaupt nur fünf.

Der Hinweis auf vermeintlich menschenunwürdige Transportbedingungen steht überdies im deutlichen Gegensatz zu einer Publikation der Stiftung Sächsische Gedenkstätten aus dem Jahre 1998. Anlass der Studie über die Einsatzgeschichte und Möglichkeiten der musealen Nutzung eben dieses Gefangenentransportwagens war der Streit, wer nun dieses museale Stück bekommen sollte. Beworben hatten sich das »Bautzen-Komitee«, obwohl der Waggon zu DDR-Zeiten nie dort gewesen war. Dr. Jan-Henrik Peters von der Gesellschaft für

Unternehmensgeschichte e. V., Arbeitskreis Verkehrsgeschichte, schrieb seinerzeit: »Da der Zellenwagen aus Kostengründen von einem Serientyp abgeleitet wurde, kann schon aus diesen Gründen von einem absichtlich konzeptionell so angelegten ›Folterwaggon‹ nicht gesprochen werden. [...] Heizung, Belüftung usw. entsprachen dem damals modernsten Standard, weshalb besondere schikanöse Bedingungen nicht existierten. [...]

Von Übergriffen seitens der Bewacher ist dem Verfasser in keinem Fall berichtet worden. Im Bundesarchiv konnte in den Aktenbeständen hinsichtlich von Häftlingsbeschwerden ebenfalls kein derartiger Vorgang ausgemacht werden.«

Abschließend urteilte Gutachter Dr. Peters: »Das bloße Vorhandensein von engen Zellenwagen bzw. deren Einsatz [...] rechtfertigt aus sich heraus kaum ein extra Mahnmal, noch dazu, da während des Dritten Reiches tatsächlich menschenvernichtende Transporte stattfanden.«[18]

Die »Gedenkstätte« Berlin-Hohenschönhausen hielt trotzdem diesen Waggon als »Mahnmal« geeignet. »Auf einem Hof ein Stück Schiene. Darauf ein Eisenbahnwaggon. Soll man Transporte nach Auschwitz, Rampe, Selektion assoziieren?«[19]

»Die Gruselklinik der Stasi«

So titelte *Bild* am 13. September 2008. Gemeint war das einst auf dem Gelände der UHA Berlin-Hohenschönhausen gelegene Haftkrankenhaus des MfS. Es war für die stationäre medizinische Versorgung aller Untersuchungsgefangenen im Verantwortungsbereich des MfS zuständig.

Die Ersteinrichtung mit zehn Krankenzimmern und entsprechender Technik erfolgte zwischen 1960 bis 1962. Von 1971 bis 1974 wurde es für 2,2 Millionen Mark erweitert. Danach verfügte das Haftkrankenhaus über zwei Stationen mit 21 Betten, sieben Notbetten sowie modernen Ausrüstungen für Diagnose und Therapie (Röntgen, EKG, EEG, klinisch-chemisches Labor). Es gab Untersuchungs- und Behandlungsräume für Gynäkologie, Urologie, Physiotherapie sowie einen OP-Bereich. Zum ständigen Personal gehörten ein Facharzt für Allgemeinmedizin und Innere Medizin sowie ein Facharzt für Psychiatrie/Neurologie, ein Zahnarzt, ein Physiotherapeut und eine entsprechende Anzahl von examinierten Krankenschwestern, Pflegern und medizinisch-technischen Assistentinnen. Insbesondere der Zahnarzt hatte einen guten Ruf. Untersuchungsgefangene aus Westberlin, der BRD und anderen westlichen Ländern ließen sich bei ihm kostenlos ihre Gebisse sanieren. 1989 zählte das Haftkrankenhaus Hohenschönhausen 62 Mitarbeiter – 34 Angehörige des Medizinischen Dienstes und 28 Angehörige der Linie XIV als Sicherungs- und Kontrollposten.

Sie versorgten und betreuten U-Häflinge aller Untersuchungshaftanstalten des MfS.

In Fällen, in denen die medizinischen Möglichkeiten nicht genügten, erfolgte die unverzügliche Verlegung in eine Einrichtung des staatlichen Gesundheitswesens.[20]

Alle medizinischen Maßnahmen wurden exakt in der Gesundheitsakte des Untersuchungshäftlings dokumentiert. Diese Akten liegen in den Archiven der BStU. Noch.

Das Haftkrankenhaus wurde nach 1990 demontiert, die wertvollen Teile der Einrichtung kamen unter den Hammer. Dann stand es lange Zeit leer. Im September 2008 wurde das ehemalige Haftkrankenhaus unter medialem Trommelwirbel der Öffentlichkeit »als Gruselkabinett der Stasi« zugänglich gemacht.

Was den Besucher nach der«Rekonstruktion« – für die vorerst 550.000 Euro Steuergelder vorgesehen sind – erwartet, lassen bereits die Schlagworte aus der Presse ahnen: »Klinik des Grauens wieder geöffnet« – »Inhaftierte Frauen wurden zur Abtreibung gezwungen« – »Schmerzmittel wurden verweigert« – »Dissidenten mit Strahlen verseucht. Viele starben später an Blutkrebs« – »Einsatz von Psychopharmaka« – »Demonstration doppelter Ohnmacht als Häftling und kranker Mensch« – »Leichenkammern zu besichtigen«.[21]

Dazu muss man nichts sagen. Es kommentiert sich selbst. Nur eine Frage steht im Raum: Warum jetzt? Weshalb erinnert man sich nach fast zwei Jahrzehnten dieses bislang leerstehenden Gebäudes?

»Mauer wieder aufgebaut«

Das meldete die *Berliner Zeitung* am 10. November 2008. Andere Medien folgten. Als »Exponat politischer Verfolgungen« waren am Vortag des 9. November in der »Gedenkstätte« Hohenschönhausen vier Segmente der ehemaligen Grenzsicherungsanlagen zu Westberlin aufgestellt worden.

Die Frage, wenngleich zulässig, was die Mauer mit der UHA zu tun habe, stellte sich nicht. Solche Betonklötze stehen an noch ganz anderen beziehungslosen Orten.

Aber folgt man den kruden Gedankengängen, die in einigen Zeitungstexten nachzulesen waren, so wurde ein kausaler Zusammenhang zwischen Mauerbau und politischer Verfolgung in der DDR hergestellt.

Nein, die Grenze wurde am 13. August 1961 nicht deshalb geschlossen, um die 17 Millionen DDR-Bürger besser unterdrücken und verfolgen zu können (durch die »Stasi« natürlich, durch wen sonst). Sondern dieser Tag hatte eine Vorgeschichte, der man sich erinnern sollte. Der Schritt war logisch wie legitim, was auch vom Westen nicht in Abrede gestellt wurde. Er klärte die Verhältnisse in Europa, sicherte den Frieden und wirtschaftliche wie politische Stabilität in der DDR. Der Fehler bestand einzig darin, dass Berlin und Moskau, in dessen Auftrag letztlich die Grenzen abgeschottet wurden, nicht am 14. August 1961 darüber nachzudenken begannen, wie man diese Mauer wieder wegbekäme, d. h. den anormalen Zustand in einen vernünftigen Zustand überführte. Dieser vernünftige Zustand hieß nicht Herstellung des Status quo ante, der war ja das Gefährliche, was beendet wurde, sondern Herstellung normaler völkerrechtlicher Beziehungen zwischen der DDR und dem Rest der Welt, Bundesrepublik Deutschland inklusive. Das war keine einseitige, sondern mindestens eine zweiseitige, besser: eine multilaterale Veranstaltung. Nämlich: Es gab auch eine multilaterale Vorgeschichte.

Die begann 1933, als die herrschende Klasse Deutschlands das Reich an die Nazis auslieferte. Sie führt über den 1. September 1939, als der Weltkrieg begann, und über Jalta, als im

Februar 1945 die Großen Drei der Antihitlerkoalition ihre Besatzungszonen festlegten, in die sie das besiegte Deutschland zu zerlegen gedachten. Wir haben den August 1945, als in Potsdam die Nachkriegsordnung vertraglich fixiert wurde, und die nachfolgenden Schritte insbesondere der Westalliierten, diese wieder aufzukündigen. Daraus entwickelte sich der globale Kalte Krieg, deren sichtbarster Ausdruck die Bildung zweier deutscher Staaten war. Im Unterschied zu dem östlichen Deutschland, das sich mit dem beschied, was es war und hatte, erklärte das westliche, nicht nur dieses verlorene Terrain »Mitteldeutschland«, sondern auch noch die anderen Teile – Pommern, Ostpreußen, Schlesien und selbst die Sudeten – zurückhaben zu wollen. Dieser revanchistische Drang nach Osten war nicht nur verbaler Natur, sondern wurde auch militärisch bekräftigt. Es gab die Wiederaufrüstung, die Aufstellung der Bundeswehr und deren Integration in die NATO. Das alles ist geschichtsnotorisch und eigentlich bekannt. Doch es gerät – absichtlich oder aus Vergessenheit – heute immer wieder aus dem Blick, wenn einige über die DDR und deren Politik schwadronieren.

Das MfS, zum Beispiel, war nicht das Resultat einer Laune, sondern wurde gegründet, um die fortgesetzten »Befreiungsversuche« aus dem Westen abzuwehren.[22]

Die *Bonner Rundschau* schrieb am 9. Juli 1961 offenherzig, dass die Absicht bestünde, zur »Befreiung« der ostdeutschen Landsleute »alle Mittel des Krieges, des Nervenkrieges und des Schießkrieges anzuwenden. Dazu gehören nicht nur herkömmliche Streitkräfte und Rüstungen, sondern auch die Unterwühlung, das Anheizen des inneren Widerstandes, die Arbeit im Untergrund, die Zersetzung der Ordnung, die Sabotage, die Störungen von Verkehr und Wirtschaft, der Ungehorsam, der Aufruhr.« Nach Schätzungen von Wissenschaftlern aus der BRD (Prof. Dr. Fritz Baade) und den USA (Prof. Dr. Hans Apel) hatte bis 1961 der Kalte Krieg der DDR einiges gekostet. Allein die durch Abwerbung und Republikflucht verursachten Verluste bezifferten sie mit rund 100 Milliarden DM.[23]

Vor dem 13. August 1961 gab es etwa 63.000 registrierte Grenzgänger. Das waren DDR-Bürger, die in Westberlin arbeiteten, aber in der DDR wohnten und dort alle sozialen und anderen Vorzüge ihres Staates nutzten. Die Zahl der nicht erfassten Gelegenheitsarbeiter wurde auf weitere 40.000 geschätzt. Die Grenzgänger kosteten der DDR allein durch den Ausfall ihrer produktiven Arbeit jährlich ungefähr 2,5 Milliarden Mark ...

Laut *Berliner Woche* vom 19. November 2008 soll in der Dauerausstellung der Segmente der Grenzsicherungsanlagen in Berlin-Hohenschönhausen die Brutalität des SED-Regimes und seiner Grenzanlagen dokumentiert werden. Zwischen 1961 und 1989 seien rund 72.000 Menschen inhaftiert worden, die versucht hätten, das Land zu verlassen. Viele davon wären in Hohenschönhausen inhaftiert gewesen.

Die Statistik des Innenministeriums der BRD weist allenfalls 33.775 aus.[24]

In dieser Zahl sind allerdings nicht nur DDR-Bürger enthalten, sondern auch kriminelle Bundesbürger und Westberliner: Menschenhändler, Saboteure, Spione, Terroristen, Wirtschaftsschädlinge ...

Verschwiegen wird: Seit 1962 stellten 429.815 Bürger der DDR einen Ausreiseantrag, dem stattgegeben wurde. Sie verließen also legal das Land. Das war schmerzlich. Nicht nur für die DDR. Als 1984 etwa 40.000 die Ausreise beantragten, ersuchten Bonner Stellen im Auftrag der Bundesregierung die DDR, sie möge den Ausreisestrom drosseln.[25]

Und wie war das mit dem sogenannten Häftlingsfreikauf? Die DDR hatte Schule, Ausbildung und/oder Studium der Ausreiser bezahlt, wovon die BRD unmittelbar profitierte. Bekanntlich holte sie – nachdem durch den Mauerbau der Zustrom von Arbeitskräften aus dem Osten abgebrochen war – notgedrungen Gastarbeiter aus dem Süden Europas ins Land.

Zugegeben, die Zahlung von Devisen zum Ausgleich der Ausbildungs- und anderer Kosten hatte einen mehr als unangenehmen Beigeschmack, weshalb alle Beteiligten nach 1990 darüber nicht reden mochten. Es ging schließlich um Menschen. Aber im Krieg, selbst wenn er nur kalt ist, steht Moral nie hoch im Kurs.

Die Initiative ging vom Westen aus. Das macht die Sache nicht besser, zeigt aber, dass der Kapitalismus seine schärfste

Waffe, nämlich das Kapital, auch in diesem Falle einsetzte. Das lässt sich in der Drucksache 12/7650, S. 28 (zu Drucksache 12/7600) der 12. Wahlperiode des Deutschen Bundestages nachlesen.

An diesem Geschäft haben sehr viele verdient. Nicht wenige in der Bundesrepublik Deutschland.

Gedenkstättenpolitik im Spiegel medialer Öffentlichkeit

Was in den »Gedenkstätten«, insbesondere in jener zentralen in Berlin, verbreitet wird, erzielt nicht nur Wirkung bei den Besuchern, sondern auch darüber hinaus. Sie sind gleichsam Multiplikatoren. Oft fließt in die Medien ein, was sie im Anschluss zu berichten haben. Dass gestattet nicht nur Rückschlüsse darauf, was sie erfuhren und wie dies geschah. Die Wiedergabe des Gehörten offenbart auch den realen Kenntnisstand der Besucher und den Grad der Verarbeitung. Für Pädadogen und Psychologen gewiss sehr interessant. Aber wir haben es hier nicht mit einem akademischen Vorgang zu tun, sondern mit der Vermittlung eines irrealen Geschichtsbildes mittels einer gesteuerten Auswahl von Informationen, um eine bestimmte Absicht durchzusetzen. »Die Form der Informationsdarbietung ist einseitig verzerrt, die Gesamtheit der verfügbaren Informationen wird zensiert, die der Ideologie widersprechenden Angaben werden zurückgehalten, deren Äußerung mit diskreten Benachteiligungen oder konkreten Strafen bedroht«, heißt es dazu unter *Wikipedia*.

Dafür gibt es ein Wort: Indoktrination.

Am 31. März 2006 besuchte die 12. Klasse des Bildungszentrums Weissacher Tal (*www.bildungszentrum-weissacher-tal.de*) »das Stasi-Gefängnis in Berlin-Hohenschönhausen«. Zwei Abiturientinnen aus Baden-Württemberg plauderten anschließend munter drauflos:

»Unser Führer, ein ehemaliger Insasse des Gefängnisses, hieß Mario Röllig und wurde wegen ›Mauerdurchbruches und Unbelehrbarkeit‹ 1987 inhaftiert. Erst im Jahre 1997 durfte er seine Stasi-Akten einsehen und erfuhr so den Ort seiner Inhaftierung, zudem musste er feststellen, dass sein bester Freund aus Jugendzeiten ein Stasi-Spitzel war und ihn verraten hat. Mario

Röllig fiel auf, da er nicht gegen Westdeutschland war und auch homosexuell war. Schließlich wurde er bei seiner Flucht aus der DDR erwischt und nach Hohenschönhausen gebracht.

Herr Röllig wurde befreit, da seine Eltern sehr mutig waren und seinen Namen an Freunde in der BRD weitergaben, diese daraufhin die Bundesregierung informierten und so sein Name auf die Liste der zu freikaufenden Insassen des Stasi-Gefängnisses gesetzt wurde. Nach dreimonatiger Inhaftierung kam er auf diesem Weg frei.

Zunächst erzählte er uns von den ehemaligen Stasi-Offizieren. Diese wurden nach der Auflösung der DDR nicht bestraft und haben noch heute hohe Posten wie Rechtsanwälte oder Ärzte inne, zudem ist der ehemalige Leiter des Gefängnisses heute Kulturminister und verwaltet die Gedenkstätte. (*Vermutlich meinten sie damit den seinerzeitigen Berliner Kultursenator Dr. phil. Thomas Flierl/PDS, der bis 1990 wie sein Kollege Wolfgang Thierse/SPD im Kulturministerium der DDR tätig war – d. Hrsg.*) Teilweise wohnen sie noch in der Nähe des Gefängnisses und beschimpfen die ehemaligen Inhaftierten mit Parolen wie ›Irgendwann sind wir wieder an der Macht und dann seid ihr die ersten, die wieder reinkommen!‹

Nun führte Herr Röllig uns zu den grausamsten Zellen, die sich im Kellergebäude des Gefängnisses befinden. Hier mussten wir erfahren, dass die Lebensverhältnisse der Inhaftierten menschenunwürdig waren, da sie bis 22 Uhr nicht sitzen durften, unter ständiger Beobachtung standen, die ›Toiletten‹ teilweise erst geleert wurden, wenn sie voll waren. Dies und die mangelnde Hygiene führten zum Ausbruch von Krankheiten.

Eine weitere Grausamkeit war, dass nachts alle fünf Minuten das Licht angeschaltet wurde und die Insassen die Augen öffnen mussten, um sie schneller zu einem Geständnis zu bringen. Die Gefangenen waren zudem ständiger physischer und psychischer Folter ausgesetzt. Zum einen wurden sie stundenlang auf winzigstem Raum eingesperrt, um die Insassen zu Aussagen zu zwingen, dabei wurde natürlich nicht darauf geachtet, dass diesen dabei Verletzungen zugefügt wurden, zum anderen mussten manche Gefangene aus denselben Gründen 72 Stunden lang in eiskaltem Wasser stehen oder saßen in Kälte- oder Wärmezellen ein. Die Gefängniswächter schreckten auch vor

Schlägen nicht zurück. […]

Ein Zitat von ihm zu den verabreichten Essenportionen ist: ›Zu wenig zum Leben, aber zu viel zum Sterben.‹

Zur psychischen Folter gehörten zum Beispiel Räume mit Duschköpfen an der Decke, in diese die Gefangenen eingesperrt wurden und ihnen ›Zeit zum Überlegen‹ gegeben wurde, ob Gas oder Wasser herauskommen würde. […]

Außerdem wurden sie damit bedroht, dass ihren Familien etwas zustoßen würde, wenn sie nicht aussagten.

Schreckliches wurde auch den Frauen zugefügt. Vergewaltigte ein Stasi-Offizier eine Frau und zeigte sie ihn daraufhin an, wurde sie wegen ›Hochverrats‹ inhaftiert. Grausam war auch, dass den schwangeren Frauen nach der Geburt die Kinder weggenommen wurden um sie ›DDR-getreu‹ aufzuziehen. […]

Es wurde viel Schreckliches über die DDR-Zeit berichtet. Wir hatten nicht damit gerechnet, dass es damals so furchtbar war. Nach diesem Besuch waren wir geschockt und fragen uns jetzt noch, wo die gravierenden Unterschiede zwischen dem Dritten Reich und dem Leben in der DDR waren. […]

Carmen und Alexandra.«[26]

Übrigens, einmal im Jahr zeichnet der Bundespräsident Institutionen, Unternehmen und Projekte aus, die in besonderem Maße für Zukunftsfähigkeit und Innovationskraft stehen. Unter den 2.000 Bewerbern im Jahre 2009 wählte die »unabhängige« Jury auch die »Gedenkstätte« Berlin-Hohenschönhausen aus und »würdigte damit das innovative Konzept, Jugendlichen die Schrecken der SED-Diktatur zu vermitteln«.

Klaus Huhn aus Berlin, ein wenig besser informiert als die Klasse aus Schwaben und im Unterschied zur Wettbewerbsjury wirklich unabhängig, nahm auch an einer »Führung« mit Röllig teil. Da journalistisch tätig, notierte er dessen Ausführungen und machte sich ein Bild vom »innovativen Konzept«, mit dem Jugendlichen »die Schrecken der SED-Diktatur »vermittelt wird.

»Die Aufständischen des 17. Juni schilderten uns, dass sie sich nach wenigen Tagen manchmal nicht mehr unterhalten konnten. […] Nicht weil sie nicht durften, sondern weil der

Sauerstoff langsam knapp wurde.

Es war so, dass nach anderthalb, zwei Wochen bei vielen die Kleider und die Haare schimmelten, weil die Luftfeuchtigkeit in einer Zelle, gerade im Winter, durch das feuchte Mauerwerk und durch das Atmen so vieler Menschen in einer Zelle unerträglich wurde. [...]

Hier in diesen Gefängnissen war es aber so geregelt, dass an die Wachmannschaften auch eine Dienstanweisung ausgegeben wurde, Gefangene sollten sich durch Selbstmord nicht ihrer gerechten Strafe entziehen können. Deshalb hat man [...] bis 89 Gefangene in der Zelle ständig beobachtet. [...]

Gefangene haben berichtet, gab es einen unter ihnen, der die Nerven blank hatte, der einfach sterben wollte, der wurde durch die Wärter rausgeholt, mit Spritzen ruhig gestellt und dann gefesselt wieder in so eine Zelle zurückgebracht. [...]

In den ersten Jahren [...] war es so, dass Gefangene eigene Kleidungsstücke zerreißen und als Toilettenpapier benutzen mussten. [...] Ein Häftling, der im Dezember '88 in dieser Zelle war, berichtete, dass es so kalt war, dass er nach ein paar Tagen das Eis von der Wand schaben musste. [...]

Wir wissen zum Beispiel auch von Untersuchungsgefangenen, die Erich Mielke als Vernehmer hatten, der hat mehr geschlagen als verhört. [...]

Gefangene wurden im Winter in den kalten Zellen gefoltert, die auch mit einem Wasserschock geflutet wurden. [...] Von außen konnte reguliert werden, ob das Wasser anstieg oder abfloss. [...]

Hier wurde [...] eine sogenannte [...] Wasserfolter eingebaut, [...] ein Gestell aus Holzbalken, an das der Gefangene in gebeugter Haltung gebunden wurde. Aus einer oberen Schüssel traf ihn ein Wassertropfen. Nach einer Zeit, also Stunden, wirkte der Tropfen wie ein Hammer, wie ein Ziegelstein. [...] Der Gefangene verliert das Bewusstsein. [...]

Möchte ich noch sagen, dass wir bis heute keinen Zeitzeugen gefunden haben, der daran gefoltert wurde. [...] Vielleicht, – werten Sie das als meine persönliche Meinung – hat man diese martialische Folter nicht überlebt. [...] Wenn wir über die Amerikaner in Guantanamo reden [...], müssen wir auch über die Dinge in China reden [...] und über die Türkei. [...]

Möchte ich hier auch einmal meine eigene Meinung sagen, dass die Türkei nicht in die EU aufgenommen werden sollte.«[27] Anja Oehm aus Rosenthal-Bielatal in der Sächsischen Schweiz notierte nach einem Besuch dieses: »Im Januar hatte ich Gelegenheit, die Gedenkstätte Hohenschönhausen live zu erleben. ›Hier steppt der Bär‹ begrüßte uns der Besucherreferent – ein wegen versuchter Republikflucht ehemals Inhaftierter, der nicht unsympathisch, aber von der ersten Minute an reichlich konfus wirkte. Kein Wunder, denn hier in unmittelbarer Umgebung wohnen noch immer abertausende Stasi-Leute als unbescholtene Bürger, hob er warnend den Zeigefinger. ›Wir sind von denen umzingelt!‹, ließ er unserer Zuhörergruppe zur Einstimmung eiskalte Schauer über den Rücken laufen. Diese Stasi-Leute seien nie bestraft worden und bezögen heute um die 1.500 Euro und noch mehr Rente.

Wie auf Kommando fühlte sich ein Besucher zu dem Kommentar aufgefordert, dass denen allen die Rente gestrichen gehörte.

Die dann folgende Führung durch ›U-Boot‹ und Gefängnistrakt war von erschreckender Konzeptionslosigkeit geprägt. Allenthalben wurden dem Besucher abenteuerliche Zahlenvergleiche (91.000 Stasi-Mitarbeiter, aber nur 7.000 Gestapo-Leute) und waghalsige Deutungen (Stichwort: asiatische Tropfenfolter, Verstrahlung durch Durchleuchtungsgerät oder Wasserzellen) serviert. Geschichtliche Zeitbezüge wurden oftmals völlig weggelassen. Kein Hinweis im Vortrag dazu, was infolge eines verlorenen verbrecherischen Krieges unter sowjetischer Besatzungsmacht geschah, als es noch gar kein MfS gab, und was danach. Alles wurde munter vermischt.

Widersprüche und Wiederholungen prägten den Vortrag. Hauptsache, es gruselte gehörig. Ich und andere empfanden das als herabwürdigend. Denn in solcherart ›furchtbaren, lächerlichen blauen DDR-Trainingsanzügen‹, die die Häftlinge hier gezwungenermaßen trugen, hatten die meisten von uns einst selbst Sport getrieben. Und auch die ›unmöglichen‹ karierten Hausschuhe hätte man wohl damals in fast jedem DDR-Haushalt gefunden.

Befremdlich für uns aus Sachsen auch: Immer, wenn der

Besucherreferent die MfS-Wärter imitierte, verfiel er in breitesten sächsischen Dialekt. Und immer wieder anprangernd, dass hier unschuldige Oppositionelle einsaßen, klagte der Mann, dass man ihn damals mit einem Mörder zusammen in eine Zelle gesperrt hätte.

Zum Schluss fragte ich den Besucherreferenten, ob er sich mit seiner Biografie nicht dafür prädestiniert fühle, heute selbst Menschenrechtsaktivist gegen Folter und unmenschliche Haftbedingungen in aller Welt zu sein.

Nein, das sei er nicht, er möchte sich nicht damit beschäftigen, das ginge ihm zu nahe, sagte er.«[28]

Eckart Spoo aus Berlin brachte nach einem Rundgang das zu Papier: »Durch vorherigen Anruf oder einen Prospekt erfährt man, ›dass eine Besichtigung des ehemaligen Gefängnisses nur im Rahmen einer Führung möglich ist‹. Findet man sich zur festgesetzten Stunde dort ein und entrichtet drei Euro, bekommt man zunächst einen halbstündigen Film zu sehen, den der Leiter der Gedenkstätte, Hubertus Knabe, mitverfasst hat. Die Geschichte, die uns im abgedunkelten Vorführraum vermittelt wird, beginnt damit, dass 1945 die Sowjetarmee Berlin ›besetzt‹. Von Befreiung möchte Knabe nicht sprechen; er hat das in einem Buch ausgeführt, das man an der Kasse erwerben kann. Warum und wieso die Rote Armee Berlin besetzte, bleibt im Film unerwähnt. Wir hören nur, auf dem Gelände habe sich eine Großküche befunden. Keine näheren Angaben.

In zwei Sätzen des Films kommt schließlich doch noch das Regime vor, das bis 1945 in Deutschland bestanden hatte. Wir erfahren nämlich, dass nach dem Einmarsch der Sowjetarmee ›ehemalige KZs einfach weitergenutzt‹ worden seien – als wären die Art der Nutzung und der Zweck die gleichen geblieben. Und dass später das Ministerium für Staatssicherheit 91.000 Hauptamtliche beschäftigt habe, vorher die Gestapo dagegen nur 7.000 – ein schräger, unseriöser Vergleich, der aber seine Wirkung tut.

Was sich einprägt, ist die Botschaft, die diese Gedenkstätte insgesamt suggeriert: Das Schlimmste in der Geschichte war der Kommunismus, dagegen verblasst alles andere. Von ›Zehntausenden unschuldiger Opfer der kommunistischen

Diktatur‹ spricht der Film. Die Möglichkeit, dass Schuldige hier eingesessen haben, bleibt außerhalb der Vorstellung.

Die Führung übernimmt ein Beschäftigter der Gedenkstätte namens Ehlert, der von sich sagt, dass er selber in der DDR leicht ein Verfolgter hätte werden können. ›Die Sowjets‹, weiß er, ›waren ja für ihre Brutalität bekannt‹.

Ganz so schlimm war es nach seiner Darstellung in der DDR nicht. Er nennt sie einen ›Saftladen‹. [...] Im Gefängnisgebäude zeigt Ehlert drei Zellen, in denen Häftlinge mit Wasser gefoltert worden seien. Man habe die Zellen nach Angaben eines an ihrem Bau beteiligten Gefangenen rekonstruiert. Ich frage, ob es ehemalige Häftlinge gebe, die über diese Folter berichtet hätten. Ehlert antwortet, man müsse noch viele Akten durcharbeiten. Dann spricht er von dem verstorbenen Ex-Häftling Jürgen Fuchs, der überzeugt gewesen sei, dass ›die Stasi‹ ihm Radioaktivität zugefügt und dadurch seinen Blutkrebs verursacht habe. Zwei andere zeitweilige Häftlinge, Rudolf Bahro und Gerulf Pannach, seien ebenfalls an Blutkrebs gestorben. Bahros Doktorarbeit sei »radioaktiv markiert« worden.

Ich frage: Wer hat Bahros Doktorarbeit radioaktiv markiert und wann, vor oder nach der Abgabe?

Ehlert: ›Lothar Bisky hat die Arbeit ans Ministerium für Staatssicherheit weitergegeben. [...]

Die Schriftstellerin Daniela Dahn, die Bundestagsabgeordnete Ulla Jelpke und eine Studentin aus New York, mit denen ich mich zu diesem Besuch verabredet hatte, hätten wie ich noch manche Fragen, aber von unserem Führer kommen nur Antworten wie ›Das ist ein weites Thema‹, ›Es hat sich immer geändert‹, ›Das pfeifen die Spatzen von den Dächern‹. [...] Nachher erzählt Daniela Dahn, dass ihr Vater, Karl-Heinz Gerstner, der im antifaschistischen Widerstand aktiv gewesen war, 1945 aufgrund einer Denunziation einige Monate hier gesessen hat – mit hochrangigen Funktionären des Nazi-Regimes, die keinerlei Einsicht zeigten. In seinen Lebenserinnerungen[29] hat er diese Erlebnisse ausführlich geschildert und auch über Vernehmungsmethoden sowjetischer Offiziere berichtet, die ihn empörten. Aber gefoltert wurde niemand. Ein wichtiger Zeitzeugenbericht – der aber schwerlich in das Bild passt, das Direktor Knabe hier vermitteln will.

Von den schwerstkriminellen Nazis als ersten Insassen dieses Gefängnisses nach der Befreiung Berlins erfahren die Besucher dieser Gedenkstätte, für die der Bund und das Land Berlin jährlich Millionenbeträge aufwenden, nichts. Stattdessen viel dümmliche antikommunistische Propaganda.

Aber gab es nicht wirklich schlimme Willkür in Erich Mielkes Machtbereich? Die Entführung militanter Gegner des sozialistischen Aufbaus in den 50er und frühen 60er Jahren, beispielsweise, gehört zu den Methoden, die man sich nicht zurückwünscht. Sinnvoll, realistisch könnten sie nur in einem Museum des Kalten Krieges dargestellt werden, das auch den westlichen Terror gegen die DDR, die vielfältigen Methoden zur Bekämpfung sozialistischer Ansätze thematisiert. So aber, wie Geschichte hier zugerichtet wird, dient sie nur der Desinformation. [...] Historische Aufklärung müsste gerade umgekehrt den Blick weiten und uns für heutige Bedrohungen der Menschenrechte sensibilisieren. Also schließen! Schleunigst! Schulklassen fernhalten! Oder könnte man aus diesem Gelände vielleicht doch etwas Nützliches machen? Als erstes müsste man – wie allgemein üblich – die Gedenkstätte Hohenschönhausen nach wissenschaftlichen Kriterien evaluieren. Und klären, welche Befähigungen jemand braucht, der hier künftig Direktor sein könnte.«[30]

Getrübte Linse

Zur Praxis von Stiftungen und vergleichbaren Einrichtungen gehört die Vergabe von Preisen. Damit liefert man Anlässe für werbende Nachrichten in den Medien. Diesen Spielregeln folgt auch Hohenschönhausen. Der Förderverein der »Stiftung Gedenkstätte Berlin-Hohenschönhausen« lobte 2007 einen Preis für Verdienste um die Aufarbeitung der SED-Diktatur aus, den sie mit 5.000 Euro dotierte.

Nun hätte man beispielsweise den Preis nach dem Leiter der »Gedenkstätte« benennen können, doch ein »Knabe-Preis« weckt bei dem Unkundigen vielleicht falsche Assoziationen. Man entschied sich für Walter Linse, nach dem bereits eine Straße in Berlin-Lichterfelde benannt wurde, nämlich die ursprüngliche Gerichtsstraße, in der er 1952 von der »Stasi« gekidnappt und von dieser den Russen übergeben worden war. Linse wurde von einem sowjetischen Militärgericht in Moskau zum Tode verurteilt und am 23. Dezember 1953 erschossen. Ein Märtyrer also und darum aller Ehren wert, das ein solcher Preis nach ihm benannt wurde.

Allerdings passierte dann ein Betriebsunfall.

Die Stiftung Sächsische Gedenkstätten hatte recherchiert, dass der 1903 in Chemnitz geborene Linse zwar eine saubere antikommunistische Weste hatte, doch darauf fanden sich unerwartet ein paar braune Flecken. Der promovierte Jurist Linse war nicht nur Mitglied der NSDAP, sondern als Referent der Industrie- und Handelskammer (IHK) in Chemnitz seit September 1938 auch für die »Bearbeitung von Entjudungsvorgängen« verantwortlich. Bis 1941 besorgte er die Arisierung jüdischer Gewerbebetriebe im Bezirk Chemnitz. Nach dem Abschluss der Arisierung übernahm Linse auch Aufgaben im Rahmen des »totalen Kriegseinsatzes« bei der Koordinierung von jüdischer Zwangsarbeit. Linses Referat IIIe blieb bis 1945 für alle »Judenangelegenheiten« in der IHK Chemnitz zuständig.

Nach dem Krieg war Linse nicht nur Mitglied der LDP, sondern auch Hauptgeschäftsführer der IHK Chemnitz geworden. Das blieb er bis Juni 1949, dann setzte er sich in den Westen ab. Bei der Entnazifizierung von steuer- und wirtschaftsberatenden Freiberuflern hatte er sich recht großzügig verhalten: Er vergab Persilscheine auch an Personen, die noch weit mehr als er selbst belastet waren.

Nach seiner Flucht nach Westberlin bekam Linse eine Arbeit beim militanten UfJ und stieg schon bald zum Leiter der Wirtschaftsabteilung auf. Als er aus dem Verkehr gezogen wurde, bereitete er einen Internationalen Juristenkongress vor. »Zermürbt von den Verhören, bekannte sich Linse gegenüber den Vernehmern der Spionage und Subversion gegen die DDR für schuldig. Am 23. September 1953 wurde er von einem sowjetischen Militärgericht wegen Spionage, antisowjetischer Propaganda und Bildung einer antisowjetischen Organisation zum Tode verurteilt«, heißt es unter *Wikipedia*.

Dieser Linse also war, wie nunmehr offenbar wurde, nicht

nur Opfer der Kommunisten, sondern auch Täter bei den Nazis. Zwar versuchten die Sachsen ihm noch eine antifaschistische Widerstandskarriere anzudichten[31], aber der öffentliche Unmut über die Namenswahl für diesen Preis war nicht mehr zu überhören und auch nicht zu deckeln. Selbst Martin Gutzeit, Berliner Landesbeauftragter für die Unterlagen des Staatssicherheitsdienstes der ehemaligen DDR, wandte sich an den Vorsitzenden des Fördervereins und meldete Bedenken an. Das trug ihm Schelte ein. Der Vorsitzende des Fördervereins, Jörg Kürschner, erklärte, Gutzeit habe einen »medialen Totschlag« an Linse verübt.

Unter dem Druck der Öffentlichkeit setzte der Verein im August 2007 das Auslobungsverfahren für den Preis aus.

Eine Expertise, die Gutzeit bei Dr. Klaus Bästlein, Mitarbeiter der Gedenkstätte Deutscher Widerstand in Berlin, zur Rolle Linses »unter der NS-Herrschaft und in den Nachkriegsjahren bis 1949« in Auftrag gegeben hatte, förderte viel Bemerkenswertes und Belastendes zutage. Der Mann war völlig indiskutabel.[32]

Der Förderverein gab sich jedoch noch nicht geschlagen. Er verschob die erste Preisverleihung auf 2008 und erbat beim Institut für Zeitgeschichte in München und Berlin ein weiteres Gutachten. Das Institut teilte mit, dass eine kurzfristige Begutachtung der Rolle Linses aufgrund der komplizierten Aktenlage kaum möglich sei. Eine Untersuchung könne sich nicht auf die Tätigkeit Linses beschränken, sondern müsse auch ausloten, welche Rolle die IHK Chemnitz insgesamt gespielt habe. »Offen bleibt dabei selbstverständlich, welche Beurteilung das Verhalten Linses abschließend erhält«, hieß es in einem Schreiben des Instituts.[33]

Der Förderverein musste Linse schließlich als Namensgeber fallen lassen.

Zu Methoden der Untersuchung von Straftaten durch das Untersuchungsorgan des MfS

Nur wenige Untersuchungsführer und Beschuldigte aus der Anfangszeit des MfS leben noch. Geblieben sind aus jener Zeit Belege zu Taten und Tätern, mit denen sich die erste Generation von Untersuchungsführern zu befassen hatte. Es ging vorrangig um Mord, Gewaltandrohungen und Terror, Sprengstoffanschläge, Sabotage in Industrie und Landwirtschaft sowie im Verkehrswesen, Vergiftung von Nahrungs- und Futtermitteln, Brandstiftungen und massenweise Spionage.

Als Auftraggeber und Hintermänner traten – neben den Geheimdiensten der westlichen Alliierten und der BRD selbst – allgemein bekannte Organisationen sowie die Ostbüros der etablierten Parteien und Gewerkschaften in Erscheinung, die von Geheimdiensten finanziert und gesteuert wurden und eigene Ziele verfolgten.

Die Täter waren mehrheitlich ehemals aktive Nazis, antikommunistisch motivierte Personen und eindeutig kriminelle Elemente.

Die eingesetzten Untersuchungsführer und die Mitarbeiter im Justizwesen verfügten kaum über Erfahrungen im Umgang mit solchen Tätern. Oberste Gesetze waren die meist unscharf formulierten Direktiven der Besatzungsmächte, die in der DDR erst 1955 aufgehoben wurden. An deren Stelle trat Art. 6 der Verfassung der DDR, welcher 1957 durch differenzierende Bestimmungen des Strafrechtsergänzungsgesetzes (StEG) in Bezug auf Staatsverrat, Spionage, staatsgefährdende Gewaltakte, staatsgefährdende Propaganda und Hetze, Verleitung zum Verlassen der DDR, Diversion, Schädlingstätigkeit und Sabotage etc. präzisiert wurde.

Wesentlichen Einfluss auf die Tätigkeit des Untersuchungsorgans hatten in der Anfangszeit die sowjetischen Berater. Der reichte bis zur Arbeitszeitgestaltung. Für eine Einschätzung des Wirkens der sowjetischen Berater liegt kein ausreichendes Quellenmateriali vor. Deshalb kann die nachfolgende Einzelbewertung nicht als generelle und abschließende Einschätzung angesehen werden.

Rolf Boller[34] nahm 1953 seine Tätigkeit in der Abteilung IX in Erfurt auf. »Nicht nur der Abteilungsleiter las jedes einzelne Protokoll. Die Abteilung IX hatte wie jede andere Diensteinheit bis etwa 1963 einen sowjetischen Instrukteur, die Bezeichnung änderte sich später in ›Berater‹ und noch später in ›Freund‹. Also, der beratende, befreundete Instrukteur las ebenfalls die Vernehmungsprotokolle und leitete hiervon Fragen an die Vernehmer ab.

Die Arbeitszeit war völlig den Gepflogenheiten der sowjetischen Dienststellen während und nach dem Kriege angeglichen, begann also um 10 Uhr, Mittagspause war gegen 14 Uhr, von 17 bis 20 Uhr wurde unterbrochen, dann ging es noch einmal offiziell bis 23 Uhr. Ohne einen triftigen Grund erlaubte sich kaum ein Mitarbeiter, schon 23 Uhr die Dienststelle zu verlassen.

Besonders unbeliebt war es, zum sowjetischen Berater befohlen zu werden, schon wegen der Zeit. Häufig kam dieser erst gegen 23 Uhr und ließ mitteilen, wen er heute sprechen wollte. Das konnte dann gegen 1 Uhr des Nachts sein.

Mit größter Pedanterie wies der Oberst auf kleinste Formfehler in Protokollen und anderen Dokumenten hin.

Hauptsächlich konzentrierte er sich auf Widersprüche zwischen Beweismitteln, also zum Beispiel zwischen Hausdurchsuchungsmaterialien und Aussagen, und verlangte hier eine Übereinstimmung herzustellen. Entsprechende Vorhalte von Notizen, Gegenständen, Zeugenaussagen müssten genau protokolliert werden, um das Zustandekommen einer Häftlingsaussage nachvollziehen zu können usw.

Die Unterweisungen entbehrten häufig auch nicht der Komik. Einem zur Abteilung IX kommandierten Mitarbeiter mit fehlenden Erfahrungen hielt ein Berater vor, geschrieben zu haben: ›Hat Ihnen der Heilige Geist diese Notiz auf den Schreibtisch gelegt?‹ Aber Genosse, es gibt doch keinen Heiligen Geist! Also protokollieren Sie exakt: ›Ihnen wird ein auf Ihrem Schreibtisch sichergestellter Notizzettel vorgelegt. Äußern Sie sich zu dessen Inhalt!‹

Damals erschienen mir diese Instruktionen zwar oft lästig, aber immer als Ausdruck des Bemühens, uns unerfahrenen Untersuchungsführern die Einhaltung der Strafprozessordnung und der dienstlichen Bestimmungen beizubringen.«

Rolf Boller berichtet auch, wie 1953 ein Mitarbeiter der Linie IX Erfurt wegen gewalttätiger Übergriffe gegen Untersuchungsgefangene zu einer mehrjährigen Freiheitsstrafe verurteilt wurde und diese auch verbüßte.

In zunehmendem Maße erkannten die Untersuchungsführer, dass die strafprozessualen Vorschriften eher eine Hilfe als eine Behinderung für ihre Tätigkeit waren. Sie mussten nicht mehr angehalten werden, diese in ihrer täglichen Arbeit zu nutzen. Das galt insbesondere auch für die Einhaltung der Rechte der Beschuldigten im Ermittlungsverfahren.[35]

Dies trug nicht unwesentlich zur Herstellung einer sachlichen Atmosphäre bei den Ermittlungen bei.

Inhaftierte DDR-Bürger waren automatisch kranken- und rentenversichert. Das ist der Erwähnung wert, weil das in der BRD zu keiner Zeit so war und auch heute nicht ist. Inhaftierte Bürger hatten hierzulande Anspruch auf eine kostenlose medizinische Behandlung.

Diverse westliche, vorrangig US-amerikanische Studien und Leitlinien über physische und psychische Folter zur Erzielung von Geständnissen waren Untersuchungsführern des MfS unbekannt, ebenso andere Theorien und Lehren. Ihre Ausbildung erfolgte bis Mitte der 60er Jahre in der Praxis. Dabei wurde ihnen auch vermittelt, das Täter Menschen sind. Nicht wenige von ihnen waren missbraucht oder verführt worden. Später wurde bei Neueinstellungen Wert auf eine abgeschlossene juristische oder kriminalistische Hochschulbildung gelegt, welche jedoch ebenfalls eine Einarbeitung in die Spezifik der Untersuchungsarbeit erforderte. In der Praxis gewachsene Untersuchungsführer absolvierten ein Fernstudium an verschiedenen Bildungseinrichtungen, nicht nur an der Hochschule des MfS.

Über die Spezifik der Untersuchungsarbeit sind in Ost und West wissenschaftliche Abhandlungen und Bücher geschrieben worden, die hier nicht diskutiert werden sollen. Jede Straftat ist eine komplizierte und vielseitige Erscheinung. Kein Augenzeuge oder ein einzelner Sachbeweis kann alle ihre Elemente – wie Vorbereitung, Absprachen von Teilnehmern, die Motive, Zusammenhänge zwischen Tathandlungen und Ergebnis sowie Ursachen und Bedingungen, welche die Begehung begünstigt haben – wahrnehmen bzw. widerspiegeln. Je komplizierter die Tat (zeitliche Dauer, Anzahl der Täter, Auswirkungen etc.), umso umfassender und vielschichtiger die erforderlichen Ermittlungen.

Bei den Delikten, für die das Untersuchungsorgan des MfS zuständig war, erfolgte – abgesehen von Ereignissen »auf frischer Tat« – ein wesentlicher Teil der Ermittlungen zur Klärung eines Ausgangsverdachtes auf eine Straftat durch die operativen Diensteinheiten des MfS. Erst wenn ein solcher aus Sicht der zuständigen Diensteinheit gegeben schien, war es Aufgabe des Untersuchungsorgans, die Stichhaltigkeit des Verdachtes zu prüfen. In Abhängigkeit vom Ergebnis einer solchen Prüfung wurde über die Einleitung eines Ermittlungsverfahrens entschieden. Den Untersuchungsführern standen die operativen Ermittlungsergebnisse als Grundlage für die Planung aller erforderlichen Untersuchungsmaßnahmen zur Verfügung.

Unbeschadet dieser Bedingungen umfasste die Spezifik der Tätigkeit eines Untersuchungsführers eine Vielzahl objektiver und subjektiver Elemente. Genannt seien hier nur:

- das Phänomen, dass Aussagen von Zeugen zum gleichen Sachverhalt extrem voneinander abweichen oder sich sogar widersprechen konnten;
- dass ein Beschuldigter das Verhalten des Untersuchungsführers (Unmut, freudige Erwartung oder Zufriedenheit) als Signale für sein Aussageverhalten werten kann;
- dass falsche Fragen (Suggestivfragen) den Beweiswert eines Geständnisses annullieren können.

Von der Fähigkeit und Bereitschaft eines Untersuchungsführers, eigenes Denken und Handeln kritisch zu prüfen und sachlich gegenüber verdächtigten Personen aufzutreten, hing die Objektivität der Ergebnisse der Ermittlungen ab.

Das erklärt aber noch nicht, warum in der Mehrzahl aller Ermittlungsverfahren, insbesondere auch gegen Bürger der BRD und Westberlins, ein positives Aussageverhalten zu verzeichnen war. Mitarbeiter der Ständigen Vertretung der BRD in der DDR versuchten in Gesprächen mit Peter Pfütze, verantwortlich für Organisation und Durchführung der Besuche diplomatischer Vertreter bei inhaftierten Bürgern ihrer Staaten, wiederholt Informationen dazu zu erlangen.[36] Die Antwort war relativ einfach, wenn auch für Bürger aus den alten Bundesländern nur schwer zu verstehen, da sie ja im Bewusstsein lebten (und leben), alles, was über die DDR und das MfS in ihren Medien berichtet wurde, sei die Wahrheit.

Die auf diese Weise verbreiteten Gräuelmärchen über Folter und Erpressung sowie weiterer Schandtaten durch das MfS erzeugten Voreingenommenheit und Ängste bei den Beschuldigten – auch bei denen aus der DDR, die ja über westdeutsche Fernsehkanäle das vermeintlich wahre DDR-Bild empfangen hatten.

Sachliche Gespräche, in denen sie Fragen stellen und Argumente zu ihrer Entlastung vorbringen konnten, schienen für die meisten Beschuldigten bis zur ersten Konfrontation mit den Untersuchungsführern nicht möglich.

Generell gab es bei politischen Dissidenten auch keine Versuche, sie politisch zu beeinflussen. Es war üblich, bei den Vernehmungsgesprächen Getränke zu reichen und den Beschuldigten das Rauchen zu gestatten. Soweit existent wurden Beschuldigte auch mit Adels- oder akademischen Titeln angesprochen.

Die Untersuchungsführer waren angewiesen, auf persönliche Probleme einzugehen und sich daraus ergebenden Handlungsbedarf, z. B. zur Sicherung des Eigentums Beschuldigter oder der Erteilung von Vollmachten an Familienangehörige, unverzüglich dem Staatsanwalt zu melden.

Erlebten die Beschuldigten ein sachliches Verhalten von Untersuchungsführern des MfS, was sie zunächst überraschte, förderte das die Bereitschaft, freiwillig auszusagen. Auch wenn abweichend dazu »Zeitzeugen« in den »Gedenkstätten« behaupten, dass angeblich nachgeholfen wurde. Das hatten wir nicht nötig. Vor allem aber entsprach es weder der Gesetzlichkeit noch dem humanistischen Charakter der sozialistischen Gesellschaft.

Ein weiterer Aspekt war die systematische Vertiefung der Sachkenntnis der Untersuchungsführer über Arbeitsweise und Methoden von Einrichtungen, Organisationen und Auftraggebern im westlichen Lager, die es ihnen ermöglichte, gegebene Sachverhalte analytisch einzuordnen und daraus sachbezogene Fragen abzuleiten. Nicht selten entstand dadurch bei Beschuldigten der Eindruck, dem Untersuchungsorgan seien alle Details ihres strafbaren Handelns bekannt, und Leugnen wäre deshalb sinnlos.

Unterschiede im methodischen Herangehen an die Ermittlungen wurden durch die Persönlichkeit der Beschuldigten bestimmt. Sicher verständlich, dass es zwischen Dissidenten wie Rudolf Bahro, hochkarätigen Wirtschaftsschädlingen und Spionen, aus wirtschaftlichen Erwägungen zum Verlassen ihres Staates entschlossenen DDR-Bürgern und kriminellen – zum Teil drogensüchtigen – Menschenhändlern gravierende Unterschiede gab. War es möglich, sich mit einem Großteil der Beschuldigten auf intellektueller Ebene auseinander zu setzen, bedurfte es etwa bei Kriminellen mit Knasterfahrung einer anderen Ansage. Mitunter musste man sich in ihrem Jargon verständigen, um überhaupt verstanden zu werden.

Das methodische Vorgehen entwickelte sich mit den Erfahrungen und der Persönlichkeit des mit den Ermittlungen beauftragten Untersuchungsführers. Es war darum völlig verfehlt, Erfahrungen einzelner Untersuchungsführer oder einer Untersuchungsabteilung der HA IX zur Richtschnur und allgemein gültigen Lehre zu erklären. Das geschah nicht.

In einzelnen Fällen kann es zu Abweichungen von den vernehmungstaktischen Grundsätzen gekommen sein, ohne dass jedoch grobes Fehlverhalten im Sinne von physischer oder psychischer Folter aufgetreten ist, wie es dem Untersuchungsorgan des MfS heute als generelle Methode zur Erzielung von Geständnissen unterstellt wird.

Die Bearbeitungsdauer von Ermittlungsverfahren durch die Linie IX (Abteilungen IX der Bezirksverwaltungen eingeschlossen) betrug 1988 bei 52 Prozent der Ermittlungsverfahren bis zu einem Monat, bei 43 Prozent bis zu zwei Monaten und bei drei Prozent der EV bis zu drei Monaten. Nur jedes 50. Verfahren dauerte länger als ein Vierteljahr, ehe es abgeschlossen werden konnte. Auch in den Vorjahren war die überwiegende Zahl der EV innerhalb von maximal zwei Monaten abgeschlossen worden (1987: 91 Prozent, 1986: 87 Prozent).[37] So gesehen reichte für die behauptete psychische Zermürbung nicht einmal die Zeit.

Vergleicht man diese Fristen mit der Dauer der Ermittlungen gegen ehemalige Mitarbeiter des MfS und andere DDR-Bürger durch die bundesdeutsche Justiz nach 1990, scheint bei einer Untersuchungshaft bis zu 24 Monaten die Annahme absichtlicher Zeitverschleppung mit dem Ziel einer psychischen Zermürbung eher begründet.

Es ist menschlich verständlich, wenn ehemalige Untersuchungshäftlinge unter dem Einfluss heutiger Hexenjagden und gesetzter materieller Anreize ihr damaliges Aussageverhalten und ihre Behandlung während der U-Haft beim MfS anders darstellen. Auch gibt es ehemalige Beschuldigte, deren Falschdarstellungen durch antikommunistische Einstellung motiviert sind. Mit den tatsächlichen Bedingungen ihrer Untersuchungshaft hat dies nichts gemein.

Anmerkungen

1 *www. Stiftung-hsh. de*
2 Ebenda, Die Gedenkstätte.
3 Ebenda, Rubrik Forschung.
4 Anatomie der Staatssicherheit. Geschichte, Struktur und Methoden, MfS-Handbuch, Teil III/9.
5 *Der Spiegel* 45/2008, S. 176.
6 *www. Stiftung-hsh. de*, Zeitzeugen.
7 Ebenda, berechnet aus dem »Opferprofil« von 28 Zeitzeugen.
8 Vgl. *Information* Nr. 7/2005, Gesellschaft zur rechtlichen und humanitären Unterstützung e. V. (GRH).
9 Vgl. Die Sicherheit, edition ost, Berlin 2002, Bd. 2, S. 500
10 Vgl. Siegfried Wenzel, Was kostet die Wiedervereinigung?, Das Neue Berlin, 2003, S. 104 ff
11 Vgl. *Information* Nr. 7/2005, Gesellschaft zur rechtlichen und humanitären Unterstützung e. V.
12 Vgl. Hannes Sieberer und Herbert Kierstein, Verheizt und vergessen, edition ost, Berlin 2005, S. 160ff.
13 Jürgen Fuchs (1950-1999) studierte Sozialpsychologie an der Friedrich-SchillerUniversität Jena, trat 1973 der SED bei, aus der er ausgeschlossen wurde. Wie auch für die Exmatrikulation seien dafür seine systemkritische Lyrik- und Prosatexte der Grund gewesen, heißt es in einschlägigen Darstellungen. »In Jena hatte Jürgen Fuchs die Psychologiestudentin Lieselotte kennengelernt, sie heirateten 1974. 1975 kam ihre Tochter Lili zur Welt. Nach seiner politischen Exmatrikulation am 17. Juni 1975 zog die Familie in das Gartenhaus von Katja und Robert Havemann nach Grünheide bei Berlin. Er arbeitete in einer kirchlichen Sozialeinrichtung. Nach Protesten gegen die Ausbürgerung von Wolf Biermann wurde Jürgen Fuchs am 19. November 1976 verhaftet, zwei Tage vor Gerulf Pannach und Christian Kunert, deren Band Renft im Herbst 1975 verboten worden war. Nach neun Monaten Haft im Gefängnis des MfS in Berlin-Hohenschönhausen und internationalen Protesten wurden Pannach, Fuchs und Kunert unter Androhung langer Haftstrafen zur Ausreise gezwungen und nach West-Berlin entlassen«, heißt es bei *Wikipedia*. »Seit dem Fall der

Mauer bemühte sich Jürgen Fuchs besonders um die Aufklärung der Verbrechen des MfS. Er arbeitete zeitweilig im Bereich Bildung und Forschung des Beauftragten für die Unterlagen des Staatssicherheitsdienstes der ehemaligen DDR (BStU), dessen Beirat er 1997 aus Protest gegen die Beschäftigung ehemaliger Stasi-Mitarbeiter verließ«, liest man weiter im Internet. »Aufsehen und Kritik erregte Jürgen Fuchs, als er im Dezember 1991 das, was die Staatssicherheit mit politischer Haft und ›Zersetzungsmaßnahmen‹ gegen wenigstens sechs Millionen Menschen in der DDR bewirkt hatte, mit dem Begriff ›Auschwitz in den Seelen‹ bezeichnete. […] Fuchs starb 1999 an Leukämie. Sein krankheitsbedingter Tod nährte den Verdacht, er sei als Häftling des MfS vorsätzlich Gammastrahlen ausgesetzt worden.«

14 Michael Beleites, Die Entstehung eines Verdachts, auf *www.Havemann-gesellschaft.de/info10.*

15 Befragt wurden Adolf Neudert und Karl Nimmrich aus Gera.

16 Vgl. Foto in *Der Spiegel* 20/1999, S. 42.

17 Information der Gedenkstätte Berlin-Hohenschönhausen mit der Überschrift: Gefangenensammeltransportwaggon (GSTW) der Deutschen Reichsbahn Typ Halberstadt, Baujahr 1981 Länge: 26,40 m, B: 2,83 m, H: 4,20 m, Gewicht: 43 Tonnen.

18 Recherchiert von Horst Schneider, Dresden, veröffentlicht unter: Bubenstück »Grotewohl-Express«, in *RotFuchs* 7/2004.

19 Eckart Spoo, Was man in Hohenschönhausen lernt, *Ossietzky* 22/2006

20 Vgl. Die Sicherheit, edition ost, Berlin 2002, Bd. 2, S. 509.

21 vgl. *Bild* vom 13. September 2008; *Berliner Woche* 24. September 2008; *Berliner Abendblatt* Nr. 37; *einestages.spiegel.de/static/document/21855/das_stasi_haftkrankenhaus.html?*; *tagesspiegel.de/berlin/Hohenschoenhausen-Stasi; art 270,2613477; planet-schule.de/wissenspool/bg0077/orte_des.../das_stasi_gefaengnis_*

22 Vgl. Robert Allertz, Im Visier die DDR. Eine Chronik, edition ost, Berlin 2003; Herbert Kierstein (Hrsg.), Heiße Schlachten im Kalten Krieg, edition ost, Berlin 2008.

23 Peter Florin: Beide Staaten auf dem Wege in die Vereinten Nationen, in: Zwei Staaten. Zwei Paktsysteme und ihre Grenze. Geschichte – Standpunkte – Dokumente. Berlin 1992, S. 13.

24 Vgl. Erklärung des Willy-Brandt-Kreises zum künftigen Umgang mit den Unterlagen des MfS, Februar 2005.

25 Vgl. Die Sicherheit, edition ost, Berlin 2002, Bd. 2, S. 221.

26 *www.bildungszentrum-weissacher-tal.de* (2007).

27 Vorwort zu: Horst Schneider, Das Gruselkabinett des Dr. Hubertus Knabe(lari), spotless Verlag, Berlin 2005.

28 *Neues Deutschland*, 2. Mai 2008.

29 Karl-Heinz Gerstner: Sachlich, kritisch, optimistisch, edition ost, Berlin 1999.

30 Eckart Spoo, Was man in Hohenschönhausen lernt, *Ossietzky* 22/2006.

31 *FAZ.NET*, 14. Dezember 2008, Der doppelte Fall des Doktor Linse.

32 Dr. Klaus Bästlein, Kurzexpertise: Zur Rolle von Dr. Walter Linse unter der NS-Herrschaft und in den Nachkriegsjahren bis 1949; erstellt im Auftrag des Berliner Landesbeauftragten für die Unterlagen des Staatssicherheitsdienstes der ehemaligen DDR; Berlin, im September 2007.

33 *Berliner Morgenpost* vom 14. Dezember 2008; Walter-Linse-Preis wird umbenannt.

34 Von 1952 bis 1971 Mitarbeiter der Linie IX Erfurt, zuletzt deren Leiter.

35 Vgl. auch nachfolgende Bestimmungen der Strafprozessordnung der DDR: Wahrung verfassungsmäßiger Grundrechte (§ 3); Gleichheit der Bürger vor dem Gesetz (§ 5); Unantastbarkeit der Person (§ 6); Unvoreingenommene Untersuchungen, bei denen den Beschuldigten das Recht zur Mitwirkung zu gewähren war (§ 8); Aufgaben und Verantwortung des Staatsanwalts (§ 13); Stellung des Beschuldigten im Ermittlungsverfahren (§ 15); Beweisführungspflicht des Untersuchungsorgans (§ 22); Gerichts zulässige Beweismittel (§ 24); Sachverständigengutachten (§ 38); Körperliche Untersuchung (§ 44); Vernehmung von Beschuldigten (§ 47); Recht auf Verteidigung (§ 61); Aufsicht des Staatsanwalts über die Untersuchungsorgane (§ 89); Beschwerderecht Beschuldigter gegen Maßnahmen der Untersuchungsorgane oder des Staatsanwalts (§ 91); Umfang der Ermittlungen (§ 101); Bearbeitungsfristen im Ermittlungsverfahren (§ 103); Anfertigung eines Protokolls über alle beweisrechtlich relevanten Ermittlungshandlungen (§ 104); Bedingungen für die Vernehmung von Beschuldigten (§ 105); Anforderungen an den Inhalt eines Vernehmungsprotokolls (§ 106); Voraussetzungen für die Anordnung der Untersuchungshaft (§ 122); Verhaftung (§ 124); Vorläufige Festnahme (§ 125); Richterliche Vernehmung (§ 126).

36 Peter Pfütze, Besuchszeit, edition ost Berlin 2006, S. 61ff.

37 Vgl. Frank Joestel (Hrsg.): »Strafrechtliche Verfolgung politischer Gegner durch die Staatssicherheit im Jahre 1988«, BStU, Abteilung Bildung und Forschung, Dokumente, Reihe 1/2003.

Am 7. Mai 2004 fand in Berlin eine internationale wissenschaftliche Konferenz zum Thema »Spionage für den Frieden«
statt. Daran nahmen Historiker und Vertreter westlicher und
östlicher Geheimdienste wie der langjährige Mitarbeiter der
CIA Milton Bearden und der Vertreter der sowjetischen Aufklärung Oberst a. D. Witali Korotkow teil.

Milton Bearden erklärte in seinem Beitrag zu Aktivitäten
im Kalten Krieg: »Die Nachrichtendienste haben während der
Periode des Kalten Krieges ihre Rolle gespielt. Ehrlicherweise
muss die Rolle der Nachrichtendienste beider Seiten – lassen
Sie mich hinzufügen: aller Nachrichtendienste in Ost und
West – als Beitrag dazu gesehen werden, dass der 45 Jahre
dauernde Kalte Krieg kalt blieb und nicht heiß wurde.« Und
weiter: »In der Tat ist hier die Frage angebracht, wie sehr das
allgemeine Niveau des Verständnisses, das den Kalten Krieg
kalt hielt, durch die von der HV A unter Leitung von Markus
Wolf und später von Werner Großmann gesammelten nachrichtendienstlichen Erkenntnisse zusätzlich gefördert wurde.«[1]

Das Verdienst vieler Aufklärer des MfS und der Militärauf-
klärung lag nicht nur in der Beschaffung von Informationen
über das militärische Potenzial der NATO und deren Strategie, sondern auch in deren Bewertung einer unmittelbaren,
mittelbaren oder künftigen Gefahr für den Frieden bzw. in der
Relativierung solcher Gefährdungsanalysen. Der Versuch
objektiver und realistischer Einschätzungen trug so dazu bei,
das Kräfteverhältnis zutreffend zu beurteilen, Provokationen
und Zuspitzungen zu erkennen und zu beeinflussen und
Heißspornen auf beiden Seiten – auch auf der Seite der
Sowjetunion – entgegenzutreten.

Der Auskunft des Leiters der Abteilung Sowjetunion/Eu-
ropa der CIA, Milton Bearden, steht die Feststellung des Leiters der »Gedenkstätte« Berlin-Hohenschönhausen entgegen,
der behauptete, er habe noch nie ein Dokument gesehen, das
den Beitrag des MfS zur Erhaltung des Friedens beweise.

Dem Leser bleibt das Urteil über Korrektheit und Glaub-
haftigkeit beider Aussagen überlassen.

Der Beitrag des MfS zur Erhaltung des Friedens beschränkt sich jedoch nicht nur auf en Bereich Aufklärung. Auf jener Konferenz sprach der letzte Leiter des Amtes für Nationale Sicherheit der DDR, Dr. Wolfgang Schwanitz, zum Thema »Sicherung der DDR als Beitrag zur Sicherung des Friedens in Europa« und listete die Leistungen der Abwehr auf diesem Felde auf. Dass es im Kalten Krieg gelungen war, die durch Deutschland laufende Grenze der mit Atomwaffen hochgerüsteten mächtigsten Militärblöcke der Welt auch durch vielseitige Aktivitäten des MfS vor größeren Provokationen zu bewahren, ist bewiesen.

Zwangsläufig war das mit Einschränkungen und Belastungen der Menschen in beiden Teilen Deutschlands verbunden, insbesondere auch für die Bevölkerung der DDR hinsichtlich ihrer Bewegungs- und Reisefreiheit.

Neben der Gefahr des Ersteinsatzes von Atomwaffen durch beide Seiten, die bei einer Verschärfung der politischen und militärischen Situation im Kalten Krieg nicht auszuschließen war, gehörte die Stabilität oder Instabilität dieser Grenze zwischen den Systemen zu jenen neuralgischen Punkten, die für das mögliche Umschlagen des kalten in einen heißen Krieg besondere Bedeutung hatten.

Während der Wissenschaftlichen Konferenz am 17./18. November 2007 an der süddänischen Universität in Odense zum Thema »Hauptverwaltung A – Geschichte, Aufgaben, Einsichten« wurde die Frage gestellt, welche Rolle das MfS in der Entspannungspolitik gespielt habe und ob das MfS für sich in Anspruch nehmen könne, diesen Prozess befördert zu haben.[2] In diesem Zusammenhang wurde die Aussage Walter Ulbrichts zitiert, dass die friedliche Koexistenz eine Form des Klassenkampfes zwischen Kapitalismus und Sozialismus sei und die Entspannungspolitik die Konterrevolution auf Filzlatschen.

Die 60er Jahre waren durch eine weitere Zuspitzung des Kalten Krieges gekennzeichnet. Der Abschluss eines Friedensvertrages mit Deutschland war durch die unterschiedlichen Interessen der Großmächte in weite Ferne gerückt. NATO und Warschauer Pakt rüsteten auf. Die Kuba-Krise im Jahre 1962 führte an den Rand eines heißen Krieges. 1965 trat eine gefährliche internationale Zuspitzung durch das erhöhte Engagement der USA im Krieg gegen Nordvietnam ein.

Diese Ereignisse führten auch zu einer Verschärfung der Lage in Europa. Das Umschlagen des Kalten Krieges in einen heißen war auch hier nicht völlig auszuschließen. Dazu gab es nur eine Alternative: Abbau der Konfrontation, Minderung von Spannungen, Annäherung. Es war in der Führung des MfS in Aufklärung und Abwehr von vornherein klar, dass eine solche Politik parallel zu den absolut bestimmenden Interessen der Erhaltung des Friedens auch die Gewährleistung der Existenzsicherheit der DDR durch zunehmende Einflüsse von außen vor neue Aufgaben stellen wird.

Die DDR hat sich dafür entschieden, den Weg der Entspannung zu gehen. Die Wahl Willy Brandts 1969 zum Kanzler und seine im Widerstand zur CDU/CSU formulierte und praktizierte neue Ostpolitik, verbunden mit einer Politik des Wandels durch Annäherung, wurde nicht nur begrüßt, sondern aktiv unterstützt. Erinnert sei an den Beitrag des MfS, dass das von der CDU beantragte Konstruktive Misstrauensvotum gegen Brandt im Bundestag scheiterte. Rainer Barzel von der CDU, der am 27. April 1972 Kanzler werden sollte, erhielt nur 247 von 260 abgegebenen Stimmen, zur absoluten Mehrheit hätte er die sicher geglaubten 249 Stimmen benötigt. Es gab zehn Neinstimmen und drei Enthaltungen. Damit war das erste konstruktive Misstrauensvotum in der Geschichte der Bundesrepublik gescheitert. In einem späteren Interview (Dokumentation »Bonner Republik 1949-1974«) sagte Barzel: »Es fehlten mir 2 Stimmen. Heute weiß man, dass die Stasi da mitgewirkt hat.«[3]

Nach den Verhandlungen zwischen Brandt und Stoph in Erfurt und Kassel, die aber ohne Ergebnis blieben, schloss Bonn 1970 den Moskauer und den Warschauer Vertrag. 1971 signierten die Vier Mächte das Berlin-Abkommen, 1972 folgte der Grundlagenvertrag zwischen der BRD und der DDR, 1973 wurden beide Staaten in die UNO aufgenommen, 1974 kam es zur Eröffnung von Vertretungen beider Staaten in Bonn und Berlin.

Diese Entwicklung wurde durch das MfS nicht be- oder gar verhindert, sondern nachweislich befördert.

Freilich musste die zweite Seite dieser Entspannungspolitik, die Zunahme des Einflusses äußerer Faktoren auf die Existenz der DDR, ständig beachtet werden. Gerade dort häuften sich Fehlentscheidungen.

Es gehört zur Ironie der Geschichte, dass die DDR mit ihrer Friedenspolitik und durch die Unterstützung der Politik der Annäherung und des Wandels Freiraum für die von antikommunistischen Feindbildern bestimmte Politik der BRD und ihrer Verbündeten schuf. Das führte zu einer weiteren Zuspitzung der inneren Situation, auf die die SED-Führung jedoch nicht mit politischen Mitteln, sondern mit der Verschärfung repressiver Maßnahmen reagierte.

In diese wurde das MfS – entgegen seiner eigentlichen Bestimmung – in erheblichem Maße eingebunden. Die Konsequenzen dieser Fehlentscheidung reichen über das Ende der DDR hinaus und sind noch heute zu spüren.

Anmerkungen

1 »Spionage für den Frieden«, Konferenzreader, edition ost, Berlin 2004, S. 54.

2 »Hauptverwaltung A – Geschichte, Aufgaben, Einsichten«, Konferenzreader, edition ost, Berlin 2008, S. 51ff.

3 Vgl. *http://de.wikipedia.org/wiki/Misstrauensvotum*. »Nach der Auflösung der DDR stellte sich heraus, dass das Ministerium für Staatssicherheit (Stasi) der DDR an der Bestechung beteiligt war. Von dort aus war die Bestechung unter dem Decknamen ›Unternehmen Brandtschutz‹ in die Wege geleitet worden. Wer neben Julius Steiner (CDU) nicht für Barzel gestimmt hat, ist bis heute ungeklärt. Spekuliert wurde über die CSU-Abgeordneten Ingeborg Geisendörfer und Leo Wagner, die beide dementierten. Diese Version wurde von Journalisten der *Süddeutschen Zeitung* in einem Interview mit dem Ex-Geheimdienstchef der DDR, Markus Wolf, ins Gespräch gebracht, was dieser weder bestätigte noch dementierte. Im Jahre 1980 bestätigte der SPD-Fraktionsvorsitzende Herbert Wehner in einem Fernsehinterview indirekt, dass beim Misstrauensvotum 1972 auch Bestechung im Spiel war.

3. Strafverfolgung von Mitarbeitern des MfS

Bundeskanzler Konrad Adenauer verantwortete im September 1956 das Memorandum »Zur Frage der Wiederherstellung der deutschen Einheit«.

Darin hieß es unter Punkt 14: »Die Errichtung eines neuen Regierungssystems darf daher in keinem Teile Deutschlands zu einer politischen Verfolgung der Anhänger des alten Systems führen. Aus diesem Grunde sollte nach Auffassung der Bundesregierung dafür Sorge getragen werden, dass nach der Wiedervereinigung Deutschlands niemand wegen seiner politischen Gesinnung oder nur weil er in Behörden oder politischen Organisationen eines Teils tätig gewesen ist, verfolgt wird.«

Dieses Memorandum wurde am 7. September 1956 durch die Botschafter der Bundesrepublik in Moskau, Washington, Paris und London übergeben. Auch dort erinnerte man sich dieses Memorandums im Jahre 1990 nicht mehr.

Peter-Michael Diestel, Innenminister der DDR-Regierung von Lothar de Maizière, äußerte sich in einem Interview zu diesem Thema: »Wenn man sich die Geschichte des MfS ansieht, d. h. die gesamten 40 Jahre, dann gibt es in diesem ganzen Zeitraum wohl nur eine einzige schwerkriminelle, strafrechtlich relevante Handlung, neben all den Dingen, die ich politisch ablehne wie Diktatur, Mauerbau und dergleichen. Dieser eine Fall war der sogenannte Bulettenprozess, der Fall von Wolfgang Welsch[1]. In dem gab es, wie wir wissen, das Geständnis eines IM. [...]

Fest steht, daß zwischen den in den Medien behaupteten Verbrechen des MfS und den tatsächlich durch die Justiz nachgewiesenen Verbrechen eine Differenz klafft wie zwischen Schwarz und Weiß. Es heißt, daß es hier einen Geheimdienst gegeben hat, der sich nicht krimineller Mittel bedienen mußte. Mein Fazit lautet daher: Man hat die Arbeitsergebnisse des MfS nie ohne Vorverurteilung bewertet. Mein politisches Anliegen war dagegen von Anfang an, eine sachliche Bewertung zu erreichen. Und da gilt die juristische Bilanz: Ein Freispruch ist ein Freispruch. Ein Freispruch bedeutet: Es hat keine Straftat gegeben, keinen Mord, keinen Totschlag, keine Entführung. [...]

Richtig ist: Über das MfS sind jetzt elf Jahre lang Dreckkübel ausgegossen worden, obwohl selbst die brutalsten Vorwürfe wie im Fall Eigendorf[2] von der Justiz im Rahmen ihrer Möglichkeiten ausgeräumt wurden. Das hat zu einer völligen Verkennung des Widersinns geheimdienstlichen Wirkens geführt.

Das MfS arbeitete im Rahmen des Herrschaftssystems der DDR nicht aus eigener Machtvollkommenheit. Es hatte von der Führung der SED die klare Aufgabe, eine umfassende Informationsgewinnung für die Staatsführung zu gewährleisten. Das ist ihm gelungen. Auf Grund seiner guten Organisation und seiner fast unbegrenzten finanziellen und materiellen Möglichkeiten war das MfS in der Lage, nicht mit Mord, Totschlag oder Entführungen arbeiten zu müssen. [...]

Damit komme ich zu meinem Hauptanliegen. Ich habe 1990 den Vorschlag gemacht: Lasst uns diese 40 Jahre geheimdienstlicher Tätigkeit neutralisieren, indem wir sie offenlegen. Markus Wolf hat sich damals dazu bereit erklärt. Ich wollte, daß die geheimdienstliche Arbeit des Ostens wie des Westens auf den Tisch gelegt wird. Das sollte geschehen, damit die Menschen, die in diesen Geheimdiensten gearbeitet hatten, nicht kriminalisiert werden, auch nicht die MfS-Kundschafter im Westen. Dieses Verfahren hätte den großen Vorteil gehabt, daß man möglicherweise zu einer fairen historischen Betrachtung gekommen wäre, dass im neuen Deutschland auf die Verfolgung von Menschen verzichtet worden wäre, die in politischen Spannungsfeldern gearbeitet haben. Man hätte auf einige Leute in bestimmten Bereichen verzichten können, aber man hätte sie nicht gesellschaftlich aussperren müssen. Die Bereitschaft zur Offenlegung gab es im Osten. [...]

Es gab Gespräche – etwa von General Edgar Braun, der damals im Auflösungskomitee des MfS tätig war und in meinem Auftrag mit den entsprechenden Partnern im Westen sprach. […] Dass man von westlicher Seite, vielleicht auch, um die eigenen Reihen zu schützen, kleinlich gehandelt hat, ist betrüblich. […]

Das Wirken der Gauck-Behörde hat in den vergangenen zehn Jahren nicht in einem Fall zu einer den Vorwürfen entsprechenden Verurteilung geführt, d. h., die Gauck-Behörde hat ohne Effizienz, ohne einen gesellschaftlichen Nutzen Milliarden verschlungen. Das möglicherweise mit dieser Behörde Beabsichtigte hätte man nur mit dem Wissen der Bearbeiter, mit dem konstruktiven Einbringen der ehemaligen MfS-Verantwortlichen realisieren können. Also: Was war mit dem ›Bulettenprozess‹, was war mit Gartenschläger[3], welche Rolle hat Rechtsanwalt Professor Dr. Vogel als Vermittler gespielt?

Es gab das gesellschaftliche Bedürfnis, diese Dinge zu richten. Aber das ging nicht auf dem Weg der Kriminalisierung, denn Kriminalisierte verhalten sich gemäß der Strafprozessordnung, und das ist auch klug und vernünftig. Man ist aber allen Wegen zum gesellschaftlichen Ausgleich, zur Harmonisierung nach dem Beitritt nicht gefolgt. Man hat in keiner dieser Fragen Vernunft walten lassen.«[4]

Edgar Braun und andere ehemalige Generäle des MfS bestätigen, dass es Gespräche mit Beauftragten von Innenminister Schäuble gab, bei denen im ersten Schritt eine Lösung für die Kundschafter der HV A und inoffizielle Mitarbeiter der Spionageabwehr gefunden werden sollte, um sie vor Strafverfolgung und Kriminalisierung zu schützen.[5]

Andere Formen der Aufarbeitung von Vergangenheit wären also möglich gewesen und wurden in Vorschlag gebracht.

Tatsächlich brachte die Regierungskoalition von CDU/CSU und FDP im September 1990 einen entsprechenden Gesetzesentwurf im Bundestag der BRD ein.[6] Der Vorsitzende der SPD-Bundestagsfraktion, Hans-Jochen Vogel, kanzelte diesen Antrag als »Stasi-Amnestiegesetz« ab und trat damit eine Medienkampagne los, welche die »Stasi-Hysterie« anheizte und jeden weiteren Schritt in eine vernünftige Richtung unmöglich machte. Der SPD ging es in erster Linie wohl darum, den politischen Gegner im Vorfeld der ersten gesamtdeutschen Bundestagswahl im Dezember 1990 ins Abseits zu stellen. Sie hoffte auf Stimmen der »Opfer«. Geholfen hat dies der SPD nicht, die Regierungskoalition gewann die Wahl und zog es vor, der SPD keine weitere Munition zu liefern.

Der medial geschürte Verfolgungsrausch stützte sich auf die politischen Kräfte, die bei der Verteilung der Plätze an der Futterkrippe zu kurz kamen. Die »Bürgerbewegten« hatten fortan nur noch ein Thema, um sich ins Gespräch zu bringen und den politischen Gegnern mit der »Stasikeule« das Fürchten zu lehren. Die Menschenrechte und die Unverletzlichkeit der Würde jedes einzelnen Menschen sowie der gesellschaftliche Friede spielten fortan für sie keine Rolle nehr. Der Weg zum Kinkelschen Strafmodell war damit vorgezeichnet.

Entscheidende politische Kräfte setzten nunmehr auf die Karte der Delegitimierung der DDR und trieben die Opferlämmer zur Schlachtbank.

3.1 Politische Strafverfolgung von DDR-Bürgern im Überblick

Warum haben sich Vertreter der bundesdeutschen Justiz 1991 auf ein Abenteuer eingelassen, an dessen Ende eine eklatante Niederlage stand? Die juristischen Versuche zur Delegitimierung der DDR sind gescheitert.

Bei seinem pessimistischen Rückblick auf »10 Jahre Aufarbeitung des Staatsunrechts der DDR« konstatierte Generalstaatsanwalt Christoph Schaefgen, dass die Ergebnisse der intensiven Ermittlungen hinter den Erwartungen zurück geblieben sind.[7] Der Inhalt seiner Bilanz war wohl auch der Grund, weshalb dieser kaum Eingang in die meisten Blätter fand. Der Rechtsanwalt Friedrich Wolff stellt dazu fest: »Von den über 100.000 beschuldigten DDR-Bürgern wurden nach Schaefgen bis Anfang 1999 ›nur etwa 300 rechtskräftig verurteilt‹. Die Professoren Klaus Marxen und Gerhard Werle von der Humboldt-Universität zählten 289 Verurteilte. Von diesen 289 wurden 86 mit einer Geldstrafe, 184 mit einer Freiheitsstrafe auf Bewährung und 19 mit einer Freiheitsstrafe ohne Bewährung bestraft. Die Zahlen sprechen für sich. Keine Rede von Folter, Zwangsadoptionen, Einweisungen in die Psychiatrie. Nicht ein einziges Ermittlungsverfahren wegen dieser Vorwürfe nennt Schaefgen. Trotzdem wird immer wieder mit solchen Behauptungen argumentiert.

Die Frage, ob die 289 Verurteilungen rechtens waren, stellt niemand. Sie liegt außerhalb jeder Vorstellungskraft. Natürlich, denkt der deutsche Michel, waren sie rechtens, wo leben wir denn? Die BRD ist ein Rechtsstaat.

Tatsächlich waren die Urteile überwiegend oder sämtlich Unrechtsurteile.«[8]

Anzumerken ist, dass sich Wolff hier auf veröffentlichte Zwischenergebnisse aus 1999 bezieht. Nachfolgend werden die von Marxen et al.[8a] 2007 publizierten Zahlen verwendet.

Um die anfangs schleppende Entwicklung zu beschleunigen und bundesdeutsche Richter auf Kurs zu bringen, artikulierte Justizminister Klaus Kinkel auf dem 15. Deutschen Richtertag im September 1991 den politischen Willen der herrschenden Klasse: »Sie, meine Damen und Herren, haben als Richter und Staatsanwälte bei dem, was noch auf uns zukommt, eine ganz besondere Aufgabe. Ich weiß sehr wohl, dass die Gerichte nicht alles leisten können, was aufzuarbeiten ist. Aber einen wesentlichen Teil müssen Sie leisten, alternativlos. Ich baue auf die deutsche Justiz. Es muss gelingen, das SED-System zu delegitimieren.«

Damit waren die Hunde von der Leine gelassen. Gejagt wurde im Parteiapparat und der militärischen Führung der DDR sowie in den Bereichen Justiz, Wirtschaft, Wissenschaft, Kultur, Gesundheits- und Bildungswesen, Frauen- und Jugendpolitik, Ökologie und Sport. Mit besonderer Intensität ging man gegen Angehörige der Grenztruppen und des MfS vor. Man wollte so den Nachweis für die vermeintliche Unmenschlichkeit des Sozialismus in der DDR führen. Vergessen waren wesentliche Gebote korrekten juristischen Handelns. Etwa jene Grundsätze, dass ein Angeklagter solange als unschuldig gilt, solange ihm nicht eine Schuld nachgewiesen wurde. Oder dass man im Zweifelsfalle stets zu Gunsten des Angeklagten urteilt.

Doch das galt alles nicht. Noch bevor überhaupt ein Anfangstatverdacht begründet worden war, waren die Medien im Bilde und fällten ihr Urteil: schuldig! Allein in Sachsen traf das auf einige Zehntausend zu. »Chefankläger« Meinerzhagen

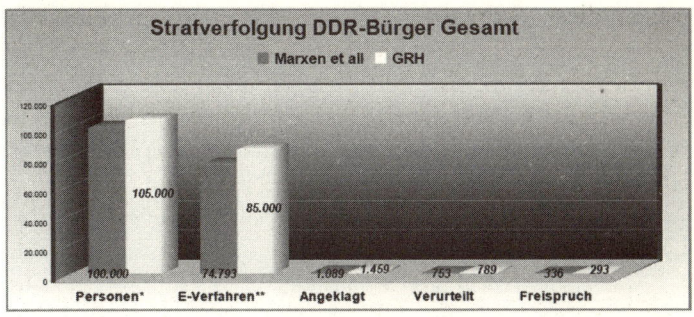

Die von Marxen et al. und die von der GRH ermittelten Zahlen im Vergleich

prophezeite 50.000 Verfahren.[9] Munition für Staatsanwälte und den medialen Volksgerichtshof lieferte die BStU. Allerdings bewiesen die Ermittlungsbehörden auch Phantasie. In sogenannten Dopingverfahren verschickten sie Hunderte von »Zeugenfragebögen« an Sportler der DDR, um »Opfer« ausfindig zu machen. Sie suchten nach den »Tätern«: Trainern, Ärzten und Betreuern.

Den Bemühungen, statistisch verwertbare Aussagen über die Strafverfolgungen zu gewinnen, sind noch immer Grenzen gesetzt, da es – angeblich – keine zentrale Gesamtübersicht gibt. Begründet wird dies u. a. mit der Zuständigkeit der Länder und den dort praktizierten verschiedenen Methoden der Erfassung. Föderalismus hin oder her: Vergleicht man diese Ausrede mit den stabsmäßig organisierten Jagdkommandos in den neuen Bundesländern fällt es schwer nachzuvollziehen, weshalb die Erfassung der Ergebnisse der von Justizminister Kinkel erteilten Order zur Delegitimierung der DDR derart schwer sein soll.

Der Verdacht liegt nahe, dass man es einfach nicht will.

Die Stiftung zur Aufarbeitung der SED-Diktatur hat 2007 Zahlen von Marxen et al. herausgegeben, die – noch immer unvollständig – sicher nicht verdächtigt werden können, zu Gunsten der DDR geschönt zu sein.[10] Parallel hat die Gesellschaft zur Rechtlichen und Humanitären Unterstützung e. V. (GRH) unter schwierigeren Bedingungen Zahlen ermittelt und publiziert.[11] Die in der Grafik oben von Marxen et al.

angegebenen Zahlen sind hochgerechnet, da es in einzelnen Verfahren mehrere Beschuldigte gab. Bei Marxen et al. handelte es sich um Zirka-Zahlen; bei GRH sind hier noch 3.000 Bürger aus den alten Bundesländern enthalten, die in allen anderen übernommenen Zahlen keine Rolle spielen. Beide Erhebungen gleichen sich im Grunde.

3.2 MfS-Straftaten – Zahlen und Fakten

Die Fokussierung auf das MfS spiegelte sich auch im ersten Angriff der Verfolgungsbehörden wider. Am 3. Oktober 1990, dem Tag des Beitritts der DDR zur BRD, drangen Beamte des Bundeskriminalamtes in die verschlossene Wohnung des ehemaligen Chefs der Auslandsaufklärung des MfS, Werner Großmann, ein und nahmen eine Hausdurchsuchung vor. Als dieser mit seiner Ehefrau von einem Familienbesuch zurückkehrte, wurde er festgenommen. Der gegen ihn erlassene Haftbefehl trug das Datum 17. September 1990. Man hatte sich also auf den Tag X vorbereitet.

Lautstarke Begleitmusik durch die Medien war bei solchen Aktionen gesichert. Berichte über Verfahrenseinstellungen wegen Nichtbestätigung des Verdachts oder Freisprüche standen dagegen nicht auf der Agenda der Boulevardmedien.

Das MfS, seine inoffiziellen Mitarbeiter und sein Untersuchungsorgan aber waren nicht allein von massiven Strafverfolgungen betroffen. Isoliert verliert deshalb eine Bilanz der Strafverfolgung von Mitarbeitern des MfS an Aussagekraft. Erst im Kontext mit dem Gesamtumfang der Strafverfolgung von Bürgern der DDR werden das Maß der von den Demagogen angestrebten Ziele und ihre Niederlage sichtbar.

Anklagen und Urteile gegen ehemalige Mitarbeiter des MfS fassten Marxen et al. unter dem Begriff »MfS-Straftaten« zusammen. Kritiker sehen Anlass zu Spekulationen über die zu Grunde liegenden Delikte und fragen danach, ob nicht in anderen Deliktgruppen Anklagen oder Urteile gegen Mitarbeiter des MfS enthalten sein können? Hauptgrund solcher Kritiken sind allem Anschein nach die von den Autoren ermittelten geringen Zahlen selbst.

Vergleicht man diese mit den Zahlen der GRH, so zeigen sich hier in der Tat Differenzen. Bei der GRH sind Verfahren gegen ehemalige Mitarbeiter des MfS wegen Spionagedelikten und gegen die Auslandsaufklärung des MfS, die ja Bestandteil des MfS war, einbezogen. Marxen et al. haben diese gesondert behandelt. Des Weiteren werden die von der GRH erfassten Verurteilungen mit Strafvorbehalt und Deals bei Marxen et al. nicht genannt.

Aus der Sicht ehemaliger Mitarbeiter des MfS wäre eine Gliederung nach Delikten wünschenswert, da dann die Fragwürdigkeit der Kriminalisierung des MfS noch deutlicher hervortreten würde. Trotzdem ist daraus ersichtlich, dass schwere und schwerste Verbrechen durch das MfS nicht begangen worden sind.

Um den entschlossenen Verfolgungswillen der zuständigen Behörden sichtbar zu machen, ist darauf zu verweisen, dass hinter den geringen Anklagen 20.000 bis 30.000 Verdachtsprüfungen gegen Mitarbeiter des MfS vorausgegangen waren.[13] Selbst gegen verstorbene Mitarbeiter wurden in blindwütiger Verfolgungswut mehrfach Ermittlungsverfahren eingeleitet. Ein Hinweis darauf, dass offensichtlich keine sachlich bestimmte Vorgehensweise gegeben war.

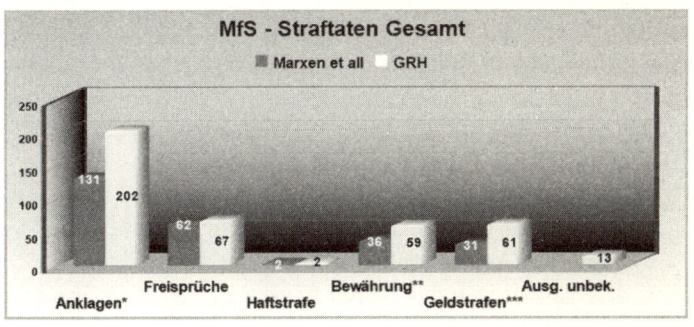

Bei GRH ist die Deliktgruppe Spionage enthalten, welche bei Marxen et al. gesondert behandelt wurde.
** Bei der GRH sind 6 Strafandrohungen ausgewiesen, die der Bewährung gleichgestellt wurden.
*** Bei der GRH sind 26 Deals ausgewiesen, die einer Geldstrafe gleichgestellt wurden.

Gemessen am Mitarbeiterbestand des MfS hat die Zahl der Urteile – auf juristische Fragwürdigkeiten von Urteilen soll hier nicht eingegangen werden – einen Anteil von maximal 0,07 Prozent!

Damit soll also der verbrecherische Charakter des MfS bewiesen sein?

An dieser Stelle Erläuterungen zu den in den beiden Grafiken dargestellten Haftstrafen:

Am 21. Dezember 1984 hatte ein Mitarbeiter der Kreisdienststelle des MfS in Güstrow während seines Wachdienstes gegen 23 Uhr von der Schusswaffe Gebrauch gemacht und dabei zwei Personen getötet sowie eine weitere verletzt. Details zu den Umständen des schrecklichen Geschehens sind den dazu 1990 und später erfolgten Presseveröffentlichungen nicht zu entnehmen – anderes Quellenmaterial stand zu diesem Vorgang nicht zur Verfügung. 1984/85 ermittelte die Militärstaatsanwaltschaft der DDR in dieser Sache. Gegen den Schützen wurde jedoch keine Anklage erhoben und das Verfahren eingestellt. Es ist also damals untersucht worden, wie es zu der Konfrontation kam und ob es aus Sicht des Schützen eine Bedrohungssituation gegeben hat.[14]

Auf Veranlassung des Neuen Forum nahm der Generalstaatsanwalt der DDR Ende 1989 den Fall wieder auf. Er annullierte die Einstellungsverfügung vom Januar 1985 und klagte im Februar 1990 den Schützen wegen Mordes an. Das Verfahren endete vor dem Landgericht in Berlin. Der Wachmann wurde am 10. Dezember 1990 wegen Totschlags zu einer Freiheitsstrafe von zehn Jahren verurteilt.

Es ist unverständlich, weshalb dieser Fall als »MfS-Straftat« klassifiziert wurde. Analoges hätte sich an Objekten der Nationalen Volksarme oder der Volkspolizei zutragen können. Und was ist mit den Toten bei Einsätzen der Bundespolizei oder anderen staatlichen Waffenträgern hierzulande?

Zweiter Fall: Am 31. Mai 1982 reiste der (im Jahre 2000 als Terrorist verurteilte) Johannes Weinrich unter Vorlage eines syrischen Diplomatenpasses in die DDR ein. In seinem Reisegepäck befanden sich 24,38 kg Plastiksprengstoff. Dieser wurde vom Zoll der DDR beschlagnahmt und entsprechend gültiger Regelungen an das MfS übergeben. Wiederholt forderte die syrische Botschaft in der DDR diesen Sprengstoff als ihr Eigentum zurück. Nach verbindlicher Zusicherung seitens der syrischen Botschaft, dass dieser Sprengstoff nicht für terroristische Anschläge gedacht sei, erfolgte am 15. August 1983 die Rückgabe an Weinrich, verantwortlich dafür Oberstleutnant Helmut Voigt von der Linie XXII (Antiterror). Durch operative Beobachtung wurde festgestellt, dass der Sprengstoff tatsächlich die syrische Botschaft erreichte.

Zehn Tage später erfolgte ein Sprengstoffanschlag auf das »Maison de France« am Kurfürstendamm in Westberlin, bei dem eine Person getötet und weitere 23 verletzt wurden. Syrien wurde von den Ermittlern in Westberlin als Drahtzieher ausgemacht. Nachdem die bundesdeutsche Justiz Zugang zu den Akten des MfS und damit Kenntnis über den geschilderten Vorgang erhalten hatte, wurde Helmut Voigt unter dem Vorwurf der Beihilfe festgenommen.

Nach zweijähriger Untersuchungshaft wurde Helmut Voigt am 11. April 1994 zu vier Jahren Haft wegen Beihilfe zum Mord, zum mehrfach versuchten Mord und der Herbeiführung einer Sprengstoffexplosion verurteilt. In der Urteilsbegründung war dem MfS generell eine Kumpanei mit Terroristen unterstellt und daraus eine Schuld für Helmut Voigt als Helfer abgeleitet worden.

Dass es sich bei dem für den Anschlag verwandten Sprengstoff um jenen handelte, den das MfS an die syrische Botschaft zurückgegeben hatte, wurde »mit hoher Wahrscheinlichkeit« angenommen.

Den Beweis blieb man schuldig.[15]

3.3 Verfahren gegen Mitarbeiter des U-Organs des MfS

Welcher Anteil gerichtlicher Urteile entfällt auf Mitarbeiter des Untersuchungsorgans des MfS und was sagen diese aus?

Eine Untergliederung der Zahlen nach Diensteinheiten des MfS haben Marxen et al. und auch die GRH nicht vorgenommen. Eigene Recherchen können nicht den Anspruch auf Vollständigkeit erheben. Die Informationen stammen von ehemaligen Mitarbeitern der HA IX sowie aus den ehemaligen Bezirksverwaltungen Berlin, Dresden, Erfurt, Frankfurt, Gera, Halle, Leipzig, Rostock, Schwerin und Suhl. Trotzdem haben die ermittelten Zahlen repräsentativen Charakter und lassen sich mit der Gesamtstatistik von Marxen et al. und der GRH vergleichen. Besonders aufschlussreich aber sind die festgestellten Sachverhalte, wie nachfolgende Beispiele zeigen.

Das Untersuchungsorgan, Linie IX, war dem Minister für Staatssicherheit, Erich Mielke, direkt unterstellt. Als Parteimitglied gehörte er zur Parteiorganisation dieser Diensteinheit. Gegen ihn wurden 50 Ermittlungsverfahren eingeleitet. Er befand sich länger in Haft als alle, die sich berechtigt Dissidenten der DDR nennen dürfen. Verurteilt wurde Mielke auf der Grundlage von Aktenmaterial aus der Zeit des Faschismus. Ein Urteil wegen seiner Tätigkeit als Minister des MfS insgesamt und insbesondere Gesetzesverletzungen durch die ihm direkt unterstellte Linie IX ist gegen ihn nicht ergangen.

Der Leiter der Linie IX, Dr. Rolf Fister, wurde mit etwa 20 Ermittlungsverfahren wegen Beihilfe zur Rechtsbeugung und Freiheitsberaubung überzogen. Ein Urteilsspruch erfolgte bis zu seinem Tode im Jahre 2007 nicht. Siebzehn Jahre hatte man ermittelt. Wirklich? Es liegt die Vermutung nahe, dass die Justiz aus Gründen der Beweisnot die zunehmende Verhandlungsunfähigkeit des Beschuldigten nutzte, um auf Zeit zu spielen und dem Herrgott die Entscheidung abnehmen zu lassen.

Für Demagogen jedoch reichte die Zahl der Ermittlungsverfahren. Wie immer in solchen Fällen beruft man sich »auf hinlänglich bekannte Verbrechen«.

Der einstige stellvertretende Leiter der Linie IX, Dr. Gerhard Niebling, wurde angeklagt, 1953 einen der Spionage beschuldigten Untersuchungshäftling geschlagen und zu einem Geständnis genötigt zu haben. Im Prozess vollzog der Angeklagte das, was eigentlich Aufgabe des Staatsanwaltes gewesen wäre: den Sachverhalt aufzuklären.

Sein Freispruch durch das Gericht war uneingeschränkt.

Dr. Karli Coburger, ebenfalls vormals stellvertretender Leiter der Linie IX, wurde inhaftiert und im März 1992 angeklagt, in seiner letzten Funktion als Leiter der Linie VIII »Mordkommandos« befehligt zu haben. Als die Anklage sich als Luftnummer erwies, erfolgte in einem anderen Verfahren –

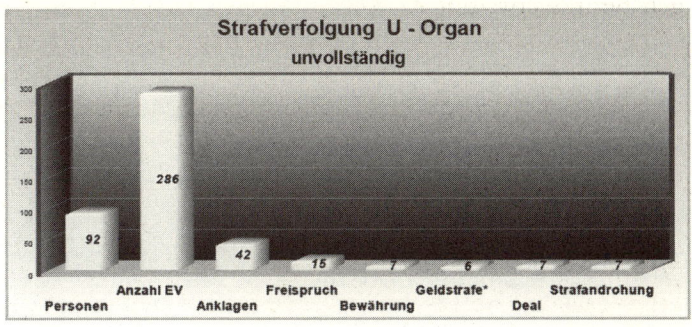

Strafverfolgung U - Organ
unvollständig

92	286	42	15	7	6	7	7
Personen	Anzahl EV	Anklagen	Freispruch	Bewährung	Geldstrafe*	Deal	Strafandrohung

* Nicht in allen Fällen war es möglich zu klären, ob eine Geldstrafe ausgesprochen oder ein Deal ausgehandelt wurde. »Strafandrohung« ist nach DDR-Recht mit einer Verwarnung vergleichbar

offensichtlich hilfsweise zur Abdeckung der erlittenen Untersuchungshaft – eine Verurteilung wegen »geheimdienstlicher Agententätigkeit« zu einen Jahr und neun Monaten Haft.

Das Bundesverfassungsgericht (BVerfG) musste das Urteil 1995 aufheben.

Nach weiterer sieben Jahren Ermittlungen wurde Dr. Karli Coburger 2002 wegen Rechtsbeugung zu einer Haftstrafe auf Bewährung und zur Übernahme aller Gerichtskosten verurteilt. Unter völliger Negierung der tatsächlichen Entscheidungsebenen wurde ihm unterstellt, er habe als stellvertretender Leiter IX das Drehbuch für die Maßnahmen gegen den Dissidenten Robert Havemann geschrieben. In dieser Sache wurde ein weiterer Mitarbeiter der Linie IX freigesprochen. Gegen Dr. Karli Coburger liefen weitere neun auf Verleumdung beruhende Ermittlungsverfahren. Alle endeten wie das Hornberger Schießen.

Dr. Siegfried Hähnel, ehemaliger Mitarbeiter der Hauptabteilung IX, später Leiter der Abteilung IX der Bezirksverwaltung Berlin und zuletzt Chef dieser Bezirksverwaltung, wurde in insgesamt zehn Ermittlungsverfahren verwickelt. Gemeinsam mit zwei weiteren Mitarbeitern der Linie IX wurde er wegen Strafvereitelung angeklagt. Sie sollten die Bestrafung eines Täters in der DDR verhindert, also ihn gedeckt haben. Alle in diesem Verfahren Angeklagten wurden vom Gericht aus »tatsächlichen und rechtlichen Gründen« freigesprochen. Auch die weiteren Ermittlungsverfahren gegen Hähnel führten zu keiner Verurteilung. Zu mehreren Verfahren erhielt er aber nicht einmal eine abschließende Entscheidung zur Kenntnis.

Das Gerichtsverfahren gegen einen Mitarbeiter der Abteilung IX der Bezirksverwaltung Berlin wegen physischer Folter an einem weiblichen Untersuchungshäftling, wurde durch die Vorsitzende Richterin bereits am ersten Verhandlungstag für beendet erklärt. Grund: Die Zeugin der Anklage beschuldigte ihren ehemaligen Untersuchungsführer, sie mit Handschellen an einen Heizungskörper fixiert zu haben. Nachdem festgestellt wurde, dass ein solcher Vorgang objektiv unmöglich war, erklärte die Zeugin, ihre Aussage basiere auf Vorstellungen, was ihr hätte passieren können …

Ist es vorstellbar, dass die deutsche Justiz einem Terroristen, dessen Taten durch Sachbeweise belegt sind und der diese selbst öffentlich bekannt hat, Gehör schenkte? Unter der Voraussetzung, dass dieser Terrorist in der DDR verurteilt wurde, lautet die Antwort: ja.

Herbert Kühn, ideologisch beeinflusst durch rechtsradikales und revanchistisches Gedankengut, den Umgang mit Vertretern der französischen OAS und des Befreiungsausschusses Südtirol, beteiligt an Sprengstoffanschlägen in Frankreich, Südtirol und Westberlin, wurde am 30. Juni 1963 auf frischer Tat festgenommen und wegen mehrfacher staatsgefährdender Gewaltakte und Diversion gegen die DDR im Februar 1964 durch das Oberste Gericht der DDR zu einer lebenslangen Freiheitsstrafe verurteilt.[16] Über die mehrtägige Gerichtsverhandlung gegen Kühn wurde in den Medien der DDR ausführlich berichtet. Allein diese Tatsache gestattet Rückschlüsse, dass Kühn geständig war und sich kooperativ verhalten hatte. Ermittlungsakten, Gerichtsprotokolle und Medienberichte bieten dafür ausreichend Details. Trotzdem folgte 35 Jahre später die deutsche Justiz Behauptungen des Ex-Terroristen Kühn, er sei zur Aussage erpresst worden. Seine Behauptung gipfelte darin, dass er ein ihm zu seinem Geburtstag serviertes Sonderessen als seine Henkersmahlzeit gesehen habe. Das Gericht folgte Kühn und verurteilte den

Untersuchungsführer wegen Aussageerpressung zu einer Bewährungsstrafe.

In einem anderen Verfahren vor dem gleichen Gericht wurde dieser Untersuchungsführer wegen »Freiheitsberaubung« ein zweites Mal zu einer Bewährungsstrafe verurteilt, obwohl er sich zur Tatzeit im Krankenhaus befand. Der urteilende Richter war der Ansicht, der Angeklagte könne auch vom Krankenbett aus Einfluss auf den Vorgang – eine Befragung eines Verdächtigten in einem Objekt einer operativen Diensteinheit – genommen haben.

Mindestens sieben Mitarbeiter der Linie IX wurden zu einem Deal überredet.

25 Mitarbeiter der Linie IX Dresden wurden wegen Nötigung zur Falschaussage, Erpressung und Rechtsbeugung mit 150 Ermittlungsverfahren überzogen. In 145 dieser Verfahren reichten die Ermittlungsergebnisse nicht zur Anklage. Von den verbleibenden fünf wurden zwei durch das Gericht einge-

Der verurteilte Terrorist Herbert Kühn (r.) und der langjährige CIA-Agent Wolfgang Veith, der von der DDR verurteilt wurde und in Bautzen einsaß, Januar 2005 in Berlin-Charlottenburg

stellt, in einem Verfahren kam es zum Freispruch und die verbleibenden zwei endeten mit Bewährungsstrafen.

Gegen 22 Mitarbeiter der Abteilung IX der ehemaligen Bezirksverwaltung Halle wurden mindestens 35 Ermittlungsverfahren eingeleitet. Die Anschuldigungen lauteten Nötigung, Aussageerpressung, Beihilfe zur Rechtsbeugung und Ähnliches. In einem Fall wurde Anklage erhoben, die mit Freispruch endete. Alle anderen Verfahren wurden ohne Anklageerhebung eingestellt.

Ein Mitarbeiter der HA IX wurde in drei Fällen wegen Aussageerpressung angeklagt. Eine ehemalige Beschuldigte erhielt davon Kenntnis und bot sich ihm als Entlastungszeugin an. Unabhängig davon wurde der Angeklagte in allen drei Fällen frei gesprochen. Die Familien des Angeklagten und der Entlastungszeugin leben heute in der gleichen Stadt und unterhalten freundschaftliche Beziehungen.

Ein ehemals leitender Mitarbeiter der Abteilung IX Erfurt wurde wegen Freiheitsberaubung angeklagt. Als Entlastungszeugen dafür, dass der Zeuge der Anklage einer Befragung durch das MfS freiwillig zugestimmt hatte, benannte er mehrere Mitarbeiter. Gegen diese wurden daraufhin ebenfalls Ermittlungsverfahren eingeleitet. Alle EV in dieser Sache wurden eingestellt.

Für den Vollzug der Untersuchungshaft war nicht das Untersuchungsorgan, sondern die selbständige Abteilung XIV des MfS zuständig. In den zu »Gedenkstätten« umfunktionierten ehemaligen Untersuchungshaftanstalten werden Behauptungen über Folter in den Haftanstalten verbreitet. Aus diesem Grunde wurden die durchgeführten Recherchen auch auf ehemalige Mitarbeiter der für den Vollzug der U-Haft zuständigen Linie XIV ausgedehnt.

Noch im Herbst 1989 wurden drei Mitarbeiter der Linie XIV der Bezirksverwaltung Dresden wegen Gewaltanwendung bei der Hafteinlieferung eines – bei einer nicht genehmigten Demonstration – Festgenommenen inhaftiert und zwei davon zu einer Bewährungsstrafe, der Dritte zu einer Geldstrafe verurteilt. Es wurde kein Mitarbeiter dieser Linie ermittelt, der wegen derartiger Vergehen oder anderer in Ausübung seines Dienstes begangener strafbarer Handlungen nach Liquidierung der DDR angeklagt oder verurteilt worden wäre.

Von wem wurden dann die Verbrechen in Haftanstalten des MfS verübt, die immer behauptet werden?

Staatsanwälte und Richter des Rechtsstaates BRD schreckten auch nicht vor einer Form der Rechtsanwendung zurück, die juristische Laien als eine Art Erpressung verstehen. Gerichte boten bei unzureichender Beweislage ehemaligen Mitarbeitern des MfS und anderen beschuldigten DDR-Bürgern einen im Gesetz bis dahin nicht vorgesehenen Deal an. Bekannten sie sich schuldig, kämen sie mit einer Geldstrafe ohne Eintrag ins Strafregister davon. Die Presse würde nicht informiert.

Die Absicht liegt auf der Hand: Weil es an Beweisen fehlte, aber unbedingt ein Urteil hermusste, sollten sich die Angeklagten selber schuldig sprechen. Üblicherweise erfolgt in einem solchen Verfahren ein Freispruch. Was nicht sein kann, was nicht sein darf … Einige ließen sich darauf ein. Erstens belastete das Verfahren, zweitens kostete es Geld, drittens wollte man nicht öffentlich in den Medien an den Pranger gestellt werden, viertens lockte die Aussicht, nicht als Vorbestrafter den Gerichtssaal verlassen zu müssen. Alles hinreichend Gründe, dem zweifelhaften und hinterlistigen Vorschlag zuzustimmen.

Was die Betreffenden nicht ahnen konnten: Ihr »Schuldeingeständnis« wurde in nachfolgenden Verfahren als Beweis gegen andere Angeklagte genommen: Schließlich hätten andere Angeklagte eingestanden, dass das Untersuchungsorgan des MfS Aussagen auf ungesetzliche Weise erlangt habe. Mit dieser Begründung wurden sie verurteilt.[17]

Eine solche Form der Rechtsanwendung wurde von der damals geltenden Strafprozessordnung nicht gedeckt. Erst im Januar 2009 hat die Bundesregierung die Praxis von Deals in Strafverfahren legalisiert. Das Kabinett beschloss einen Gesetzentwurf, der die umstrittenen Absprachen zwischen Verteidigung, Gericht und Staatsanwaltschaft möglich macht.[18]

Anlass waren nicht die juristischen Fehlleistungen bei der Strafverfolgung von DDR-Bürgern, sondern die Notwendigkeit, korrupte Manager und Beamte vor einer Verurteilung und Kriminalisierung zu schützen. Nach Schätzungen sollen rund 80 Prozent der Wirtschaftsprozesse inzwischen so abgearbeitet werden.

»Der Reiche kann sich freikaufen, der Hartz IV-Empfänger nicht«, kritisierte der frühere Bundesrichter und jetzige rechtspolitische Sprecher der Bundestagsfraktion Die Linke, Wolfgang Neskovic, den »unwürdigen Handel«.

Im Ergebnis von – damals rechtlich nicht gedeckten – Deals gegen DDR-Bürger, insbesondere Mitarbeitern des MfS, gingen Schlagworte wie »historisches Faktum«, »historisch belegt«, »hinlänglich bewiesen« in die Sprache des Zeitgeistes ein. Man findet sie in Antworten auf Petitionen aus der Kanzlei des Bundespräsidenten, aus dem Bundestag, aus Bundes- und Landesbehörden sowie in Reden und Interviews von Politikern. In Talkshows sind sie unverzichtbar für Berufsopfer und Demagogen.

Gegen eine sachliche Untersuchung unklarer Sachverhalte wird kein ehemaliger Mitarbeiter des MfS Einwand erheben. Im Gegenteil, es ist wünschenswert, Untersuchungsvorgänge gegen Personen, die Beschuldigungen gegen das MfS oder sein Untersuchungsorgan erhoben haben oder erheben, sachkritisch zu bewerten. Die seit Jahren kolportierten Opferzahlen würden signifikant sinken, die Fundamente antikommunistischer Demagogie würden Risse bekommen. Das aber soll um jeden Preis verhindert werden.

Die blindwütige Strafverfolgung kostete bisher Milliarden, für Diffamierung und Kriminalisierung werden weiterhin jährlich dreistellige Millionenbeträge verausgabt. Die Spaltung der Gesellschaft wird weiter vertieft.

Selbst namhafte Vertreter der PDS, die aus der SED kamen, beteiligten sich daran. Sie glaubten, dadurch anzukommen und akzeptiert zu werden. Es gab seither genügend Fälle, in denen ihnen die herrschende Klasse deutlich zeigte, dass dies nie passieren wird.

Jedoch: Die Illusion lebt weiter bei nicht wenigen Funktionären und Mandatsträgern, die auf Posten und Pöstchen in der bürgerlich-kapitalistischen Republik aus sind.

Neben vielen anderen offenen Fragen sind sie die eindeutige Antwort unverändert schuldig: Wie steht die Partei Die Linke zur DDR und ihren Institutionen, insbesondere zum

MfS. Das war und bleibt die Gretchenfrage. So lange nicht die Haltung zur Vergangenheit klar ist, wird es auch keine Klarheit bei den Wählern darüber geben, wohin die Partei steuert. Vielleicht liegt ihre Zukunft schon hinter ihr.

Anmerkungen

1 Wolfgang Welsch, ein 1971 freigekaufter DDR-Häftling, baute im Westen eine Fluchthelferorganisation auf, die etwa 200 Menschen illegal in den Westen schleuste. Daraufhin habe Mielke, so die These, 1983 seine Ermordung angeordnet. Es habe eine Autobombe in Deutschland gegeben und in Großbritannien sei auf ihn geschossen worden, hieß es. In Israel sollten er und seine Familie angeblich mit vergifteten Bouletten umgebracht werden. »Welsch setzte im Jahre 1990, kurz nach dem Fall der Mauer, die Strafverfolgung durch. Sein angeblicher Freund Peter Haack wurde als Giftattentäter überführt und 1994 wegen Mordversuchs zu sechseinhalb Jahren Gefängnis verurteilt. Dessen Führungsoffizier beim MfS/SSD, Generalmajor Dr. Heinz Fiedler, erhängte sich am 15. Dezember 1993 in der Untersuchungshaft im Gefängnis in Moabit«, heißt es im Internet unter
   http://de.wikipedia.org/wiki/Wolfgang_Welsch_(Fluchthelfer).
2 Lutz Eigendorf, in den Westen geflüchteter Fußballer des BFC, den angeblich Killerkommandos des MfS im Auftrag von Erich Mielke in der BRD ermorden sollten.
3 Michael Gartenschläger (1944-197), freigekaufter Fluchthelfer, demontierte wiederholt sogenannte Selbstschussanlagen, um damit politische Propaganda zu machen. Bei seiner dritten Unternehmung am 1. Mai 1976 wurde er bei der Grenzverletzung und nachdem er das Feuer auf die DDR-Grenzer eröffnet hatte, tödlich getroffen. »Im März 2000 und April 2003 wurden Unteroffiziere und Offiziere des Ministeriums für Staatssicherheit, die in Schwerin bzw. Berlin wegen des ›Versuches, einen Menschen aus niederen Beweggründen zu töten‹ (§§ 211, 22, 23, 25 Abs. 2 StGB) angeklagt waren, freigesprochen, da nicht zweifelsfrei auszuschließen war, dass Gartenschläger, wie von den Schützen behauptet, zuerst geschossen hatte. Die Angeklagten behaupteten, sie hätten in ›Notwehr gegen Grenzterroristen‹ gehandelt. Den MfS-Oberstleutnant Wolfgang Singer, unter dessen Kommando die tödlichen Schüsse abgegeben wurden, sprach das Landgericht Berlin wegen der ›Anstiftung zum Mord‹ an Michael Gartenschläger schuldig. Die Tat blieb aber wegen der zwischenzeitlich eingetretenen Verjährung straffrei. Dagegen legte die Staatsanwaltschaft Revision beim Bundesgerichtshof ein. Freigesprochen aus Beweismangel wurde der MfS-Oberst Helmut Heckel, dem vorgeworfen wurde, den Liquidierungsbefehl erteilt zu haben. Ein

weiterer Angeklagter, der Generalleutnant Karl Kleinjung, zum Zeitpunkt des Prozesses 90-jährig, wurde in einem gesonderten Verfahren ebenfalls freigesprochen.«, heißt es unter
http://de.wikipedia.org/wiki/Michael_Gartenschläger. »2006 wurde in Gartenschlägers Heimatstadt Strausberg der Antrag gestellt, eine Straße nach Michael Gartenschläger zu benennen. Dieser Antrag wurde von der Stadtverordnetenversammlung abgelehnt.«

4 Peter Michael Diestel, in: *junge Welt* vom 28./29. April 2001.

5 Vgl. Zur Abwehrarbeit des MfS, edition ost, Berlin 2002, Band 1, S. 37ff.

6 Entwurf eines Gesetzes über Straffreiheit bei Straftaten des Landesverrats und der Gefährdung der äußeren Sicherheit, Deutscher Bundestag, 11. Wahlperiode, Drucksache 11/7752 (neu), 2. September 1990

7 *Neue Justiz* 1/2000, S. 1ff.

8 Vgl. Friedrich Wolff, Rede anlässlich einer Festveranstaltung zum 55. Jahrestag der Gründung der DDR der Gesellschaft für Bürgerrecht und Menschenwürde (GBM) am 7. Oktober 2004 in Berlin

8a *et al.* ist lateinisch und bedeutet »und andere«. Die Abkürzung wird vor allem bei bibliographischen oder ähnlichen Angaben verwendet, wenn nicht alle beteiligten Autoren genannt werden können. Bei mehr als drei Autoren wird in der Bibliografie nur der erste Autor genannt.

9 Chefankläger von Sachsen, in: *Sächsische Zeitung*, 16. März 1993.

10 Klaus Marxen, Gerhard Werle, Petra Schäfter: Die Strafverfolgung von DDR-Unrecht – Fakten und Zahlen, Berlin 2007.

11 *www..grh-ev.org*.

12 vgl. Friedrich Wolff, Einigkeit und Recht, edition ost, Berlin 2005, S. 81.

13 Hans Bauer, in: Siegerjustiz?, Berlin 2003, S. 55.

14 *Märkische Oderzeitung* vom 13. November 1992, S. 4.

15 vgl. Siegerjustiz?, Berlin 2003, S. 170 ff.; Robert Allertz, Die RAF und das MfS, edition ost, Berlin 2008, S. 54ff.

16 OG der DDR, 1. Strafsenat, 1Zst (I) 1/64.

17 Vgl. Siegerjustiz?, Berlin 2003, S. 213ff.

18 Vgl. Der Handel mit der Strafe – Absprachen in Strafverfahren werden gesetzlich geregelt, in: *Neues Deutschland* vom 22. Januar 2009.

4. Staatlich organisierte Netzwerke zur Delegitimierung der DDR

Aus dem postulierten Anspruch, für »alle Deutschen« zu sprechen, wurde auch der Missionierungsauftrag abgeleitet, diese außerhalb des Staatsgebietes der BRD und mehrheitlich im Osten lebenden Menschen »vom kommunistischen Joch« befreien, sie »heimholen« zu wollen. Das war gefährlicher Revanchismus, der die Nachkriegsgrenzen infrage stellte.

Diese Strategie richtete sich insbesondere gegen die alternative gesellschaftliche Entwicklung im Osten, in der DDR, die diffamiert, verteufelt und bekämpft wurde.

Speziell dazu wurde im ersten Kabinett Adenauers ein »Ministerium für Gesamtdeutsche Fragen« eingerichtet. Seit 1969 hieß es »Bundesministerium für innerdeutsche Beziehungen«. Diese Regierungsinstitution existierte bis zur Liquidierung der DDR 1990 und war letztlich das koordinierende Zentrum zur Durchsetzung des Bonner Alleinvertretungsanspruchs.

Im Gründungsjahr der BRD entstanden – neben der seit 1946 existenten »Organisation Gehlen« – auch die ersten nachrichtendienstlich gesteuerten politischen Organisationen, die sich den Kampf gegen den Kommunismus, insbesondere gegen das »Zonenregime« auf die Fahnen geschrieben hatten. Sie waren militant-aggressiv und wurden von den westlichen Besatzungsmächten und deren Nachrichtendienste nicht nur unterstützt, sondern handelten auch in deren Auftrag. Zu den auffälligsten Einrichtungen gehörten, wie bekannt, die »Kampfgruppe gegen Unmenschlichkeit« (KgU), der »Untersuchungsausschuß freiheitlicher Juristen« (UfJ), die Ostbüros der etablierten Parteien und das »Kuratorium Unteilbares Deutschland e. V.« (KUD).[0]

Das Kuratorium erklärte »die Wiedervereinigung in Freiheit« zum Kampfziel. Nicht zufällig konstituierte es sich am 17. Juni 1954, dem ersten Jahrestag der zum »Volksaufstand« verklärten Ereignisse in der DDR. Das Kuratorium organisierte sich auf Bundes-, Landes- und lokaler Ebene. Es bildete ein zusammenhängendes, flächendeckend strukturiertes antikommunistisches Netzwerk, dem sich andere Organisationen, Verbände und Vereine mit gleicher oder ähnlicher politisch-propagandistischer Ausrichtung anschlossen. Nach Erledigung des Auftrages löste sich das Kuratorium 1992 auf.

Mit Herstellung der staatlichen Einheit und der politischen, wirtschaftlichen und juristischen Liquidierung der DDR und ihrer Hinterlassenschaften schien sich die Anti-DDR-Propaganda erledigt zu haben. Einem Kadaver, der einem vernichtenden Befund nicht mehr widersprechen konnte, musste man keine besondere Aufmerksamkeit widmen. Darin sah man sich bald getäuscht.

Vor diesem Hintergrund sah sich die Bundesregierung veranlasst, 1999 eine »Gedenkstättenkonzeption zur Aufarbeitung der DDR-Geschichte« zu beschließen. Diese blieb auch beim Regierungswechsel von Rot-Grün auf Schwarz-Rot Regierungsprogramm. »Der Koalitionsvertrag vom 11. November 2005 sieht vor, die Gedenkstättenkonzeption aus dem Jahr 1999 ›mit dem Ziel der angemessenen Berücksichtigung der beiden Diktaturen in Deutschland‹ fortzuschreiben«, hieß es dazu. Im Juni 2008 beschloss das Bundeskabinett eine Fortsetzung unter dem Titel »Verantwortung wahrnehmen, Aufarbeitung verstärken, Gedenken vertiefen«, dem die Abgeordneten des Bundestages »mit großer Mehrheit« zustimmten.[1] Kulturstaatsminister Bernd Neumann erklärte dazu am 18. Juni 2008 (sic!): »Die Aufarbeitung der SED-Diktatur und ihrer Folgen ist der zweite Schwerpunkt des Gedenkstättenkonzepts. Hier sollen die Anstrengungen deutlich verstärkt werden. Der ›Geschichtsverbund zur Aufarbeitung der kommunistischen Diktatur in Deutschland‹ ist das Instrument, die Zusammenarbeit aller Einrichtungen zur Geschichte der SBZ und der DDR zu fördern.«

Diese Konzeption geht davon aus, dass die »Aufarbeitung im Bereich des SED-Unrechts noch immer nicht angemessen im öffentlichen Bewusstsein verankert ist« und definiert die

Essentials eines angestrebten wirksam tätigen »Geschichtsverbundes« wie folgt:

- verstärkter Austausch zwischen den Bürgerarchiven, dem Bundesarchiv und der Beauftragten für die Unterlagen des Staatssicherheitsdienstes der ehemaligen DDR;
- intensivere Absprachen zwischen der Stiftung Aufarbeitung, der Bundeszentrale und den Landeszentralen für politische Bildung, der BStU sowie den Landesbeauftragten für die Stasi-Unterlagen;
- vertiefte Koordination zwischen den Berliner Einrichtungen zur Teilungsgeschichte und den Grenzlandmuseen entlang der ehemaligen innerdeutschen Grenze;
- Fortsetzung der Zusammenarbeit zwischen den Gedenkstätten Hohenschönhausen und Normannenstraße sowie Ausbau der Zusammenarbeit zwischen den Gedenkstätten in den früheren Gefängnissen des Ministeriums für Staatssicherheit der DDR in den ehemaligen Bezirkshauptstädten.

Eingebracht wurde die Konzeption durch den der Bundeskanzlerin direkt unterstellten Beauftragten der Bundesregierung für Kultur und Medien, Staatsminister Bernd Neumann (CDU). Bereits unter Rot-Grün war am 1. Januar 2005 die BStU und die Stiftung Aufarbeitung im Geschäftsbereich des Staatsminister vereint worden, um alle Einrichtungen zur »Aufarbeitung« miteinander zu vernetzen. Soll heißen: die Anstrengungen zur Delegitimierung der DDR zu verstärken.

Die Grafik stellt die wesentlichen inhaltlichen Schwerpunkte der Fortschreibung der Gedenkstätten-Konzeption von 2008 dar. Zur »Pflege des Geschichtsbewusstseins« wurde in den Haushalt von Staatsminister Neumann für 2009 die Summe von 55.657.000 Euro zur »Aufarbeitung der zwei deutschen Diktaturen« eingestellt. Die im Organigramm 1 dargestellten Bereiche sind horizontal und/oder vertikal mit anderen vernetzt, zum Teil sich gegenseitig überschneidend.

Betrachten wir die »Stiftung Aufarbeitung der SED-Diktatur«, jene am 12. Juni 1998 per Gesetz gegründete »Bundesunmittelbare Stiftung des öffentlichen Rechts«.

Der Deutsche Bundestag folgte damals den Empfehlungen der von ihm 1992 und 1995 eingesetzten Enquete-Kom-

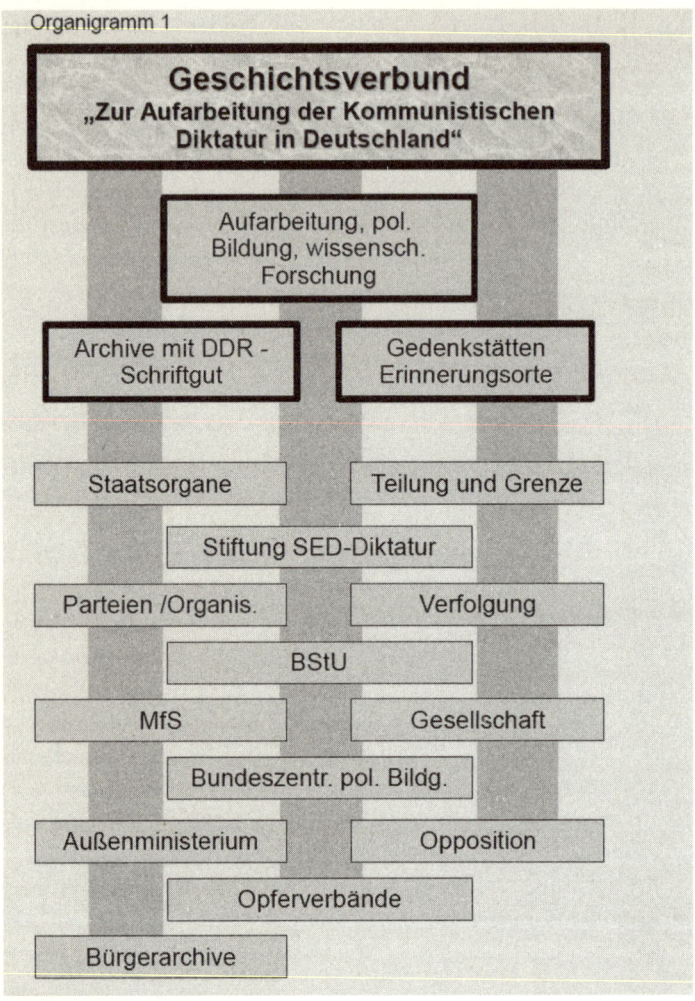

Die Struktur zur Umsetzung und Fortschreibung der Gedenkstättenkonzeption 2008

missionen, welche sich der »Aufarbeitung von Geschichte und Folgen der SED-Diktatur in Deutschland« widmeten. Zum Vorstandsvorsitzenden der Stiftung wurde Rainer Eppelmann berufen, vormals Pfarrer in der DDR und Informant von US-Nachrichtendiensten, im letzten DDR-Kabinett »Minister für Abrüstung und Verteidigung« und als MdB/CDU Vorsitzender der Enquete-Kommissionen, welche dem Bundestag die Gründung eben jener Stiftung empfahl.

Ein Blick auf die beruflichen und politischen Funktionen von mehr als 60 Mitgliedern und Fachbeiräten dieser Stiftung vermittelt ein allgemeines Bild über ihre Vernetzungen (*siehe Organigramm 2*).[2]

In der Grafik werden als Knotenpunkte u. a. das Zentrum für Zeithistorische Forschungen Potsdam (ZZF)[3], das Hannah-

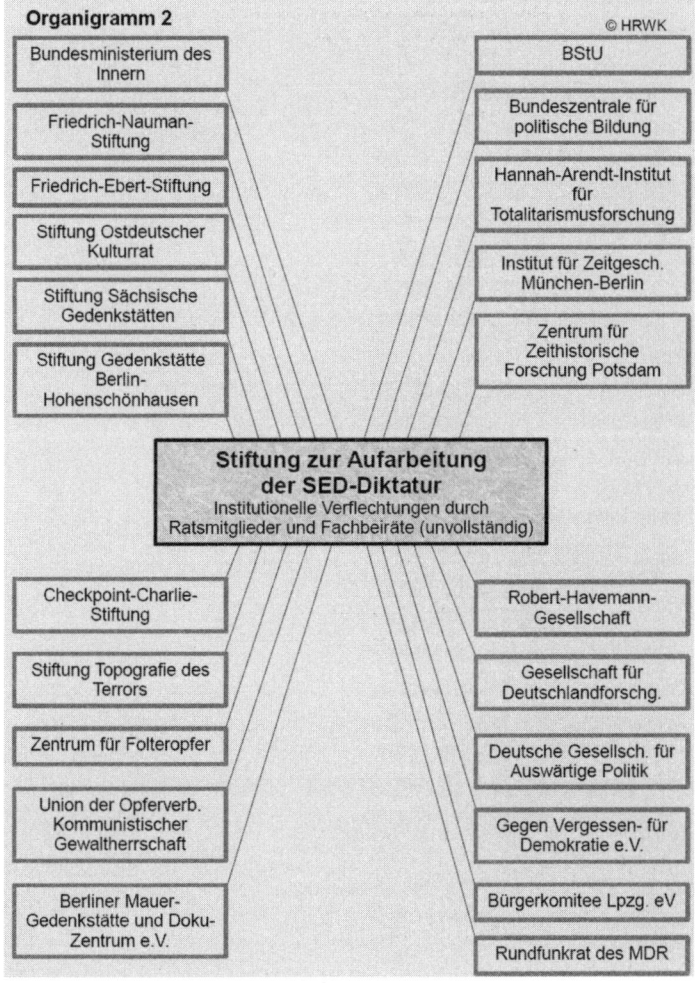

Organigramm 2 © HRWK

Bundesministerium des Innern

BStU

Friedrich-Nauman-Stiftung

Bundeszentrale für politische Bildung

Friedrich-Ebert-Stiftung

Hannah-Arendt-Institut für Totalitarismusforschung

Stiftung Ostdeutscher Kulturrat

Institut für Zeitgesch. München-Berlin

Stiftung Sächsische Gedenkstätten

Zentrum für Zeithistorische Forschung Potsdam

Stiftung Gedenkstätte Berlin-Hohenschönhausen

Stiftung zur Aufarbeitung der SED-Diktatur
Institutionelle Verflechtungen durch Ratsmitglieder und Fachbeiräte (unvollständig)

Checkpoint-Charlie-Stiftung

Robert-Havemann-Gesellschaft

Stiftung Topografie des Terrors

Gesellschaft für Deutschlandforschg.

Zentrum für Folteropfer

Deutsche Gesellsch. für Auswärtige Politik

Union der Opferverb. Kommunistischer Gewaltherrschaft

Gegen Vergessen- für Demokratie e.V.

Berliner Mauer-Gedenkstätte und Doku-Zentrum e.V.

Bürgerkomitee Lpzg. eV

Rundfunkrat des MDR

Das Netzwerk der Indoktrination

Arendt-Institut für Totalitarismusforschung e. V.[4] und die Robert-Havemann-Gesellschaft[5] genannt, deren Vernetzung stellvertretend auf den folgenden Seiten dargestellt wird.

Das Zentrum für Zeithistorische Forschungen Potsdam ist Mitglied der Leibniz-Gemeinschaft (WGL) und wurde 1992 im Zuge des deutschen »Vereinigungsprozesses« auf dem Ge-

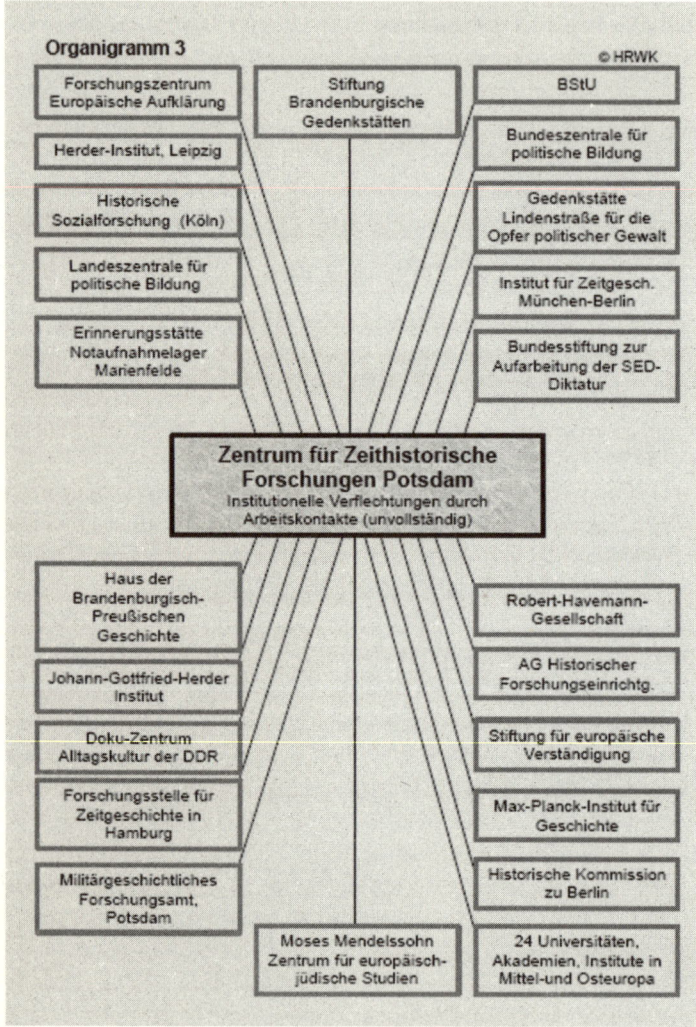

Vernetzung des »Knotenpunktes« ZZF Potsdam

biet der Geschichtswissenschaft als Geisteswissenschaftliches Zentrum gegründet. Finanziert wurde es zunächst von der Max-Planck-Gesellschaft zur Förderung wissenschaftlicher Neuvorhaben. Seit 1996 bekommt es sein Geld von der Deutschen Forschungsgemeinschaft und dem Land Brandenburg. Die Tätigkeit des Instituts erfolgt gegenwärtig in fünf Abteilungen, die sich insbesondere mit den Themen Gesellschaftsgeschichte des Kommunismus, wirtschaftliche und soziale Umbrüche im 20. Jahrhundert und Provinz und Metropole in den Diktaturen des 20. Jahrhunderts befassen. Aus den durch das ZZF ausgewiesenen Arbeitskontakten erschließen sich weitere Verflechtungen (*siehe Organigramm 3*).

Das Hannah-Arendt-Institut für Totalitarismusforschung e. V. wurde kurz nach der Gründung des Freistaates Sachsen auf Beschluss des Landtages gebildet und nahm 1993 seine Arbeit auf. Es widmet sich vor allem der systematischen Untersuchung des Kommunismus und des Nationalsozialismus. Seine Verflechtungen wurden ebenfalls aus den beruflichen und politischen Funktionen der Mitglieder seiner Gremien abgeleitet (*siehe Organigramm 4*).

Die Stiftung »Aufarbeitung der SED-Diktatur« fördert aus den ihr von Bund und Ländern sowie von »Sponsoren« eigens zu diesem Zweck zur Verfügung gestellten Mitteln (im Jahr der großen »Jubiläen«, also 2009, waren das 3,6 Millionen Euro) neben anderen Einrichtungen die Robert-Havemann-Gesellschaft, welche auch in der Gedenkstättenkonzeption von 2008 namentlich benannt worden war. Nach Selbstdarstellung im Internet wurde diese Gesellschaft im November 1990 von der Bürgerbewegung Neues Forum als politischer Bildungsverein gegründet. Grundlage der Arbeit seien inzwischen 400 laufende Meter Schriftgut (benannt als »Bürgerarchiv«) über Einzelpersonen und Widerstandsgruppen, von Friedens- und Umweltgruppen, kirchlichen und nichtkirchlichen Initiativen sowie Unterlagen der Bürgerbewegungen und neuen Parteien von 1989/90. Gesammelt würden Schriftdokumente wie Flugblätter, Aufrufe, Briefe, Eingaben, Appelle und anderes: Fotos, Transparente, Plakate, Film- und Tondokumente. Das Organigramm 5 zeigt die Verflechtungen dieser Gesellschaft auf, soweit diese öffentlich feststellbar sind.

Zum Förderprogramm der Stiftung »Aufarbeitung der SED-Diktatur« gehören auch Publikationen zur »Geschichte von SED-Diktatur und Teilung« sowie »Opposition, Repression und Widerstand«. Über 100 solcher Publikationen wurden bisher finanziert und in Umlauf gebracht. Eine Auswahl der Themen und Titel ist im Organigramm 6 wiedergegeben.

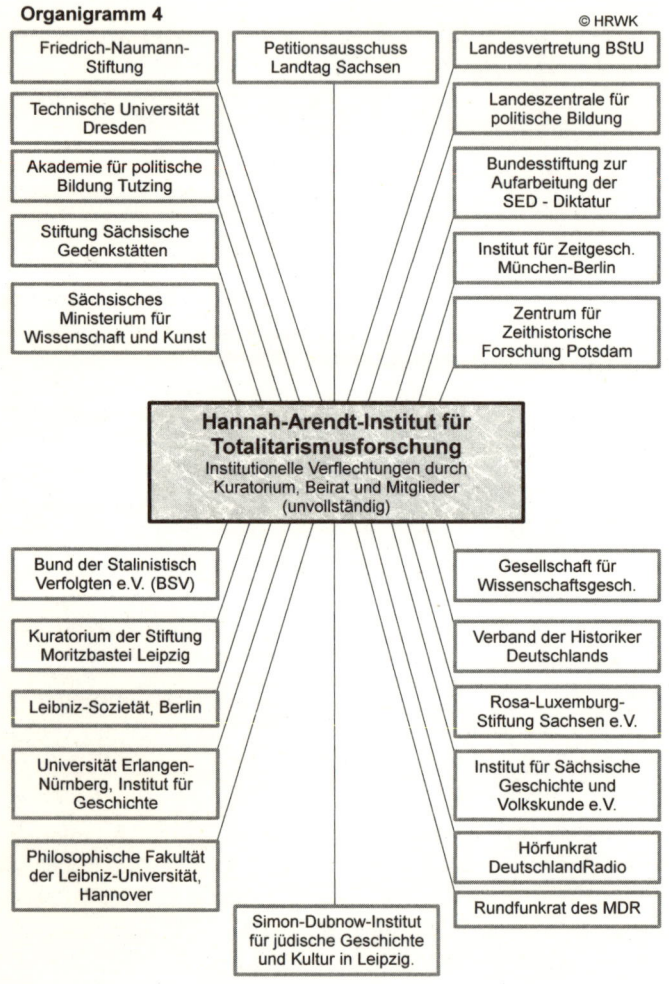

Organigramm 4　© HRWK

Friedrich-Naumann-Stiftung

Technische Universität Dresden

Akademie für politische Bildung Tutzing

Stiftung Sächsische Gedenkstätten

Sächsisches Ministerium für Wissenschaft und Kunst

Petitionsausschuss Landtag Sachsen

Landesvertretung BStU

Landeszentrale für politische Bildung

Bundesstiftung zur Aufarbeitung der SED - Diktatur

Institut für Zeitgesch. München-Berlin

Zentrum für Zeithistorische Forschung Potsdam

Hannah-Arendt-Institut für Totalitarismusforschung
Institutionelle Verflechtungen durch Kuratorium, Beirat und Mitglieder (unvollständig)

Bund der Stalinistisch Verfolgten e.V. (BSV)

Kuratorium der Stiftung Moritzbastei Leipzig

Leibniz-Sozietät, Berlin

Universität Erlangen-Nürnberg, Institut für Geschichte

Philosophische Fakultät der Leibniz-Universität, Hannover

Gesellschaft für Wissenschaftsgesch.

Verband der Historiker Deutschlands

Rosa-Luxemburg-Stiftung Sachsen e.V.

Institut für Sächsische Geschichte und Volkskunde e.V.

Hörfunkrat DeutschlandRadio

Rundfunkrat des MDR

Simon-Dubnow-Institut für jüdische Geschichte und Kultur in Leipzig.

Vernetzung des »Knotenpunktes« Hannah-Arendt-Institut Dresden

Soweit der Versuch, eine Vorstellung zur Komplexität und Vielschichtigkeit staatlich organisierter Netzwerke zu vermitteln. In ihrer Gesamtheit sind diese mit gigantischen Unternehmen zu vergleichen, die Tausenden Existenzen überwiegend auf Kosten der Steuerzahler ein auskömmliches Dasein sichert. Die sich daraus ergebenden Abhängig-

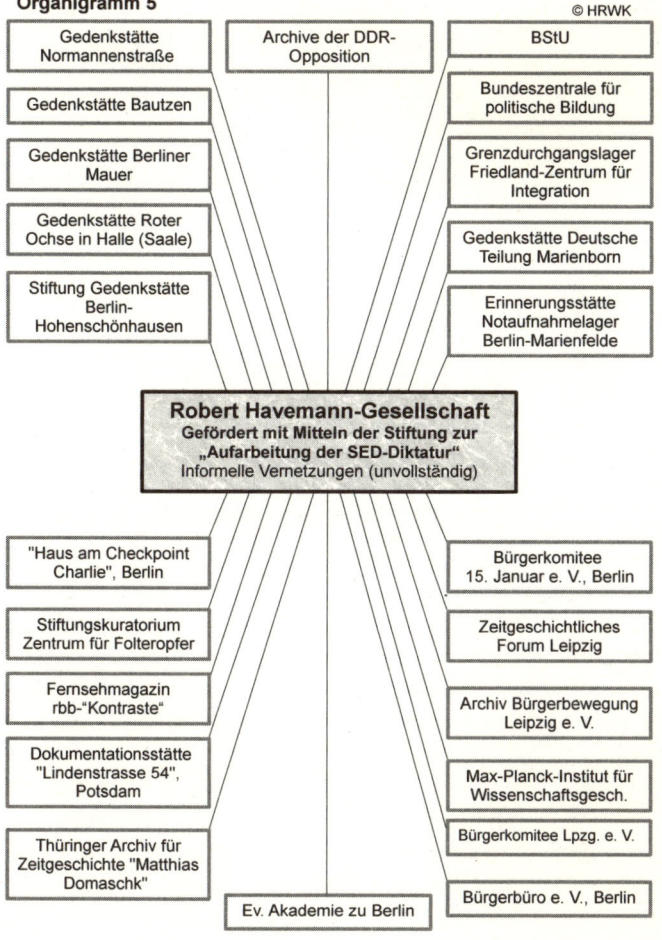

Vernetzung des »Knotenpunktes« Robert-Havemann-Gesellschaft

keiten wirken sich zwangsläufig motivierend auf zielkonformes Handeln und Verhalten aus.

Die BStU ist, wie sich zeigt, tatsächlich in verschiedenen Knotenpunkten dieser Netzwerke präsent und übt dort oft bestimmenden Einfluss aus, aber sie ist nicht die allein trei-

Organigramm 6

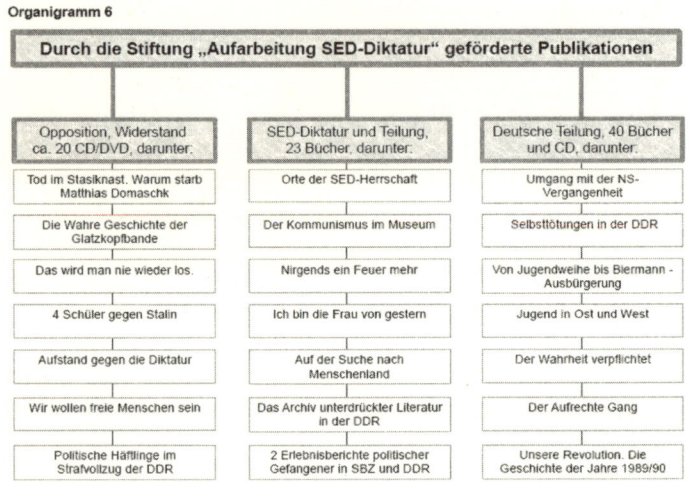

Durch die Stiftung „Aufarbeitung SED-Diktatur" geförderte Publikationen		
Opposition, Widerstand ca. 20 CD/DVD, darunter:	SED-Diktatur und Teilung, 23 Bücher, darunter:	Deutsche Teilung, 40 Bücher und CD, darunter:
Tod im Stasiknast. Warum starb Matthias Domaschk	Orte der SED-Herrschaft	Umgang mit der NS-Vergangenheit
Die Wahre Geschichte der Glatzkopfbande	Der Kommunismus im Museum	Selbsttötungen in der DDR
Das wird man nie wieder los.	Nirgends ein Feuer mehr	Von Jugendweihe bis Biermann - Ausbürgerung
4 Schüler gegen Stalin	Ich bin die Frau von gestern	Jugend in Ost und West
Aufstand gegen die Diktatur	Auf der Suche nach Menschenland	Der Wahrheit verpflichtet
Wir wollen freie Menschen sein	Das Archiv unterdrückter Literatur in der DDR	Der Aufrechte Gang
Politische Häftlinge im Strafvollzug der DDR	2 Erlebnisberichte politischer Gefangener in SBZ und DDR	Unsere Revolution. Die Geschichte der Jahre 1989/90

Die mit Steuergeldern finanzierten Publikationen. Darin nicht enthalten die von der BStU gesponserte »Wissenschaftliche Reihe«, in der zwischen 1996 und 2000 zwanzig Titel im Verlag Ch. Links, Berlin, erschienen. Danach kamen sechs Titel bei Edition Temmen in Bremen. Seit 2005 fließt das Geld in den Verlag Vandenhoeck & Ruprecht nach Göttingen, wo inzwischen sieben Titel herauskamen. Die Zusammenarbeit der BStU mit dem Verlag Ch. Links endete mit Aplomb, weil sein Autor Hubertus Knabe – zu jener Zeit noch wissenschaftlicher Mitarbeiter der BStU – im Herbst 1999 das gleiche Buch (»West-Arbeit des MfS«) auch bei Propyläen (»Die unterwanderte Republik. Die Stasi im Westen«) herausbrachte. Der Ch. Links Verlag publiziert seither für das Zentrum für Zeithistorische Forschungen Potsdam. An Zuwendungen dieser Institution partizipieren auch der Böhlau Verlag Köln/Weimar/Wien (bisher 45 Titel in der Reihe »Zeithistorische Studien«), der Metropol-Verlag Berlin und der Verlag Vandenhoeck & Ruprecht Göttingen

186

bende Kraft. Neben ihr existieren noch die Stiftung zur »Aufarbeitung der SED-Diktatur«, die Bundeszentrale für politische Bildung und weitere Zentren, deren Existenzberechtigung und finanzielles Auskommen abhängig ist von ihrer Außenwirkung. Daraus erklären sich Eifersüchteleien und der Konkurrenzkampf untereinander. Dem will das neue Gedenkstättenkonzept entgegenwirken, indem kooperatives und koordiniertes Zusammenwirken zum Kriterium für die Finanzierung entsprechender Projekte gemacht wird. Wichtigstes Bindeglied für die Umsetzung und öffentliche Wirksamkeit der »Aufarbeitung« sind die Medien in ihrer Gesamtheit. Nicht umsonst sind Medien und Kultur Hauptbestandteil des Geschäftsbereiches von Staatsminister Bernd Neumann.

Wie die Erfahrungen zeigen transportieren die Medien nicht nur die »Forschungsergebnisse«, sondern geben durch ihre Kommentierung die Lesart und Interpretation vor.

Abschließend fragt man sich, warum das Gespenst DDR scheinbar nicht zu vertreiben ist. Dafür gibt es mehrere Gründe. In erster Linie wohl die Maßlosigkeit der Überzeichnung. So schwarz, wie die Vergangenheit meist dargestellt wird, war sie nicht. Das ahnen selbst jene, die sie nicht erlebten.

Hinzu kommen insbesondere bei den Ostdeutschen eigene langjährige Erfahrungen, die sie inzwischen in diesem System machten. Vergleiche drängen sich zwangsläufig auf. Es bewahrheitet sich, was Peter Hacks am 5. Mai 1978 in einer Diskussion der Akademie der Künste prognostizierte: Er denke, wenn in einem wirklich sozialistischen Land eine Konterrevolution stattfände, wäre es nie wieder ein vollkommenes und reines, unangefochtenes kapitalistisches Land.

Anmerkungen

o »Kuratorium Unteilbares Deutschland, am ersten Jahrestag des Volksaufstands in der DDR vom 17. Juni 1953 (Juniaufstand) konstituierte sich in Bonn ein Zusammenschluss von führenden Persönlichkeiten aus Politik, Wirtschaft und Kultur, die sich für das Wachhalten des Bemühens um Wiedervereinigung – ›in Freiheit‹ – einsetzen wollten. Auf Vorschlag von Bundespräsident Heuss gab sich das Kuratorium den Namen ›Unteilbares

Deutschland‹. Es gründete Ortskuratorien, warb im Ausland für die Wiederherstellung der deutschen Einheit und versuchte auf privater wie öffentlicher Ebene, Brücken nach ›drüben‹ zu bauen und zu erhalten. Im Gedächtnis geblieben sind die alljährlichen Aufforderungen, zu Silvester Kerzen in die Fenster zu stellen, die zur Einheit mahnen sollten. Die Vergeblichkeit seiner von Antikommunismus geprägten Tätigkeit brachte dem Kuratorium Spott als Vertreter eines ›Unheilbaren Deutschlands‹ ein. Die Politik des Ausgleichs mit der DDR durch die sozialliberale Koalition entzog ihm seit 1969 zudem zunehmend den Boden. 1992 wurde es aufgelöst«, heißt es unter *www.infobitte.de/free/lex/LgD_Lex0/k/kuratoriumUnteilbaresDeutschland.htm.*

1 www.bundesregierung.de/Aufarbeitung/Gedenken; Drucksache 16/9875 »Verantwortung wahrnehmen, Aufarbeitung verstärken, Gedenken vertiefen«.
2 Internetseite der Bundesstiftung *www.stiftung-aufarbeitung.de.*
3 Jahresberichte 2000-2007 des Zentrums für Zeithistorische Forschungen, Potsdam.
4 Jahresbericht 2008 des Hannah-Arendt-Instituts.
5 *www.havemann-gesellschaft.de/links.*

5. Beiträge von Zeitzeugen über die Rechts-, Untersuchungs- und Haftpraxis in der Bundesrepublik

Was siehst du aber den Splitter in deines Bruders Auge
und wirst nicht gewahr des Balkens in deinem Auge?
Matthäus 7, 3

Mit dem 1. Strafrechtsänderungsgesetz von 1951 erhielt das Gesinnungsstrafrecht in der BRD eine juristische Grundlage. Es lieferte die Basis für antikommunistische Verfolgungen. Und auch die spätere Berufsverbotspraxis waren Vorboten des fanatischen Eifers, mit dem gegen die DDR und ihre Bürger seit dem 3. Oktober 1990 vorgegangen wurde.

In den nachfolgenden Beiträgen von Zeitzeugen wird sowohl die Einschränkung persönlicher Freiheiten in den ersten Jahren der Geschichte der BRD als auch die Rechts-, Untersuchungs-, und Haftpraxis nach dem Untergang der DDR bei der Verfolgung ihrer Bürger dargestellt.

Wie sich die Bilder gleichen!

Opfer des Kalten Krieges in den 50er und 60er Jahren

*Von Karl Stiffel**

Sowohl in den politischen Verfolgungen in der Alt-BRD von 1949 bis 1968 und insbesondere bei der Anwendung der politischen Justiz gegen Bürgerinnen und Bürger der DDR, weil sie nach Recht und Verfassung des Staates, eingeordnet in international gültige Verträge, handelten, sind alle Behauptungen, deren Verfolgung erfolgte »rechtsstaatlich«, eine Phrase. Tatsächlich ging und geht es all jenen, die sich Besitz und Macht in der DDR zurückgeholt haben, darum, das politische Handeln beim 40-jährigen Versuch, auf deutschem Boden eine Alternative zu kapitalistischer Ausbeutung und Kriegstreiberei zu schaffen, als kriminelles Handeln zu diskreditieren, um es juristisch verfolgbar zu machen.

Otto Kirchheim, der Mentor der Theorie von der politischen Justiz – ein bürgerlicher Demokrat, der sich der Verfolgung durch die Nazis mittels der Emigration in die USA entzog –, schreibt in seinem grundlegenden Werk »Politische Justiz« (Hamburg 1993) unter anderem: »Von politischer Justiz ist die Rede, wenn Gerichte für politische Zwecke in Anspruch genommen werden, so dass das Feld politischen Handelns ausgeweitet und abgesichert werden kann. Die Funktionsweise der politischen Justiz besteht darin, dass das politische Handeln von Gruppen und Individuen der gerichtlichen Prüfung unterworfen wird. Eine solche gerichtliche Kontrolle des Handelns strebt an, wer seine eigene Position festigen und die seiner politischen Gegner schwächen will.« (S. 606)

Der bekannte Bremer Verteidiger in politischen Strafsachen gegen Linke verschiedener Couleur, Dr. Heinrich Hannover, beendete sein Vorwort zum Buch des Rechtsanwalts und Bürgerrechtlers Dr. Rolf Gössner »Die vergessenen Justizopfer des Kalten Krieges« mit der Feststellung: »Eine unendliche Reihe von vergessenen Opfern der Klassenjustiz pflastern den Weg, auf dem die herrschende Klasse zum Sieg des kapitalistischen Systems vormarschiert ist. Ich weiß, dass es unzeitgemäß ist, diese Wahrheiten zu sagen, aber die Geschichte ist noch nicht zu Ende.« (Hamburg 1994, S. 10)

Unsere Initiativgruppe bildeten wir im November 1988.

In all den Jahren haben Bundesministerien und Bundestagsmehrheiten verweigert, sich mit dem Anliegen der politisch Verfolgten aus der BRD der Zeit des Kalten Krieges auseinanderzusetzen und dem Rechnung zu tragen. Viele Reaktionen – früher aus Bonn und jetzt aus Berlin – drängen zu der Annahme, dass für jene Herrschenden die Zeit des Kalten Krieges noch nicht beendet ist. Einige Beispiele dafür.

Am 25. Oktober 1990 antwortete der CDU-Bundestagsabgeordnete Wittmann auf ein Schreiben der INITIATIVGRUPPE FÜR DIE REHABILITIERUNG DER OPFER DES KALTEN KRIEGES unter anderem: »Schon der Name der Initiativgruppe stellt eine Kampfansage an unsere rechtsstaatliche Ordnung dar. […] Der Satz ›wurden Tausende Frauen und Männer wegen ihres politischen Wirkens häufig zu langjährigen Freiheitsstrafen verurteilt‹ stellt ohne jede Einschränkung die Bundesrepublik auf eine Stufe mit Diktaturen wie denen des Dritten Reiches und der ehemaligen ›DDR‹. Einem Mitglied des Deutschen Bundestages ein derartiges Schreiben zu senden, ist nicht nur eine Provokation, sondern von der Grenze der persönlichen Beleidigung nicht weit entfernt.«

In der Bundestagssitzung am 6. Juli 2000 (Prot. Nr. 14/27) erklärte der SPD-MdB Mante zur Ablehnungsbegründung einer Petition der Initiativgruppe: »Der Petitionsausschuss lege mehrheitlich Wert auf die Feststellung, dass es im Gegensatz zu den Ausführungen der Petentin in der Bundesrepublik Deutschland nie eine politische Justiz gegeben hat.« Bei Mante reichten seine Kenntnisse der BRD nur für eine Legislaturperiode des Bundestages.

Bei der Zurückweisung unseres Anliegens arbeitet das Bundesministerium der Justiz auch mit Geschichtsfälschung. In einem Antwortschreiben an unseren Genossen Jupp Mallmann vom 2. Februar 2005, unterzeichnet von Frau und Herrn Jaath, heisst es: »Nach der Errichtung der Bundesrepublik Deutschland hat der Gesetzgeber durch das 1. Strafrechtsänderungsgesetz vom 30. August 1951 (BGB. I S. 739) das Recht des strafrechtlichen Rechtsschutzes neu geregelt. Als Lehre aus der nationalsozialistischen Machtergreifung und unter dem Eindruck der damaligen weltpolitischen Lage war der Gesetzgeber bestrebt, schon erste Anfänge kommunistischer oder anderer Umsturzversuche mit den Mitteln des Strafrechts zu bekämpfen. Daher wurde die Strafbarkeitsschwelle sehr weit in den Bereich der Vorbereitungshandlungen vorverlegt.«

Eine solche Behauptung hat nicht einmal das Bundesverfassungsgericht im Verbotsurteil gegen die KPD vom 17. August 1956 aufgestellt.

Im Justizministerium wären sie besser beraten gewesen, wenn sie sich in den Sitzungsprotokollen des Bundestages schlau gemacht hätten. Denn im stenografischen Bericht der 2. Sitzungsperiode des Bundestages – Seite 10931 B – hätten sie zur Kenntnis nehmen können, wie der CDU-Abgeordnete Haasler in einer Bundestagsdebatte 1957 das 1. Strafrechtsänderungsgesetz charakterisierte: »Es ist eine Waffe, die geschmiedet wurde, um im Kalten Krieg zu bestehen.«

Der SPD-MdB Dr. Adolf Arndt, der als Kronjurist der SPD galt, hatte bereits ein Jahr zuvor auf dem SPD-Parteitag in Köln ausgeführt: »Das 1. Strafrechtsänderungsgesetz vom 30. August 1951 hat sich als ein Schlangenei erwiesen. […] Was als Schutz der Freiheit unserer Verfassung gedacht war, wächst sich zu einer Bedrohung der Freiheit aus.«

Das 1. Strafrechtsänderungsgesetz ist als »Blitzgesetz« in die Geschichte des Bundestages eingegangen, weil es in nur 180 Minuten in 2. und 3. Lesung durch den Bundestag gepeitscht worden war. Zehn Jahre später äußerte der zeitweilige Generalbundesanwalt Max Güde im *Spiegel* vom 5. Juli 1961, die Bundestagsabgeordneten wüssten überhaupt nicht, was sie 1951 mit dem 1. Strafrechtsänderungsgesetz beschlossen hätten. Güde, zu jenem Zeitpunkt CDU-MdB, äußerte in der gleichen *Spiegel*-Ausgabe: »Die heutige politische Justiz judiziert aus dem gleichen gebrochenen Rückgrat heraus, aus dem das Sondergerichtswesen Hitlers zu erklären ist.«

Rechtsanwalt Dr. Heinrich Hannover schrieb im schon erwähnten Vorwort des Buches von Dr. Rolf Gössner, »die Richter, denen das 1. Strafrechtsänderungsgesetz als Werkzeug diente, hätten zwar den Eid auf die freiheitlich-demokratische Grundordnung geleistet [...], doch oft genug waren es Richter, deren erster Treueschwur dem Führer Adolf Hitler gegolten hat. Sie brauchten als Waffenträger des Kalten Krieges nur geringfügig umzulernen. Den Feind kannten sie schon.«

Diesen Feind hatte ihnen Adenauer genannt. Das waren all die Kräfte in Westdeutschland – nicht nur die Kommunisten –, die auch für Westdeutschland eine gesellschaftliche Entwicklungsrichtung gemäß dem Potsdamer Abkommen verfochten. Wir leisteten Widerstand gegen die Renazifizierung des Staatsapparates, gegen die Wiederherstellung der großkapitalistischen Macht- und Besitzverhältnisse, gegen Adenauers Politik der Remilitarisierung und die Einbeziehung der als Kriegsverbrecher verurteilten Nazigenerale und die Einbindung der Bundesrepublik in die NATO, gegen Adenauers Politik der Spaltung Deutschlands.

Alle jene, die sich für diese Politik engagierten, bekamen in der innenpolitischen Auseinandersetzung den Knüppel der politischen Justiz zu spüren. So waren ca. 250.000 Bundesbürger von politischen und staatsanwaltschaftlichen Ermittlungsverfahren betroffen. Das betrifft den Zeitraum von 1949 bis 1968. Diese Ermittlungsverfahren mündeten in Prozesse mit mindestens 10.000 Verurteilungen mit zum Teil langjährigen Freiheitsstrafen, verbunden mit Nebenstrafen, wie Polizeiaufsicht und Aberkennung der Grundrechte, Passentzug, Reiseeinschränkungen und anderes mehr.

Über die Zahl der Verurteilungen gibt es kaum offizielle Angaben. Alexander von Brünneck nennt in seiner Dissertation »Politische Justiz gegen Kommunisten in der Bundesrepublik Deutschland 1949-1968« 7.000 Verurteilte, verweist aber darauf, dass er diese Zahl vorsichtig niedrig gehalten habe, zumal in den Jahren 1949/50 und 1963-1968 in den Veröffentlichungen des Statistischen Bundesamtes keine Zahlen über politische Verurteilungen gebracht wurden.

Von 1951 bis 1955 nennt von Brünneck 2.920 Verurteilungen. Aber: In diesem Zeitraum erfolgten allein gegen 35.189

Mitglieder der FDJ Westdeutschlands Ermittlungsverfahren. Es wurden 6.429 FDJlerinnen und FDJler verhaftet und in 425 Prozessen zu insgesamt 1.029 Jahren Gefängnis verurteilt.

Mit dieser Zahl und den – wenn auch unvollständigen – Unterlagen, die sich im Archiv unserer Initiativgruppe befinden, gehen wir von einer realistischen Zahl von mindestens 10.000 Verurteilten aus. Neben dem Verbot der KPD und der FDJ kam es zu weiteren Verboten von demokratischen Organisationen und Zusammenschlüssen – sowohl auf Bundesebene als auch von nachgeordneten Gliederungen auf Landesebene. Betroffen waren davon:

- die Sozialistische Aktion (die sich der Herstellung der Aktionseinheit der Arbeiterklasse verpflichtet fühlte),
- der Demokratische Frauenbund Deutschlands,
- der Zentralrat zur Verteidigung Demokratischer Rechte,
- der Hauptausschuss für Volksbefragung,
- der Demokratische Kulturbund Deutschland,
- die Gesellschaft für Deutsch-Sowjetische Freundschaft,
- die Nationale Front des Demokratischen Deutschlands,
- die Arbeitsgemeinschaft demokratischer Juristen,
- die Zentrale Arbeitsgemeinschaft Frohe Ferien für alle Kinder,
- das Friedenskomitee der Bundesrepublik Deutschlands,
- der Gesamtdeutsche Arbeitskreis für Landwirtschaft und Forsten,
- das Komitee für Einheit und Freiheit im deutschen Sport,
- das Westdeutsche Flüchtlingskomitee,
- viele betriebliche Komitees gegen Remilitarisierung und Atombewaffnung,
- das Arbeiterkomitee der Bundesrepublik.

Es gab zahlreiche Prozesse wegen gesamtdeutscher gewerkschaftlicher und kommunalpolitischer Beziehungen sowie gegen Presseorgane und Journalisten und des weiteren wegen Kandidaturen von Einzelpersonen als Kommunisten zu parlamentarischen Wahlen.

In daraus resultierenden Prozessen vor BRD-Gerichten wurden Hunderte DDR-Bürgerinnen und -Bürger in den 50er und 60er Jahren verurteilt.

Urteile und andere Unterlagen aus 204 Prozessen befinden sich im Archiv unserer Initiativgruppe. Studierenden und Journalisten sowie Schriftstellern geben wir gerne Zugang zu diesen Dokumenten.

Betroffene dieser politischen Justiz sind nicht nur die Verurteilten und ihre Angehörigen. Auch Zehntausende von Ermittlungsverfahren Betroffene, die nicht vor Gericht gestellt wurden, die man aber im Betrieb bzw. auf offener Straße oder beim Betreten der eigenen Wohnung verhaftet hatte und die dann nur wenige Tage in Haft gehalten wurden, verloren ihren Arbeitsplatz und oft die Werkswohnung, wurden aus der Gewerkschaft oder anderen Organisationen ausgeschlossen; Ehen gingen in die Brüche ebenso wie Partnerschaften und Freundschaften. Die davon Betroffenen wurden wie gemeine Kriminelle behandelt und diskreditiert. In ihrem Umfeld erzeugte die politische Verfolgung Einschüchterung und Angst vor politischem Engagement.

In seinem bereits genannten Buch »Die vergessenen Justizopfer des Kalten Krieges« schrieb Rolf Gössner, das KPD-Verbotsurteil habe sich »als ein probates Mittel allgemeiner Repression erwiesen, deren Auswirkungen weit über den Kreis der unmittelbar Betroffenen hinausgehen«.

Um das Bild der damaligen Verfolgungen abzurunden, sei daran erinnert, dass die mit Nazijuristen durchsetzte westdeutsche Justiz in den 50er Jahren von alliierten Militärgerichten verurteilte nazistische Kriegsverbrecher rehabilitierte und ihnen hohe Haftentschädigungen und Pensionen zusprach.

Aber unter den neuerlich politisch Verfolgten waren einige Tausend antifaschistische Widerstandskämpfer, die nun erneut – und zwar wieder von Nazirichtern – verurteilt wurden und Renten und Haftentschädigungen abgesprochen bekamen.

Zu Recht kann man sagen: Das 1. Strafrechtsänderungsgesetz und das KPD-Verbotsurteil haben sich als Quelle zehntausendfachen Unrechts erwiesen.

Wir werden keine Ruhe geben, bis der Gesetzgeber endlich dieses Unrecht aus der Welt schaffen wird. Die Herrschaften irren, wenn sie glauben sollten, dieses Problem würde sich über kurz oder lang biologisch lösen. Auch in der heranwachsenden Generation werden erneut Kräfte bereit sein, sich für die politische Lösung dieses Problems zu engagieren und unseren Kampf weiter zu führen.

* Auszüge aus einem Referat von Karl Stiffel, Mitbegründer und Sprecher der »Initiativgruppe für die Rehabilitierung der Opfer des Kalten Krieges«, gehalten am 12. Mai 2006 anlässlich einer Veranstaltung der Territorialgruppe der GRH Berlin-Lichtenberg

Berufsverbote

Von Hans Canjé*

Auf dem internen Dienstweg traf am 26. Januar 1972 bei der Behörde für Schule, Jugend und Berufsausbildung der Freien und Hansestadt Hamburg ein als »vertraulich« gezeichnetes Schreiben des Landesamtes für Verfassungsschutz ein. Die Schulbehörde hatte sich am 20. Dezember 1971 an die Verfassungshüter mit einem Überprüfungsersuchen in Sachen Studienrätin Ilse Jakob gewandt, die nach Absolvierung aller vorgeschriebenen Ausbildungsetappen nun als Beamtin in den Schuldienst übernommen werden wollte – wie es das Gesetz vorsah. Das Amt teilte mit: »Gegen die Berufung der Obengenannten in das Beamtenverhältnis auf Lebenszeit werden Bedenken erhoben. Dem Landesamt für Verfassungsschutz liegen über J. folgende Erkenntnisse vor: [...]«

Die dann aufgelisteten »Erkenntnisse« beinhalteten den Lebenslauf von Ilse Jakob über zehn Jahre hinweg und zeugten von der außerordentlichen Fürsorge, die die beamteten Wächter der zu jener Zeit 30-jährigen Frau hatten zukommen lassen: 8./9. April 1961 Teilnahme am Kongress der Vereinigung der Verfolgten des Naziregimes (VVN) in Stuttgart; 1962 Teilnahme an den Weltfestspielen der Jugend und Studenten in Helsinki; 1963 Wahl zur Vorsitzenden eines Studentenausschusses; 22. 10.-16. 11. 1963 UdSSR-Reise auf Einladung des Komitees der Widerstandskämpfer; Juli 1968 Verfasserin eines Artikels über die Weltfestspiele in Sofia; März 1969 Unterschrift unter einen Wahlaufruf zur Bundestagswahl; August 1969 Erstunterzeichnerin eines Aufrufs gegen eine NPD-Kundgebung; Dezember 1970 Reise nach Gera, DDR. Letzter – bekannter – Eintrag: 1971: Mitglied der Deutschen Kommunistischen Partei [...]«. Das Schreiben endete mit dem Urteil:«„Die vorliegenden Erkenntnisse zeigen, dass J. sich über einen längeren Zeitraum aktiv im Rahmen kommunistischer

Organisationen betätigt hat und noch betätigt. Es bestehen daher erhebliche Bedenken dagegen, dass sie die Gewähr dafür bietet, jederzeit für die freiheitlich demokratische Grundordnung im Sinne des Grundgesetzes einzutreten.«

Am 14. Februar 1972 wurde Ilse Jakob zwecks Überprüfung der Voraussetzungen in das Beamtenverhältnis zur Schulbehörde einbestellt. Die Rechtsabteilung des Amtes eröffnete ihr am 18. Februar, dass beabsichtigt sei, ihre Entlassung aus dem Schuldienst einzuleiten.

In der Geschichte der Verfolgung demokratischer Bewegungen in der Bundesrepublik ragt der »Fall Jakob« aus vielerlei Gründen heraus.

Präsident des Bundesamtes für Verfassungsschutz war damals Hubert Schrübbers, der in den Jahren 1940/41 als Staatsanwalt bei der Generalstaatsanwaltschaft Hamm mit Hochverratsprozessen befasst und an Verurteilungen antifaschistischer Widerstandskämpfer beteiligt war. Über die von ihm geleitete Behörde hatte bereits am 3. September 1963 die Zeitschrift der IG Metall geschrieben: »Der Verfassungsschutz der Bundesrepublik ist Todfeinden der Freiheit und des Rechts anvertraut. Frühere SS-Führer, ehemalige Beamte und Agenten des berüchtigten SD sind in wichtigen Stellen des Verfassungsschutzes tätig.« (Von den 46 höchsten Mitarbeitern des Amtes hatten zu diesem Zeitpunkt mindestens 16 eine NS-Karriere hinter sich.)

Die Familie Jakob ist den Ämtern wohlbekannt.

Franz Jakob, Vater von Ilse Jakob, war 1934 zum erstenmal wegen »Vorbereitung zum Hochverrat« verhaftet und zu vier Jahren Zuchthaus plus vier Jahren »Schutzhaft« verurteilt worden. Im Juli 1944 wurde er erneut, zusammen mit dem sozialdemokratischen Reichstagsabgeordneten Julius Leber, verhaftet und am 18. September 1944 in Brandenburg hingerichtet.

Ilse Jakobs Mutter, ebenfalls Lehrerin, wurde in das Konzentrationslager Ravensbrück verschleppt und dort 1945 von der Roten Armee befreit. Ihre Entfernung aus dem Schuldienst erfolgte auf der Grundlage des ersten Satzes des § 4 des »Gesetzes zur Wiederherstellung des Berufsbeamtentums« vom 7. April 1933, der bestimmte: »Beamte, die nach ihrer bisherigen politischen Betätigung nicht die Gewähr dafür bieten, dass sie jederzeit rückhaltlos für den nationalen Staat eintreten, können aus dem Dienst entlassen werden.« In Hamburg wurden im Ergebnis dieses Erlasses einige Hundert Lehrer aus dem Schuldienst entlassen; über 60 sind – einer Dokumentation der VVN von 1962 zufolge – in Zuchthäuser und Konzentrationslager verschleppt und ermordet worden.

Die Behörden der vorgeblich so freien, weltoffenen und liberalen Hansestadt hatten mit ihrem so gar nicht den Buchstaben des Grundgesetzes entsprechendem Vorgehen gegen die Kommunistin Ilse Jakob wahrlich vorauseilenden Gehorsam bewiesen. Bereits am 23. November 1971 hatte der Senat ein eigenes Gesetz zur »Säuberung« des öffentlichen Dienstes erlassen und am selben Tag der Lehrerin Heike Gohl die bevorstehende Entlassung mitgeteilt.

Zwei Monate später, am 28. Januar 1972, scharte der amtierende Bundeskanzler Willy Brandt – der Sozialdemokrat, der angetreten war, »mehr Demokratie zu wagen« – die Ministerpräsidenten der Bundesländer um sich. Gezeugt wurde der »Radikalenerlass«, amtlich »Grundsätze zur Frage der verfassungsfeindlichen Kräfte im öffentlichen Dienst« geheißen. Hamburg konnte da schon mit Verweis auf Heike Gohl und Ilse Jakob Vollzug melden.

Geist und Inhalt der »Grundsätze« entsprachen jenem Gesetz der faschistischen Machthaber von 1933. Nach dem Beamtengesetz von Bund und Ländern, so Brandt im Chor mit den Ministerpräsidenten, »darf in das Beamtenverhältnis nur berufen werden, wer die Gewähr dafür bietet, dass er jederzeit für die freiheitlich-demokratische Grundordnung (*»für den nationalen Staat« hieß das 1933 – H. C.*) im Sinne des Grundgesetzes eintritt«. Zweifel rechtfertigten »in der Regel eine Ablehnung des Anstellungsantrages«.

Für Arbeiter und Angestellte im öffentlichen Dienst galten dieselben Grundsätze.

Schon am 19. September 1950 hatte die eben ins Amt gesetzte Bundesregierung mit dem (von der SPD-Bundestagsfraktion gebilligten) »Adenauererlass« die Mitglieder von dreizehn Organisationen (darunter auch die VVN) pauschal zu »Gegnern der Bundesrepublik« erklärt und damit eine erste Welle der »Reinigung« im öffentlichen Dienst eingeleitet.

Am 17. August 1956 erfolgte zur »Verteidigung der wehrhaften Demokratie« und der »Abwehr kommunistischer Gefahr« durch das Bundesverfassungsgericht das Verbot der Kommunistischen Partei Deutschlands. Im Gefolge dieses Verbots waren im Ergebnis von rund 250.000 Ermittlungsverfahren (mit nach zeitgenössischen Berechnungen 500.000 mittelbar Betroffenen) durch die 1951 wieder gebildeten politischen Sondergerichte an die 10.000 Bundesbürger wegen Verstoßes gegen die »freiheitlich-demokratische Grundordnung« – sprich: Eintreten gegen die Wiederaufrüstung der BRD, die revisionistische Ostpolitik – zu zum Teil hohen Gefängnisstrafen verurteilt worden. Der Vorsitzende der Freien Deutschen Jugend in der Bundesrepublik Jupp Angenfort war am 4. Juni 1955 vom Bundesgerichtshof zu einer fünfjährigen Zuchthausstrafe verurteilt worden.

»Das sind Zahlen, die einem Polizeistaat alle Ehre machen«, konstatierte zutreffend FDP-Bundesinnenminister Werner Maihofer (1974-1978) angesichts dieser Bilanz.

1968 lief diese Phase der Kommunistenverfolgung, in der auch kritische Sozialdemokraten wie christliche Pazifisten oder parteilose Gewerkschafter zu »Staatsfeinden« erklärt wurden, langsam aus. Die politische Strafgesetzgebung wurde, ein innenpolitisches Zugeständnis der Bundesregierung an den internationalen Trend einer augenscheinlichen politischen Ost-West-Entspannung, modifiziert. Was, wie sich bald zeigen sollte, nichts am grundsätzlichen antikommunistischen Grundkonsens der staatstragenden Kräfte änderte. Carl von Ossietzkys warnende Worte von 1921 galten auch in der neuen Zeit: »Erst geht es gegen den Bolschewismus, nachher ist alles ein Aufwaschen und jeder ehrliche Demokrat ist ein Bolschewist.«

Mit seiner Verheißung, mehr Demokratie zu wagen, rief Willy Brandt bald Kräfte auf den Plan, die tatsächlich mehr Demokratie einforderten. Mit dem Ministerpräsidenten-Beschluss vom Januar 1972, dem »Radikalenerlass«, sollten frühzeitig Pflöcke gegen eine alle gesellschaftlichen Bereiche ergreifende Bewegung eingeschlagen werden, an deren Ende womöglich Bert Brechts Forderung gestanden hätte: »Stellen wir die Eigentumsfrage!« Die Veränderungen der Politik der Bundesregierung gegenüber den sozialistischen Staaten blieben zudem nicht ohne Auswirkungen auf die Friedensbewegung in der Bundesrepublik. Rudolf Scharping, für kurze Zeit einmal SPD-Vorsitzender, erläuterte am 31. Juli 2008 in einem Gespräch mit dem Kölner *Deutschlandfunk* recht offenherzig den Disziplinierungsauftrag der Berufsverbote: Der Radikalenerlass diente Willy Brandt »als Absicherung seiner Ostpolitik nach innen, um nicht in den Ruch der Kommunistensympathie zu kommen«.

Wolfgang Roth, einmal Vorsitzender der sozialdemokratischen Jungsozialisten, hatte schon im Mai 1973 beklagt, dass Brandt mit der Exekutierung der Berufsverbote vor den reaktionären Kräften der BRD in die Knie gegangen wäre. Im Mai 1973 sagte er auf dem ersten großen internationalen Kongress gegen die Berufsverbotspraxis in Hamburg: »Dass es den konservativen und reaktionären Kräften jedoch gelingen würde, durch monatelange Hetze, durch ständiges Schüren einer Hysterie verantwortliche Sozialdemokraten zu Zugeständnissen zu bewegen, die an die Substanz der Verfassung gehen, mussten manche erst wieder begreifen.«

Im bundesdeutschen Amtsdeutsch gebar diese Hysterie einen neuen Begriff: die »Regelanfrage«. Das so bieder daher kommende Wörtchen entpuppte sich bald als flächendeckendes Instrumentarium in den Händen der Gedankenpolizei und erfüllte somit genau den Zweck, den Roth auf der Hamburger Konferenz so beschrieben hatte: »Das Entscheidende an den Ministerpräsidentenbeschlüssen ist nicht ihre formale Grundgesetzwidrigkeit, sondern ihre politische Funktion, die darin liegt, durch die Schaffung einer Atmosphäre der Einschüchterung und der Denunziation Prozesse der gesellschaftlichen Änderung im Ansatz zu unterbinden.«

In seiner Konsequenz griff diese Praxis in das Schicksal Tausender Menschen ein, sie blockierte und zerstörte Karrieren. Menschen wurden traumatisiert, Angst und Duckmäusertum produziert. An Hochschulen wurden Verträge von Wissenschaftlern gekündigt bzw. nicht verlängert, Streichung von Berufungslisten und Nichtverbeamtung waren auch bei Juristen im Staatsdienst oder bei Bundesbahn und Bundespost die Folgen. Gewerkschaftliche Jugendvertreter wurden zum Lehrende entlassen oder vorzeitig gekündigt, auch kurzfristige Einberufungen zur Bundeswehr (hier wirkten die Betriebe, der Verfassungsschutz und die Bundeswehr Hand in Hand) wurden zur Disziplinierung eingesetzt.

Ein im November 1986 veröffentlichter Bericht der Internationalen Arbeitsorganisation (ILO) in Genf macht deutlich, in welchem Umfang das staatliche Überwachungs- und Ausspähsystem gewirkt hatte und in das Leben der Bürger eingedrungen war. Vor dem Untersuchungsausschuss der ILO berichtete der Vertreter des Bundeslandes Baden-Württemberg, 256.000 »Regelanfragen« zwischen 1979 und 1985 an den Verfassungsschutz gerichtet zu haben. Das Land Bayern bestätigte, im gleichen Zeitraum 141.983 Überprüfungsanträge gestellt zu haben. Niedersachsen gab die Zahl der Anfragen an das Amt mit 146.000 an. In Rheinland-Pfalz waren es 63.664. Im Saarland gab es 16.880 derartige Anfragen von 1972 bis 1979, und der Vertreter des Landes Nordrhein-Westfalen meldete für 1976-1979 bis zu 34.000.

In der Summe, so errechnete die Initiative »Weg mit den Berufsverboten«, muss von 3,5 Millionen politischen Überprüfungen ausgegangen werden. Daraus resultierend fertigten die Verfassungsschutzämter 35.000 »Erkenntnisse« zur weiteren Bearbeitung bei den Behörden, von denen die vorgeschriebene »Regelanfrage« ausgegangen war. 1.250 Bewerbern wurde die Einstellung in den öffentlichen Dienst verweigert, weil sie durch die Gesinnungsprüfung – amtlich: Anhörung – gefallen waren, also Zweifel an der Treue zum Grundgesetz nicht hatten ausräumen können oder/und nicht bereit waren, etwa aus der DKP auszutreten. 256 entließ man aus dem Dienst. In 2.100 Fällen kam es zu Disziplinarverfahren.

Die Praxis der »Regelanfrage« lief im Verlaufe der 70er und 80er Jahre allmählich aus und wurde durch eine »Bedarfsanfrage« ersetzt. Als sich die saarländische Landesregierung unter Ministerpräsident Oskar Lafontaine (SPD) im Juni 1988 offiziell von der Praxis der Berufverbote verabschiedete, verwies sie darauf, dass der »Radikalenerlass« im Lande ein »Klima der Angst vor Gesinnungsschnüffelei erzeugt (habe), das einem lebendigen Prozess demokratischer Meinungs- und Willensbildung abträglich ist«. Helmut Simon, Richter am Bundesverfassungsgericht, befand, die Berufsverbotspraxis sei geeignet,

»die Leuchtkraft in der bundesdeutschen Verfassungsordnung durch Gesinnungsschnüffelei zu verdunkeln«.

Als letztes (altes) Bundesland setzte Bayern die »Regelanfrage« erst 1991 aus. Allerdings nicht ohne – gemäß »Bekanntmachung der Bayerischen Staatsregierung über die Pflicht zur Verfassungstreue im öffentlichen Dienst« – Bewerber für den öffentlichen Dienst bis in die jüngste Zeit per Fragebogen um Auskunft nach Mitgliedschaft etwa in linken Parteien zu bitten.

Dienten die Berufsverbote in der alten BRD und das KPD-Verbot von 1956 in erster Linie der Abschreckung und der Prävention, um kritisches Denken und erst recht daraus resultierende Forderungen und Taten zu verhindern, in dem sie schon im Vorfeld als strafwürdig erklärt wurden, geschah dies erst recht nach 1990. Mit dem Anschluss der DDR wurden sie zum Instrument für Sanktionen. Nun wurden flächendeckend all jene belangt, die sich – wie das Bundesarbeitsgericht in Kassel im März 1993 erklärte – »über eine bloße Mitgliedschaft in der SED hinaus mit der Zielsetzung der Staatspolitik der DDR identifizierten« und dadurch Zweifel erweckten, ob sie die »freiheitlichen Grundwerte« der Verfassung der BRD »glaubwürdig vermitteln können«.

Die Verfechter der neuzeitlichen Inquisition räumten allerdings großherzig den Beigetretenen die Möglichkeit ein, sich einem Gesinnungs-TÜV zu unterziehen, um festzustellen, »ob zum Zeitpunkt der Kündigung die Zweifel (an der in der DDR nie geltenden Grundordnung) noch bestehen oder ob sich inzwischen vielmehr das Bekenntnis zum Grundgesetz zweifelsfrei manifestiert hat«.

Kurt Grünhagen, sein Fall steht hier für viele, hat den Gesinnungstest nicht bestanden. Der im Januar 1990 von der Schulkonferenz einstimmig zum neuen Schuldirektor gewählte und in einer »Anhörung« auch amtlich bestätigte Leipziger Lehrer erhielt zum 31. März 1993 die Mitteilung: »Auf Grund Ihrer früheren Tätigkeit sind Sie nicht geeignet, junge Menschen im Geiste der freiheitlich-demokratischen Grundordnung zu erziehen.«

Ähnliches war nach entsprechender Überprüfung ihrer Vergangenheit im Herbst 1990 bereits der Lehrerin Marie-

Luise Hora aus Falkensee bei Berlin attestiert worden. Aus »vorliegenden Erkenntnissen« sei zu schlussfolgern, »dass Sie keine Gewähr dafür bieten, die Gesetzlichkeit im schulischen Bereich durchzusetzen«.

Geschichte wiederholt sich nicht. Oder doch? Am 9. Juli 1788 bildete der preußische Justizminister Johann Christoph Wöllner zur Abwehr der damals durch die Aufklärung offensichtlich gefährdeten Gesetzlichkeit im schulischen Bereich »Provinzial-Examinations-Kommissionen«, an deren Spitze die »Immediat-Examinations-Kommission« stand. Die Kommission – eine Art Vorläuferin der Gauck-Birthler-Behörde – war zuständig für die regelmäßige Gesinnungsüberprüfung der Lehrer und der führenden Persönlichkeiten der Wissenschaft.

Selbst der Philosoph Immanuel Kant handelte sich eine Maßregelung ein. Seine Schrift »Die Religion innerhalb der Grenzen der bloßen Vernunft« hatte 1794 Anstoß erregt. Und die Universität Jena aberkannte Johann Gottlieb Fichte die Professur. Vorwurf: Atheist.

Am 20. September 1819 eröffnete die 35. Deutsche Bundesversammlung mit den »Karlsbader Beschlüssen« eine groß angelegte Hatz gegen »revolutionäre Umtriebe« und »demagogische Verbindungen«, die als »Demagogenverfolgung« in die Geschichte eingegangen ist. Die Hexenjagd hatte damals 1.800 Berufsverbote in deutschen Landen zur Folge.

Im April 1822 erließ Friedrich Wilhelm III. dazu die »Allerhöchste Kabinettsordre betreffend das Verfahren bei Amtsentzug der Geistlichen und Junglehrer«. Gegen Lehrer, die den »Verirrungen der Zeit huldigen« und »Oppositionsgeist« zeigten, war durch den dazu beauftragten Kultusminister Allenstein »rücksichtslos vorzugehen«. Vor jeder Anstellung oder Beförderung waren »die Äußerung des Ministers des Innern und der Polizei über das betreffende Individuum« einzuholen.

Der »Demagogenverfolgung« fielen 1837 die »Göttinger Sieben« zum Opfer, als sie Protest erhoben gegen die Aufhebung der Verfassung im Königreich Hannover. Die Brüder Grimm flogen aus ihren Ämtern, in Breslau verlor wegen kritischer Äußerungen Hoffmann von Fallersleben sein Amt und wurde in die Verbannung geschickt. 1848/49, nach der gescheiterten Revolution, holte Friedrich Wilhelm IV. zum Kampf gegen »unzuverlässige Elemente« aus. »Nicht den Pöbel fürchte Ich«, sagte er im Februar 1849, »aber die unheiligen Lehrer einer modernen frivolen Weltweisheit vergiften Mir Meine Bürokratie, auf die Ich bisher stolz zu sein glaubte«. Des Königs Zorn ließ den schlesischen Junker Valerian Graf Pfeil den Bannfluch verkünden: »Die Schulmeister, die christliche Demut lehren sollen, die aber aufgeblasen sind wie die Feuerkröten und aus frevelhaftem Übermut die Kirche nicht mehr über sich dulden wollen, müssen von ihrem Amte gejagt werden, dass sie die Schuhe verlieren, und wie Galgenvögel muss man sie aus dem Lande peitschen.«

Gepeitscht wurde noch nicht, aber ein großes Reinemachen setzte mit dem »Allerhöchsten Erlass« von Friedrich Wilhelm IV. vom 17. April 1853 ein, in dem bestimmt wurde, »dass solche Beamte, Geistliche und Lehrer, welche in den Jahren 1848 und 1849 sich in irgendeiner Weise politisch oder kirchlich vergangen haben, ohne Meine ausdrückliche Genehmigung nicht befördert oder in ihrem Gehalt verbessert werden dürfen und dass, wenn sie bereits wegen solcher Vergehen in Untersuchung geraten, vom Amt suspendiert oder entsetzt worden sind, sie ohne solche Genehmigung nicht wieder zu irgendeiner Art von Amtstätigkeit zugelassen werden sollen«. Nur noch »Lehrer mit tadelloser politischer Vergangenheit« durften nach »über die politische Zuverlässigkeit einzubeziehenden Erkundigungen« in den Dienst.

Ein ganz besonderes Kapitel bildeten gegen die aufkommende Arbeiterbewegung gerichtete Koalitionsverbote, wie das Gesetz »Betreffend die Dienstvergehen der nicht richterlichen Beamten« vom 21. Juli 1852, der »Kölner Kommunistenprozess« im Oktober und November 1852, die sich mehrenden Maßnahmen gegen »die verderblichen Lehren und Tendenzen der sozialdemokratischen Richtung«, die am 19. Oktober 1878 vervollständigt wurde durch das vom Reichstag verkündete »Gesetz gegen die gemeingefährlichen Bestrebungen der Sozialdemokratie«. Als das Sozialistengesetz nach zwölf Jahre Dauer am 30. September 1890 außer Kraft trat, war zwar das Ziel, die Sozialdemokratie und die Gewerkschaften auszuschalten, nicht erreicht. Die Regularien zur scharfen Überwachung und gegebenenfalls auch Ausschaltung »hiesiger unzufriedener Elemente« aber waren geschaffen.

Mit dem »Gesetz zur Wiederherstellung des Berufsbeamtentums« vom 7. April 1933 konnte sich das faschistische Regime auf eine langjährige Tradition stützen.

Eine unselige Traditionslinie, die von den Karlsbader Beschlüssen von 1819 in vielerlei Variationen und Auswirkungen bis ins Heute führt. Sie war immer begleitet von Verstößen gegen die Menschenrechte.

Jenen, die die mit dem Anschluss der DDR über die »neuen Länder« hereingebrochene Gauck- oder Birthler-Inquisition mit Verweis auf zu ahndendes Unrecht der DDR zu rechtfertigen suchen, seien »Fragen am Sterbebett des sterbenden Sozialismus« des ehemaligen Vorsitzenden der westdeutschen Industriegewerkschaft Druck und Papier, Detlef Hensche, in Erinnerung gerufen: »Wenn unser Ziel die Freiheit ist, ein Leben in Würde und Selbstbestimmung, ohne Zurücksetzungen, Ausgrenzung und Ungleichbehandlung – dann muß das eigene Verhalten demokratisch sein, demokratischer als das Verhalten derer, gegen deren Übergriffe wir uns zu wehren haben […].

Wer demokratische Emanzipation ernst nimmt, wird auch den Stil der demokratischen Auseinandersetzung überdenken müssen, gleich auf welcher Ebene.«

---

* Hans Canjé, Journalist – bis zum Verbot der KPD im Jahre 1956 Redakteur beim Zentralorgan *Freies Volk*, danach Mitarbeiter in mehreren Zeitschriften, zuletzt Stellvertretender Chefredakteur von *Stimme der DDR*

Vierzehn Tage Knast in Westberlin

Von Edwin Hille*

November 1950: Es waren die letzten Wochen vor meinem Lehrabschluss als Großhandelskaufmann bei der Konsumgenossenschaft Berlin-Mitte. Da erreichte mich kurzfristig die Mitteilung vom FDJ-Kreisverband Mitte, dass am Totensonntag eine Ehrung der Opfer des Krieges in Westberlin erfolgen soll. Treffpunkt sei am Sonntag, dem 26. November, gegen 9.00 Uhr, vor dem S-Bahnhof Sundgauer Straße.

Ich sagte zu, ohne noch Kontakt zu meinen Freunden aus der Gruppe in Mitte aufzunehmen.

Diese Totenehrung entsprach meinem Bedürfnis, denn es hatte in der letzten Zeit erhebliche Stänkereien politischer und krimineller Art von Westberlin aus gegeben. Sowohl beim Deutschlandtreffen im Sommer als auch bei den ersten Einheitswahlen der Nationalen Front waren Störenfriede eingesetzt, der RIAS hetzte und Flugblätter trieben mit Ballons herüber, um inneren Unfrieden zu stiften.

Die Berliner, nach dem Krieg bereit für Frieden und Neuaufbau, erschüttert über das faschistische Erbe, hatten eine differenzierte Haltung zu den Siegermächten und waren von ihnen abhängig.

Mit der Einführung der Westmark in Westberlin 1948 und der Spaltung der Berliner Verwaltung durch SPD und CDU unter spezieller Initiative der amerikanischen Besatzungsmacht wurden die Gemeinsamkeiten im Volk zerrissen. Der nachfolgende Wechselkurs der Währungen und unterschiedliche Lebensbedingungen verwirrten die Menschen und brachten sie gegeneinander auf.

Hinzu kam, dass viele Werktätige mit dem Wohnort auf der einen Seite und dem Arbeitsplatz auf der anderen unterschiedlich entlohnt wurden. Das führte zu Neid, Missgunst und Spekulation.

Die einheitliche Liste der Kandidaten der Nationalen Front bei der Wahl in der DDR im Oktober 1950 gab beiden Seiten gegensätzliche Argumente zum Begriff der Freiheit. Das führte zu Diskussionen in der Bevölkerung.

Die westlichen Alliierten sicherten bessere Lebensverhältnisse in Westberlin.

Nach selbstloser Hilfe in den Nachkriegsjahren hatten die Sowjets selbst nichts und die stets abgeführten Reparationen an ihr Land (von uns in der DDR zu 98 Prozent getragen) machten unsere Lebensbedingungen kaum besser.

So gab es im Osten bei gutem Willen und fleißiger Arbeit Jahre hindurch stetige Diskussionen um die Gestaltung eines besseren Lebens.

Am Sonntag, dem 26. November 1950, verließ ich in der Sundgauer Straße gegen 9 Uhr die Bahn. Der Bahnhof war um diese Zeit leer. Der Zug fuhr ab. In diesem Moment stürzten Stumm-Polizisten von der Bahntreppe her auf mich zu und nahmen mich fest. So ging es auch einigen anderen.

Vor dem Bahnhof standen etwa 20 bis 30 Personen, hauptsächlich Männer. Sie johlten und brüllten: »Ihr Kommunistenschweine! Euch hat man vergessen zu vergasen!«

Man lud mich und andere auf einen mit Planen abgedeckten LKW. Später kamen noch weitere Festgenommene hinzu. Unsere harmlose politische Aktion war also verraten worden.

Man fuhr uns zum Polizeipräsidium Friesenstraße. Dort mussten wir bis zum Nachmittag warten. Ich hatte mir zum Glück eine Stulle mitgenommen. Dann wurden wir einzeln vernommen. Ich sollte erklären, dass man mich zu diesem Einsatz gezwungen habe. Ich widersprach: »Ich bin freiwillig als FDJ-Mitglied gekommen.«

Die Vernehmer waren in Zivil. Sie waren sachlich, obwohl sie erkennbar verärgert waren, den Sonntag im Büro verbringen zu müssen. Am Abend folgte ein Transport mit der Grünen Minna. Mir wurde schlecht von der Schaukelei und dem Hunger. Nach einer Vernehmung brachte man etwa 30 von uns nach Moabit. Dort wurde ich in eine Kellerzelle gesperrt, in der sich bereits ein Krimineller befand. Schmutzig und unrasiert hockte er auf einer Strohschütte. Ein zweiter Strohhaufen und eine Decke waren für micht bestimmt.

In diesem Loch brachte ich zwei Nächte zu, in denen ich mächtig fror.

Am Mittwoch, dem 29. November, führte man mich und die anderen in einen Saal. Dort verhandelte eines der damals üblichen Schnellgerichte. Rechtsanwalt Friedrich Karl Kaul, ein Anwalt aus dem Ostteil Berlins, stellte sich als unser Verteidiger vor. Diejenigen von uns, die ihren Aufenthalt mit Stadtbesichtigung oder Tantenbesuch begründeten, wurden freigelassen. Wer sich jedoch, wie ich, zur Wahrheit bekannte, erhielt 14 Tage Gefängnis.

»Besitz einer nichtlizenzierten Zeitung«, führte der Richter zur Begründung an. Ich hatte eine Ausgabe der *Berliner Zeitung* in der Tasche gehabt.

Gemeinsam mit einem anderen jungen Mann brachte man mich im Anschluss in das Jugendgefängnis Plötzensee. Wir wurden gemeinsam in eine Zelle gesperrt, in der seit Monaten Günter Wurl einsaß. Er war Westberliner, wie ich 19 Jahre alt und gab sich als »Kommunist« aus. Er habe ein Jahr abzusitzen, sagte er. Wurl trug einen grauen Pullover, lehnte zur Abgrenzung zu den Kriminellen im Haus jede Häftlingskleidung ab und verhielt sich sehr aufsässig.

Ich trug nun schon fünf Tage dieselbe Wäsche am Leib und roch ein wenig streng. Ein Aufseher namens Brandenburg erlaubte das Duschen und gab uns saubere Wäsche. Die Kriminellen aus derselben Etage hielt er von uns fern. Die gestreifte Häftlingskleidung zu tragen, sah ich in der ehemaligen Hinrichtungsstätte der Faschisten als ehrenvoll an. Schließlich war ich auch Antifaschist.

Am 9. Dezember 1950 ließ man mich laufen.

Mein Vater, der gekommen war, mich abzuholen, wurde aber stundenlang an einem anderen Ausgang festgehalten. Wir verfehlten uns also.

* Edwin Hille, damals Mitglied der FDJ, Berlin

»Maitest«

Bundeskanzlerin Angela Merkel fühlt sich bei manchen ihrer Auslandsreisen befugt, das Gastland darauf aufmerksam zu machen, das Recht auf Meinungs- und Pressefreiheit zu achten. Sie tut dabei so, als sei Deutschland der Erfinder der Pressefreiheit und insofern berechtigt, anderen Belehrungen zu erteilen. Dabei gehört dieses Land historisch gesehen mit zu den Letzten, bei denen solche Freiheiten gewährt wurden. In vollem Umfang ist das ohnehin bis heute nicht sicher.

Vielleicht sollte man einmal darauf verweisen, dass in den frühen 60er Jahren ein Ereignis die Bundesrepublik ereilte, an das mancher nicht mehr erinnert werden möchte, weshalb es beim Neuschreiben (west-)deutscher Nachkriegsgeschichte vergessen wurde.

Seit Anfang März 1963 – in jener Zeit wurden die Haftbefehle vorbereitet und datiert – liefen bei den Bonner Staatsschutzbehörden Vorbereitungen für eine Aktion, die zwei Monate später unter dem lyrischen und verharmlosenden Namen »Aktion Maitest« zwischen München, dem Ruhrgebiet, Hamburg und Hildesheim für Wirbel sorgte.

Da standen im Morgengrauen des 13. Mai vor Wohnungs- und Bürotüren Beamte des bundesrepublikanischen Staatsschutzes und Polizisten. Dort wohnten und arbeiteten westdeutsche Journalisten, die legal für die DDR-Nachrichtenagentur *ADN* und für den *DDR-Rundfunk* tätig waren. In Bonn waren das beim Bundestag akkreditierte DDR-Journalisten von *ND*, *ADN* und dem *DDR-Rundfunk*.

Die Polizei nahm über 20 von ihnen fest, auch manche Ehefrau war dabei. Die Begründung: Sie hätten sich in hoch- und landesverräterischer Absicht und staatsgefährdend betätigt. Zum Beweis für die in mehrerer Hinsicht bemerkenswerten Anklagepunkte wurde den Delinquenten eine ganze Latte von

Paragraphen vorgehalten, die samt und sonders nach dem sogenannten Blitzgesetz vom September 1951 ins bundesdeutsche
Strafgesetzbuch Eingang gefunden hatten. Die strafrechtlichen
Begriffe waren ursprünglich nach 1945 von den Siegermächten
wegen ihres Missbrauchs durch die Nazis getilgt worden, wie
beispielsweise Hoch- und Landesverrat, Staatsgefährdung, mit
denen in Nazideutschland oft Todesstrafen gegen politisch
Andersdenkende verhängt worden waren.

In den von der 1951 amtierenden Adenauer-Regierung im
Strafgesetzbuch geänderten Paragraphen 88 bis 105ff. war das
»Sammeln von Nachrichten« von hoch- und landesverräteri-
schem Charakter, die angeblich den Staat gefährden könnten,
schon ein Straftatbestand. Aber das Sammeln von Nachrichten
gehört nun mal zum Beruf des Journalisten, die Beurteilung
eines der genannten Straftatbestände war daher sehr subjektiv.

Zu den Festgenommenen gehörten auch – sicherlich zufällig, aber für den Bonner Staatsschutz hoch willkommen – Prof.
Hans Teubner, damals Chefredakteur der *Leipziger Volkszeitung*, und Dr. Georg Grasnick vom *Deutschlandsender*.

Sie nahmen als Berichterstatter mit normalen Akkreditie-
rungspapieren am Prozess gegen den ehemaligen sozialdemokratischen Vorsitzenden der »Falken«, Lorenz Knorr, teil. Dieser
war in eben jenem Land, in dem es angeblich keine politischen
Prozesse gab, wegen »Staatsgefährdung« vor den Kadi gezerrt
worden. Einer der wesentlichen Anklagepunkte: Er hatte auf
einer Kundgebung der Friedensbewegung erklärt, die Bundes-
wehrgenerale Heusinger, Speidel, Foertsch und andere seien
Massenmörder im Dienste des Naziregimes gewesen.

Das war zur Zeit der Bonner Hochrüstung offenbar ein
äußerst strafbares Delikt.

Dr. Georg Grasnick wurde aber nicht nur wegen des Sam-
melns von staatsgefährdenden Nachrichten, sondern auch
wegen seiner Tätigkeit als Chef des *Deutschlandsenders* festgenommen, weil dieser Sender (obwohl auf einem nicht zur BRD
gehörenden Territorium angesiedelt und tätig) zum Beispiel
auch Angehörige der im Westen verbotenen KPD zu Wort
kommen ließ.

Hier begann sich nun ein völlig neuer Straftatbestand her-
auszuschälen: Staatsgefährdung sei es schon, wenn die Bundes-

republik aus einem anderen Land, das die Bundesregierung wegen ihres anmaßenden Alleinvertretungsanspruches nicht anerkannte, verbal kritisiert würde. Dass dies kein Lapsus war, sondern Absicht, erfuhr ich selbst, als ich am 30. Mai 1963 in Bonn zwar später als meine Kollegen, aber mit der gleichen Vorhaltung vom Staatsschutz festgenommen und dem Untersuchungsrichter beim Oberlandesgericht Bonn zugeführt wurde. Ich war nämlich von der Redaktion des *Neuen Deutschland* als deren stellvertretender Chefredakteur nach Bonn geschickt worden, um auf einer Pressekonferenz gegen Festnahme und Verfahrenseröffnung gegen den *ND*-Korrespondenten Peter Lorf zu protestieren.

Die Pressekonferenz fand mit ziemlich großer internationaler Beteiligung statt. Ich übernachtete in der Privatwohnung von Peter Lorf, der inzwischen auf freien Fuß gesetzt worden war. Am Morgen wurde ich beim Packen meiner Reisetasche von drei Staatsschützern überrascht, die mich per richterlichem Befehl »vorläufig festnahmen« und mir Durchsuchungsbefehle für meine Wohnung im Siegkreis und mein Fahrzeug vorlegten. Ich machte die Beamten darauf aufmerksam, dass sie etwas der Zeit hinterherhinkten, weil ich jene Wohnung bereits am 1. Dezember 1961 mit dem Ende meiner Korrespondententätigkeit und wegen meiner Rückkehr nach Berlin aufgegeben hätte. Ich wüsste deshalb nicht, ob der mir unbekannte Nachmieter die Belästigung hinnehmen werde. Mit etwas betretenem Gesicht ging einer der Beamten zum Fahrzeug und zog offenbar über Polizeifunk Erkundigungen ein.

Es werde sich beim Untersuchungsrichter klären, beschied man mir und bat mich, mit meinem Gepäck im Dienstfahrzeug Platz zu nehmen. Dass die ganze Aktion trotz langer Vorbereitung chaotisch verlief, ist auch an dem Umstand zu bemerken, dass Peter Lorf 1964, als er wieder in Berlin war, eine Aufforderung vom Bundesgerichtshof erhielt, sich zur Vernehmung wegen der Anklage, die gegen ihn erhoben worden war, in »Karlsruhe oder einem anderen ihm genehmen Ort in der Bundesrepublik"«einzufinden habe.

Beim Untersuchungsrichter protestierte ich zunächst gegen die Verhinderung meiner Abreise. Der Untersuchungsrichter versuchte mir zu erläutern, dass die Anklagepunkte so schwerwiegend seien, dass sie wegen Fluchtgefahr zu einer vorläufigen Festnahme ausreichen würden. Er stapelte vor sich einen beachtlichen Berg von sieben oder acht Aktenordnern auf, die, prall gefüllt, das Beweismaterial bergen sollten. Neugierig geworden, was mir in einem solchen Umfang nachgewiesen werden sollte, fragte ich nach Einzelheiten und Inhalt der Vorwürfe. Er griff einen Ordner und bemerkte, dass es sich hierbei um meine Artikel handele, die ich als Bonner *ND*-Korrespondent verfasst hätte. Aber nicht nur das. Auch Artikel und Kommentare, die ich nach meiner Korrespondentenzeit in der Berliner Redaktion 1962 und 1963 geschrieben hatte, Ausschnitte aus Fernsehsendungen sowie Rundfunk- und Fernsehkommentare – alles fein säuberlich gesammelt, zum Teil in einem ordentlicheren Zustand, als es in meinem Privatarchiv zuging.

In dem Frage- und Antwortspiel, das sich daraufhin über Stunden hinzog, pochte ich nun aber auf Beweise dafür, was zu der Anklage berechtigte.

Der Untersuchungsrichter blieb mit seinem Zeigefinger an einigen Blättern hängen und zitierte: »Bonn ist an der Aufrechterhaltung der Spannungen interessiert« – »In Schleswig-Holstein gibt es einen faschistischen Sumpf« – »Bonn stört die normalen Beziehungen zwischen beiden deutschen Staaten« … (Diese Feststellung war übrigens der italienischen *Avanti* entlehnt, die über die Nacht- und Nebelaktion gegen die DDR-Journalisten berichtet hatte.)

In dieser Preislage bewegten sich also die »Beweise« für Staatsgefährdung und Landesverrat. Sie machten deutlich, worauf die jahrzehntelange Weigerung Bonns hinauslief, normale Beziehungen zum deutschen Nachbarstaat herzustellen, die DDR-Staatsbürgerschaft anzuerkennen und stattdessen alles zu tun, die Verhältnisse instabil zu halten und die DDR dadurch zu schwächen.

Bewiesen wurde diese Absicht auch durch die nach 1990 zustande gekommenen Prozesse gegen DDR-Bürger für ihre Tätigkeit vor dem Anschluss der DDR an die Bundesrepublik. Der Prozess, der gegen Grasnick und Teubner als einziges zählbares Ergebnis nach der Aktion Maitest stattfand, sollte durch eine Art Lex Grasnick/Teubner Tatbestände schaffen, nach denen DDR-Bürger beliebig unter die Jurisdiktion der Bundesrepublik gestellt werden könnten.

Das gleiche betraf auch die anderen DDR-Bürger, die von der Verhaftungswelle betroffen waren. Dabei gab es durchaus differenzierte Behandlungen einzelner Personen. Während Peter Lorf relativ schnell freikam, dafür aber – ebenso wie ich – jahrelang im Fokus der Bonner Staatsschützer verblieb, wurden Hans Müller, Leiter des *ADN*-Büros in Bonn, und seine Frau tagelang im Polizeigewahrsam gehalten.

Übrigens war das Bonner Intermezzo von 1963 nicht meine erste Begegnung mit westdeutschen Strafverfolgungsbehörden. Im September 1957 – kurz vor den Bundestagswahlen – war ich am Grenzkontrollpunkt Marienborn unter fadenscheinigen Vorwänden festgenommen und in ein Helmstedter Polizeirevier verbracht worden. Dort saß ich bis zum späten Abend in einem gekachelten, kalten Raum, der sonst als Ausnüchterungszelle diente. Erst nach Protesten und dem Verlangen, den Bonner Korrespondenten Dr. Dengler zu benachrichtigen, begann ein Verhör, das nach längerer Zeit und einigen Telefongesprächen mit dem Bescheid abgebrochen wurde, ich könne meine Reise fortsetzen.

* Harri Czepuck, Jahrgang 1927, Journalist, von 1967 bis 1971 Mitglied der Westkommission beim Politbüro des ZK der SED sowie Stellvertretender Chefredakteur des *Neuen Deutschland*. Danach Vorsitzender des Journalistenverbandes der DDR

Drei Jahre Haft
von einem Nazirichter

*Von Erich Passarge**

Zwei Jahre dauerte mein Studium an der Gewerkschaftsschule in Bernau, das ich im Dezember 1953 abschloss. Mein neuer Arbeitsbereich wurde die Westabteilung des Bundesvorstandes des FDGB. Die Tätigkeit dort war vielseitig und für mich sehr interessant. Wir arbeiteten zu fünft, verfolgten die Entwicklung in der BRD, vor allem die politische Entwicklung der Gewerkschaften, lasen westdeutsche Zeitungen und Zeitschriften und erarbeiteten Agitationsmaterial für unsere Gewerkschafter und für westdeutsche, uns verbundene Funktionäre des Deutschen Gewerkschaftsbundes.

Mitte der 50er Jahre wurde in beiden Teilen Deutschlands die Einheit des Landes diskutiert. Die Regierung der DDR hatte der Bonner Regierung eine Reihe von Vorschlägen unterbreitet; Politiker, Wirtschaftsleute, Künstler, Wissenschaftler aus beiden deutschen Staaten trafen sich, um über Wege zur Einheit zu beraten. Der Bundesvorstand des FDGB führte zur Frühjahrs- und Herbstmesse in Leipzig gesamtdeutsche Arbeiterkonferenzen durch, um Vorstellungen zur Einheit darzulegen. Hunderte von Gewerkschaftmitgliedern und Funktionären aus der BRD nahmen an den Konferenzen, an Aussprachen und Betriebsbesichtigungen teil. Stets ging es um die Frage, wie ein einheitliches Deutschland einmal aussehen und wer die Macht in diesem Staate ausüben sollte.

Wir Mitarbeiter der Westabteilung fuhren in die BRD, um dort unsere Positionen zu vertreten. Meist luden uns westdeutsche Kollegen ein, die an Konferenzen in Leipzig teilgenommen hatten. Sie sorgten für Unterkunft und organisierten Aussprachen mit Arbeitskollegen und Betriebsräten. Man traf sich dazu in Hinterzimmern von Kneipen oder in Wohnungen.

Meine Einsätze begannen Ende Februar 1957 in Hessen und dauerten jeweils vier Wochen. In Westdeutschland wohnte ich bei Arbeiterfamilien in Offenbach am Main und einige Tage auch in Kassel, wo ich Ungeheuerliches erlebte.

Es geschah am 24. Oktober 1957. Mein Kollege Alfred und ich kamen von einer Diskussion mit westdeutschen Gewerkschaftskollegen in Kassel. Wieder war es darum gegangen, wie ein einheitliches Deutschland aussehen sollte. Wir waren zufrieden, denn uns gefiel das Fazit der Aussprache: Es müsse ein demokratisches, friedliebendes Deutschland sein, in dem das arbeitende Volk die Macht habe.

Wir liefen zum Bahnhof und wollten von Kassel nach Frankfurt am Main fahren. Plötzlich quietschten Bremsen. Ein Mensch schrie auf. Wir rissen die Köpfe herum: Ungefähr dreissig Meter von uns standen zwei PKW quer auf der Straße. Neben dem einen Wagen lag ein Mann am Bordstein. Er schrie, aber keiner stieg aus, um ihm zu helfen. Die Wagen rasten wieder los und stoppten erneut – direkt neben Alfred und mir. Zwei Männer in Zivil sprangen aus den Autos. »Kriminalpolizei, Sie sind verhaftet!«

Mich stieß man in den ersten Wagen, Alfred in den zweiten. Alles ging so schnell, dass ich keinen klaren Gedanken fassen konnte. Erst als ich im Wagen saß, war ich imstande zu reagieren. »Ich protestiere«, rief ich scharf.

»Das sagen Sie besser dem Untersuchungsrichter.«

Der Polizist neben dem Fahrer gab über Funk eine Meldung weiter: »Achtung, Achtung! Aktion Weinlese erfolgreich beendet. Wir brauchen sofort einen Krankenwagen.«

Am Polizeipräsidium Kassel stoppten wir. Ich wurde in ein Zimmer geführt, Alfred in ein anderes. Am Tisch saß ein Kriminalbeamter.

»Sie sind Erich Passarge?«

»Ja.«

»Sie kommen aus der Ostzone?«

»Nein. Ich komme aus der Deutschen Demokratischen Republik. Das steht so übrigens in meinem Ausweis«, antwortete ich höflich.

Er überging meine Antwort und fuhr fort: »Mit wem haben Sie hier gesprochen? Nennen Sie Namen!«

Ich holte aus. »Ich bin Gewerkschafter und habe mich mit Kollegen in Kassel und in anderen Städten unterhalten.«

»Genauer«, unterbrach er. »Mit wem?«

»Wissen Sie, nachdem ich erleben muss, wie Sie Menschen behandeln, die als Deutsche mit Deutschen sprechen, denke ich nicht daran, auch nur einen einzigen Namen zu nennen.«

»Wir haben Sie schon längere Zeit beschattet, Herr Passarge, und wissen viel über Sie und über Ihre Tätigkeit hier«, drohte jetzt der Kriminalbeamte.

Aber ich blieb dabei, nannte keine Namen und sagte: »Wenn Sie so viel über mich wissen, brauche ich ja keine Aussagen zu machen.«

Das Telefon klingelte, er nahm ab. »Wer ist da? Das Krankenhaus? Verstehe ich richtig? Der Überfahrene ist tot?« Nach einer Pause: »Schreiben Sie, er war Mitarbeiter einer staatlichen Dienststelle. Genauere Angaben sind nicht erforderlich.«

Ich begriff, der Mann, den man bei unserer Verhaftung überfahren hatte, war offensichtlich Mitarbeiter einer Beobachtungsgruppe. Er hat uns beschattet und wollte wahrscheinlich die Wagen der Kriminalpolizei einweisen.

Nun kam ein zweiter Beamter hinzu. Ich musste mich nackt ausziehen, und meine Kleidung wurde genau untersucht. Einer der Beamten versuchte, die Absätze von meinen Schuhen zu reißen. Ich wusste, dass sie nichts finden würden. Als ich mich wieder angezogen hatte, brachte man mich zum Erkennungsdienst. Meine Fingerabdrücke wurden genommen und die üblichen drei Fotos gemacht. Man behandelte mich wie einen Verbrecher.

Zwei Stunden später saß ich vor dem Untersuchungsrichter, einem Herr Buddenberg. Sein barscher Ton und seine Fragen erinnerten mich an meine Rekrutenzeit.

»Mit wem haben Sie gesprochen, Passarge?«

»Ich verweigere jede Aussage darüber, weil ich nicht will, dass meine westdeutschen Kollegen den gleichen Schikanen ausgesetzt werden wie ich.«

»Sie antworten schon noch«, drohte er und wiederholte: »Worüber haben Sie gesprochen?«

»Über Probleme, die alle Deutschen, vor allem die Arbeiter, interessieren. Über die Lebensverhältnisse in der DDR, zum

Beispiel über Löhne und Preise, über das Bildungswesen, das Gesundheitswesen, über Rechte unserer Gewerkschaften. Wir haben darüber diskutiert, wie heute ein Krieg zu verhindern ist, was wir gemeinsam gegen die wahnwitzige Aufrüstung tun können und wie ein einheitliches Deutschland aussehen sollte … Was, Herr Richter, ist daran gesetzeswidrig?«

»Sie sind Mitglied des ostzonalen Gewerkschaftsbundes und Mitglied der SED. Beide sind bei uns als verfassungsfeindlich eingestuft. Sie können Ihre Lage verbessern, wenn Sie genaue Angaben über Ihre Tätigkeit hier machen, vor allem, wenn Sie Namen nennen.«

Ich blieb dabei. »Ich verweigere jede Aussage!«

Damit endete die Vernehmung. Man überführte mich in die Untersuchungshaftanstalt Kassel. Zelle 110. Einzelhaft.

Der Haftbefehl war bereits am 16. Oktober ausgefertigt worden.

Die erste Nacht in der Zelle war unendlich lang. Kurz nach sechs wurde der Kübel geleert, und in einem Krug erhielt ich frisches Wasser. Dann bekam ich Frühstück und wenig später Papier für den sogenannten Zugangsbrief, um meiner Familie Nachricht zu geben. Das war bald getan. Und nun?

Schon seit vierzehn Stunden befand ich mich in dieser Zelle. Unruhig ging ich auf und ab. Sechs Schritte zwischen der Stahltür und dem vergitterten Fenster, es lag so hoch, dass ich nicht hinausschauen konnte. Drei Schritte von einer Wand zur anderen. In der Nähe musste eine Schule sein, denn ich hörte Kinderlärm, Kinderlachen und Klingelzeichen. Kinder … Meine Gedanken gingen zu meiner Familie, zu meiner Frau Gretel, meiner dreijährigen Tochter Margrit und zu Reinhard, der erst acht Monate alt war. Wie würde Gretel meine Verhaftung aufnehmen?

Meine Arbeitskollegen und unsere Hausgemeinschaft werden sich um sie kümmern, versuchte ich mich zu beruhigen.

Aber zu viele Fragen irrten durch meinen Kopf: Wie lange werde ich in dieser Zelle sitzen müssen? Was werden sie von mir wollen? Welchen Grund werden sie suchen, um mich zu verurteilen? Verurteilen? Wofür denn nur? Die Ungewissheit zehrte an meinen Nerven. Ich setzte mich auf den Schemel an dem Tisch und wollte klares Denken erzwingen. Statt dessen kam mir ein Gespräch in Erinnerung: »Mensch, du hast ja keine Ahnung, was drüben im Westen los ist. Dort kann jeder sagen, was er denkt. Du kannst die Politiker beschimpfen und dir passiert nichts. Ich weiss das, ich habe meinen Bruder drüben. Die Arbeiter können streiken, und in der Karnevalszeit wird sogar der Bundeskanzler lächerlich gemacht.« Wer hatte mir das gleich erzählt? War es noch in Zerbst auf einer Gewerkschaftsversammlung, oder schon in Berlin in meinem Wohngebiet?

Ich konnte nicht klar denken an diesem ersten Tag in der Zelle. Ich war es gewohnt zu arbeiten, von früh bis spät auf den Beinen und unter Menschen zu sein, zu diskutieren, oftmals auch zu streiten. Wenigstens zehn Minuten mit jemanden sprechen zu können, wünschte ich mir, wenigstens ein Buch oder eine Zeitung zu haben. Untätigkeit und Ungewissheit quälten mich sehr. Lang, unendlich lang dehnten sich die Stunden. Später die Tage.

Beim ersten Hofrundgang – es standen mir täglich 30 Minuten zu, und wir Häftlinge liefen dabei in Zweierreihen im Abstand von drei Metern – wurde ich von meinem Nebenmann angesprochen: »Heiße Fritz, Zelle 108. Ich bin aus ähnlichem Grund hier wie du.« Ein politischer Häftling wie ich! Ein herrliches Gefühl erfasste mich, im gleichen Moment die Befürchtung, ein Spitzel könnte auf mich angesetzt sein. Kurz vor Ende des Rundgangs steckte mir dieser Fritz eine Zeitung zu. Meine erste Zeitung im Knast.

Es waren die *Hessischen Nachrichten* vom 1. November 1957, eine Ausgabe der »unabhängigen« Tageszeitung für Kassel und Nordhessen. Auf der Titelseite las ich: Durch Verrat aus den eigenen Reihen ist die Bundesanwaltschaft in Karlsruhe einem großangelegten Infiltrationsversuch des kommunistischen, sowjetzonalen Freien Deutschen Gewerkschaftsbund (FDGB) auf die Spur gekommen, der vor allem auf den hessischen Raum konzentriert war und den Arbeitsfrieden und die öffentliche Ordnung unterminieren sollte.

Am Ende dieser Horrormeldung stand: Bei der Verhaftung zweier Vertrauensleute in Kassel erlag ein Mitarbeiter des Bundesamtes für Verfassungsschutz – ein 46-jähriger Mann – auf der Straße einem Herzschlag. Die Ärzte des Marienkrankenhauses konnten nur noch seinen Tod feststellen.

Wie konnte man nur solche Lügen verbreiten? Dieser Bericht ließ mich nichts Gutes ahnen.

Beim nächsten Hofgang erfuhr ich von Fritz, dass er in Frankfurt am Main selbst Gefängniswärter war. Er hatte bei einem Besuch in der DDR mit Vertretern der Nationalen Front gesprochen, wurde daraufhin wegen staatsgefährdender Verbindungen verhaftet und nach Kassel überführt.

Fritz beherrschte die Knastsprache ausgezeichnet. Er hatte »Knastologie« studiert, wie es im Jargon der Haftanstalt hieß, wenn jemand eine längere Strafe absitzen musste. Von ihm erfuhr ich, dass ich mit bestimmten Wärtern reden könne, mit anderen besser nicht, weil sie Spitzel seien. Wie der unerträgliche Gestank des Kübels einzudämmen sei, und dass ich mir aus der Gefängnisbibliothek zwei Bücher ausleihen und sie alle vierzehn Tage tauschen könne. Ich könne sogar eine Zeitung abonnieren, wenn ich das Geld dafür hätte.

Beim nächsten Rundgang bekam ich von Fritz etwas Tabak, Zigarettenpapier und Streichhölzer zugesteckt. Welch eine Freude für einen Raucher! Ich fasste Vertrauen zu ihm.

In meinem Zugangsbrief hatte ich meiner Frau geschrieben, sie solle sich an meine Kollegen wenden mit der Bitte, mir einen Rechtsanwalt als Verteidiger zu besorgen.

Schon bald bekam ich Besuch von Herrn Dr. Ammann, einem bekannter Heidelberger Juristen, der zugleich einige bedeutende kirchliche Ämter bekleidete. Erst bei seinem zweiten Besuch durfte ich ihn unter vier Augen sprechen.

Im April 1958 holte man mich aus der Zelle und führte mich in einen anderen Raum des Untersuchungsgefängnisses. Ein gut gekleideter Herr erwartete mich dort.

»Guten Tag, Herr Passarge, Daniel Weiherstall ist mein Name«, stellte er sich vor und erklärte, er käme vom Herrn Bundesanwalt und wolle mit mir eine Aussprache führen. Später informierte mich mein Verteidiger, dass Herr Weiherstall beim Bundesnachrichtendienst arbeitet.

Weiherstall veranlasste, dass ich meine Zivilkleidung anziehen durfte. Wir verließen, nachdem sich ein zweiter Zivilist zu uns gesellt hatte, das Gefängnis und fuhren nach Kassel-Wilhelmshöhe in ein beliebtes Ausflugslokal.

Ich befand mich in höchster Anspannung.

Nachdem wir gegessen hatten – das Eisbein mit Sauer-
kraut und Erbspüree konnte ich kaum genießen, obwohl es
zu meinen Lieblingsspeisen gehört –, rückte Weiherstall mit
seinem Anliegen heraus. »Der Herr Bundesanwalt«, hob er
an, »ist verärgert, weil Sie so verstockt sind und immer noch
keine Aussage gemacht haben«. Er redete auf mich ein und
endete mit dem Satz: »Ihr Schweigen kann sich auf das Straf-
maß auswirken. Bedenken Sie das!«

Weiherstall zahlte, und wir fuhren zurück, aber nicht ins
Gefängnis, sondern ins Polizeipräsidium. Dort saß er mir an
einem Schreibtisch gegenüber und begann von Neuem: »Sie
haben doch schon einiges hinter sich, Herr Passarge. Kommen Sie endlich zur Vernunft, Mann!«

Er bot mir an, nach dem Prozess in der Bundesrepublik zu
bleiben, sicherte mir Arbeit zu mit einem Monatsgehalt von
mindestens siebenhundert D-Mark. »Die Familie holen wir
selbstverständlich sofort rüber«, beeilte er sich zu versichern.
»Ich verspreche Ihnen, dass alles, was Sie mir sagen, vertraulich behandelt wird. Ihr Verteidiger erfährt davon kein Wort.«

Ungeduldig drängte Weiherstall: »Ich kann auch auf eine
mündliche Aussage verzichten. Die stumme Zeugenschaft
genügt mir. Sie brauchen nur mit dem Finger auf Name und
Adresse zu zeigen.« Er schob mir eine Liste herüber.

Ich war verblüfft, wie viele Namen darauf standen, er-
kannte aber sofort, dass wichtige Namen und Adressen fehlten. Wortlos schob ich die Liste zurück.

Weiherstall verlor die Beherrschung und schrie fast: »Passarge, wir haben Sie bisher als Mensch behandelt. Verstehen
Sie mich?«

»Ich verstehe Sie sehr gut«, antwortete ich. »Ich betrachte
das Gespräch aber jetzt als beendet.«

Zurück in meiner Zelle forderte ich einen Sonderbrief an
meinen Verteidiger an, um ihm den Erpressungsversuch,
denn dafür hielt ich dieses Gespräch, mitzuteilen.

Dr. Ammann erhob wegen Nötigung und Erpressung
Anklage gegen Weiherstall. Sie wurde von der Generalbundesanwaltschaft mit fadenscheiniger Begründung abgelehnt.

Schon am Tag meiner Verhaftung hatte mir Untersuchungsrichter Buddenberg vom Bundesgerichtshof angedroht: »Pas-

sarge, mit Ihrem Prozess statuieren wir ein Exempel, damit diese Kontaktaufnahmen endlich aufhören!«

Für westdeutsche Gerichte sollte ein Muster zur verschärften Verfolgung von Arbeitern und Gewerkschaftern geschaffen werden. Fast ein Jahr brauchte die Generalbundesanwaltschaft, um »Beweise« gegen mich und die anderen Angeklagten zusammenzutragen. Zu ihnen gehörten Kurt Sack und Heinz Schmidt. Sie sollten Alfred und mich am 25. Oktober 1957 ablösen, waren jedoch verraten, beschattet und beide am Tag nach uns verhaftet worden. Zwei westdeutsche Kollegen, Kasseler Arbeiter aus den Henschel-Werken, nahm die Polizei am gleichen Tag wie mich fest.

Noch während der Untersuchungshaft war mir vom Bundesvorstand des FDGB der Berliner Rechtsanwalt Dr. Friedrich Karl Kaul zur Seite gestellt worden. Er und Dr. Ammann vermuteten, dass es zu einem langen politischen Prozess kommen würde. Leider behielten die beiden recht.

Nach elf Monaten Einzelhaft überführte man mich ins Gerichtsgefängnis Karlsruhe – per Einzeltransport und in Handschellen.

Am 10. September 1958 begann vor dem 3. (politischen) Strafsenat des Bundesgerichtshofes unser Prozess, er dauerte fast einen Monat und umfasste 14 Verhandlungstage. Die Anklagepunkte lauteten: Rädelsführerschaft, Geheimbündelei, Nachrichtendienst und fortführende Arbeit der verbotenen Kommunistischen Partei Deutschlands.

Das Gericht setzte sich aus dem Senatspräsidenten Dr. Ernst Kanter als Vorsitzenden und vier Bundesrichtern zusammen.

Die Vertreter der Bundesanwaltschaft waren Oberstaatsanwalt Loesdau und Oberlandesgerichtsrat Pallmann.

Über Dr. Ernst Kanter war bekannt, dass er als Richter in der Hitler-Wehrmacht gedient und als oberster Richter im besetzten Dänemark Dänen und Deutsche ans Fallbeil geliefert hatte. Trotz Protesten in beiden Ländern blieb er unangetastet. Diesen Richter lehnten wir Angeklagten ab. Die Verteidiger hatten, um den dafür notwendigen Antrag vorzubereiten, in Kopenhagen Urteile Kanters eingesehen.

Die Verhandlung wurde unterbrochen. Als sie am späten Nachmittag fortgesetzt wurde, eröffnete uns das Gericht: »Ihr

Antrag ist abgelehnt.« Als Begründung hieß es, dass Dr. Ernst Kanter ein ehrenwerter Mann sei, der von der Widerstandsgruppe Canaris eingesetzt worden wäre, um deutsche und dänische Antifaschisten zu schützen.

Alle, die durch Kanters Urteil sterben mussten, können sich dagegen nicht mehr wehren, ging es mir durch den Kopf, wusste ich doch, dass unsere Verteidiger bei ihren Recherchen auch Mordurteile gefunden hatten.

Zahlreiche Zeugen waren geladen. Zwei davon entpuppten sich in der Befragung als gekauft.

Der Prozess zeigte meines Erachtens deutlich das Ziel des Verfahrens, nämlich die Verständigung der Gewerkschaften beider deutscher Staaten zu unterdrücken, die Zusammenarbeit der deutschen Arbeiter zu kriminalisieren und persönliche Kontakte zu unterbinden. Beweisaufnahme und Verhöre – mit welcher Raffinesse sie auch geführt wurden – brachten keine Verbrechen zu Tage. Selbst der Vertreter der Bundesanwaltschaft erklärte in seinem Plädoyer, die Angeklagten hätten keine unehrenhafte Handlung begangen. Sein Strafantrag für mich lautete dennoch: zwei Jahre Gefängnis.

Am 4. Oktober 1958 verkündete Kanter das Urteil: »Schuldig [...] der Rädelsführerschaft in einer verfassungsfeindlichen Vereinigung, der Geheimbündelei in staatsgefährdender Absicht, eines Vergehens gegen die §§ 42, 47 des Gesetzes über das Bundesverfassungsgericht sowie des staatsgefährdenden Nachrichtendienstes, begangen in Tateinheit.«

Ich erhielt drei Jahre Gefängnis, die Untersuchungshaft wurde angerechnet.

Nach dem Prozess wurde ich in einem sogenannten Gemeinschaftsschub über Frankfurt am Main nach Kassel überführt. Ich kam in die Strafvollzugsanstalt in Kassel-Wehlheiden, und wieder in Einzelhaft. Mein DDR-Anwalt hatte mir nach dem Urteilsspruch den Rat gegeben, während der Haft Arbeit aufzunehmen. »Das bringt ein paar Vergünstigungen, Sie können zum Beispiel an Kulturveranstaltungen im Gefängnis teilnehmen und haben die Möglichkeit einzukaufen. Aber führen Sie nicht gleich den sozialistischen Wettbewerb ein«, scherzte Kaul beim Abschied. Ich nahm sofort Arbeit an. Drei Monate musste ich allein in meiner Zelle arbeiten. Nach sech-

zehn Monaten Einzelhaft durfte ich zur Arbeit in eine Gemein-
schaftszelle. Ein Beamter verriet den Grund: »Sonst bekommen
wir noch mehr Protestbriefe aus der DDR.« Ich montierte
Wäscheklammern, stopfte Teddybären aus, später kam ich in
die Kartonage-Abteilung. Zu sechst falteten und klebten wir
Tüten, Briefumschläge und verschieden große Schachteln.
Ganze 35 Pfennige bekamen wir für acht Stunden Arbeit am
Tag. Dazu gab es bei guter Arbeit bis zu fünfzehn Deutsche
Mark Prämie. Die Hälfte des regulären Arbeitsverdienstes blieb
als Rücklage für den Tag der Entlassung. Für das andere Geld
konnte man einkaufen.

Eines Tages – Ende November 1958 – öffnete ein Wärter
die Zellentür und sagte: »Sie haben Besuch.«

Aufgeregt und erwartungsvoll folgte ich ihm in das Besu-
cherzimmer der Haftanstalt. Meine Frau war gekommen!

Sie saß an einem massiven, breiten Tisch. Ich musste mich
auf den Stuhl ihr gegenüber setzen. Unsere Hände konnten sich
gerade noch berühren. Ein Beamter beaufsichtigte unsere
Begegnung. Gretel schob mir ein Kotelett und eine Schrippe,
einen Apfel und eine Banane über den Tisch. Wir blickten uns
in die Augen und fühlten beide: Wir halten durch! Wir überstehen diese schwere Zeit!

Die Fragen und Antworten flogen hin und her.

»Die zwanzig Minuten Besuchszeit sind vorbei«, schnitt der
Beamte unser Gespräch ab. Verdutzt sahen wir zu ihm hin und
fragten: »Zwanzig Minuten nur?«

»Ja, verlängerte Besuchszeit muss beantragt werden.«

Schnell noch ein fester Händedruck, und ich wurde in
meine Zelle abgeführt.

Zwei Tage nach meinem 34. Geburtstag, es war der 25.
November 1958, wurde ich dem Polizeioberinspektor Mandel
vorgeführt. Als ich sein Büro betrat, stand er hinter dem riesigen Schreibtisch, auf dem ein Wäschekorb großer Berg Post lag.
»Haben Sie heute Geburtstag?« fragte er.

»Nein, Herr Polizeioberinspektor, der war vor zwei Tagen.«

»Das hier ist ihre Geburtstagspost«, erklärte er. »Ich beschlagnahme sie aber, weil es kommunistische Propaganda ist.«

Während meiner Haftzeit war ich immer wieder Schikanen
des Bonner Staatsapparates ausgesetzt. Ich spürte aber auch

224

Wohlwollen bei manchen Beamten des Gefängnisses. Einige ließen durchblicken, dass sie Mitglied der SPD wären und mein Urteil als Unrecht ansähen. Dieser und jener gewährte mir kleine Hafterleichterungen.

Mitte September 1960, rund vier Wochen vor meiner Entlassung, besuchte mich meine Frau Gretel zum letzten Mal. In einem Brief hatte sie mir vorher angekündigt, dass sie unseren Sohn Reinhard – inzwischen war er dreieinhalb Jahre alt – mitbringen würde, damit er seinen Vati kennenlernt. Vorsorglich hatte ich eine verlängerte Besuchszeit beantragt, so dass wir 45 Minuten zusammen sein konnten. Nachdem Reinhard die zwei Spielzeugautos untersucht hatte und ich ihn dabei immer wieder ins Gespräch einbinden konnte, kam er plötzlich zu meinem Stuhl gelaufen und rief: »Vati, mein lieber Vati!«

Am 21. Oktober 1960 wurde ich entlassen. Großzügig schenkte man mir zwei Tage, weil der eigentliche Entlassungstermin, der 23. Oktober 1960, ein Sonntag war. Beim letzten Besuch meiner Frau hatten wir besprochen, dass sie, meine Tochter und zwei Kollegen mich mit einem PKW am Gefängnistor erwarten werden.

Aber am 21. Oktober stand eine Grüne Minna bereit, man wolle mich zur Grenze abschieben. Ich protestierte energisch. Dank der Bemühungen des Anstaltsleiters ließ der Oberbürgermeister von Kassel – er hatte nach dem Gesetz die Polizeiaufsicht über die Stadt – die Anordnung aus Bonn rückgängig machen. Das Tor wurde geöffnet, und ich konnte nur wenige Meter weiter meine Frau und meine sechsjährige Tochter in die Arme schließen.

Nun war ich nach drei langen Jahren Einzelhaft wieder frei.

Nach wenigen Kilometern Fahrt befand ich mich endlich wieder auf dem Boden meiner Heimat, der DDR.

---

* Auszug aus den unveröffentlichten Erinnerungen von Erich Passarge »Gekämpft und doch verloren«. Als Mitarbeiter des Bundesvorstandes des FDGB reiste er oft in die Bundesrepublik und betreute in der DDR Mitglieder des DGB

Das Blitzgesetz – juristische Handhabe zur Verfolgung der Gegner der Remilitarisierung und der Westintegration

Von Karl Pfannenschwarz*

Nach der militärischen Zerschlagung des Hitlerfaschismus hatten die Alliierten den strafrechtlichen Staatsschutz des Deutschen Reiches, d. h. die Hoch- und Landesverratsbestimmungen und zusätzlich die strafrechtlichen Sondergesetze, beseitigt. Im Interesse der Gerechtigkeit und der Menschlichkeit wurde darüber hinaus im Potsdamer Abkommen zum Aufbau einer neuen deutschen Justiz festgelegt: »Das Gerichtswesen wird entsprechend den Grundgesetzen der Demokratie und Gerechtigkeit auf Grundlage der Gesetzlichkeit und der Gleichheit aller Bürger vor dem Gesetz […] reorganisiert werden.«

Weiter bestimmten die alliierten Siegermächte: »Zwecks Durchführung der Umgestaltung des deutschen Gerichtswesens müssen alle früheren Mitglieder der Nazipartei, die sich aktiv für deren Tätigkeit eingesetzt haben, und alle anderen Personen, die an den Strafmethoden des Hitlerregimes direkt Anteil hatten, ihres Amtes als Richter und Staatsanwälte enthoben werden und dürfen nicht zu solchen Ämtern zugelassen werden.«[1]

»Alle Personen, die an den Strafmethoden des Hitlerregimes direkten Anteil hatten, müssen innerhalb der Justiz durch solche Personen ersetzt werden, die nach ihrer politischen und moralischen Einstellung als fähig erachtet werden, die Entwicklung wahrer demokratischer Einrichtungen in Deutschland zu fördern.«[2] Vor dem Hintergrund der politischen Ereignisse der zweiten Hälfte der 40er Jahre gestaltet sich jedoch Entscheidendes anders, als es in den Dokumenten vereinbart worden war. Im Rahmen der Politik des Kalten Krieges und des Rollback gegen die Sowjetunion wurden die damaligen drei Westzonen und dann die neu gegründete Bundesrepublik Deutschland zuerst wirtschaftlich und später militärisch durch Marshall-Plan und Remilitarisierung in das sogenannte westliche Paktsystem einbezogen. Bereits im Dezember 1949 hatte Bundeskanzler Dr. Adenauer den ehemaligen General Speidel, ein enger Vertrauter von Reinhard Gehlen, beauftragt, »eine Denkschrift über die vergleichsweise Stärke der europäischen Armeen abzufassen und darüber, was die Alliierten eines Tages von uns verlangen könnten«.[3]

Die rechte Hand Adenauers war zu jener Zeit Staatssekretär Globke, ein Mann, der sich vor 1945 durch einen maßgebenden Kommentar zu den Nürnberger Rassengesetzen profiliert hatte.

Auf der Tagung des Nordatlantikrates im September 1950 in New York wurde die Einbeziehung der BRD in den Nordatlantikpakt beschlossen.

Am 12. September 1950 wurde das Gesetz zur Wiederherstellung der Rechtseinheit auf dem Gebiet der Gerichtsverfassung verabschiedet. Es wurde der Bundesgerichtshof als oberstes Gericht der Bundesrepublik mit Sitz in Karlsruhe geschaffen, bei dessen Eröffnung am 8. Oktober 1950 Bundeskanzler Adenauer an die »stolze Tradition«[4] des Reichsgerichts erinnerte, an das der Bundesgerichtshof anknüpfen könne. Noch deutlicher präzisierte dies der Staatssekretär im Bundesjustizministerium, Dr. Walter Strauß, mit den Worten: »Sie feiern heute nicht den 75. Geburtstag eines vergangenen Gerichts. Nein, meine Damen und Herren, Sie feiern die 75. Wiederkehr des Gründungstages Ihres eigenen Gerichts. Jedenfalls nach Auffassung derjenigen von uns, die an den Gesetzgebungsarbeiten 1949/50 beteiligt waren, wurde am 1. Oktober 1950 das Reichsgericht wieder eröffnet.«[5]

Für den Aufbau und die personelle Besetzung des Justizapparates der Bundesrepublik ist die Feststellung des Bundestagsabgeordneten Reimann kennzeichnend, der am 23. Mai

1950 im Bundestag erklärte, dass 90 Prozent der Richter des Dritten Reiches übernommen worden seien, während von den Staatsanwälten »ungefähr alle« im Amt geblieben sind.[6]

Die Schaffung eines strafrechtlichen Staatsschutzes für die Bundesrepublik Deutschland nahm zuerst durch die Erörterungen im Parlamentarischen Rat konkrete Gestalt an. Der Redaktionsausschuss des Parlamentarischen Rates hatte den Vorschlag gemacht, entweder die §§ 80-89 des StGB in der Fassung vom 15. Mai 1871 wieder in Kraft zu setzen oder auf die entsprechenden Bestimmungen des Entwurfs eines Allgemeinen Deutschen Strafgesetzbuches zurückzugreifen.[7]

Beide Vorschläge beschränkten sich jedoch ausschließlich auf den Hochverrat. Die Aufnahme von Bestimmungen über Landesverrat in das Gesetz sollte hauptsächlich deshalb unterbleiben, weil, wie die Abgeordneten Dr. Katz und Zimmermann in der 27. Sitzung des Redaktionsausschusses darlegten, durch »die Tatsache der Besetzung Deutschlands und der sich daraus ergebenden Frage des Verhältnisses zu den Besatzungsmächten dies eine äußerst delikate Angelegenheit sei«.[8]

Schließlich verblieb der Parlamentarische Rat bei der Bestimmung des späteren Artikels 143 des Grundgesetzes.[9]

Im Gegensatz zu den Hochverratsbestimmungen, die vor 1933 galten, enthielt der Artikel 143 GG nicht nur das Mittel der Gewalt, sondern auch die »Drohungen mit Gewalt«. Es ist bezeichnend für diese Bestimmung, dass der Begriff »Drohung mit Gewalt« durch die Strafrechtsnovelle vom 24. April 1943 in die deutsche Strafgesetzgebung eingeführt worden war. Rückblickend ist dabei zu sagen, dass der Begriff »Drohung mit Gewalt« nicht erst nach 1933 entwickelt wurde, sondern bereits in den StGB-Entwürfen von 1909 und 1913 enthalten war. Der Begriff »Drohung mit Gewalt« findet sich bereits in der Rechtsprechung des Reichsgerichts, lange vor der Verschärfung des Hochverratsstrafrechts durch das Hitlerregime.[10]

Ein erster Entwurf für ein neues Staatsschutzrecht der Bundesrepublik Deutschland wurde bereits im Herbst 1949 vorgelegt. Er fand im Bundeskabinett keine Zustimmung. Erst ein zweiter Entwurf wurde dann von der Bundesregierung gebilligt und im Bundesrat vorgelegt.[11]

Am 7. März 1950 berichtete Dr. Rotberg als Vertreter des Bundesjustizministeriums auf einer Pressekonferenz in Bonn über die Pläne für einen umfassenden strafrechtlichen Staatsschutz. Er führte aus, dass auch »Vorbereitungshandlungen zu einer Verfassungsstörung unter empfindliche Strafe gestellt« werden müssten.[12] Als derartige Handlungen bezeichnete er die Aufstellung von »Listen Gleichgesinnter und Gegner, die Bereitstellung von Geld, Schriften und anderer Hilfsmittel sowie die Gefährdung der lebenswichtigen Versorgung und der öffentlichen Sicherheit, falls sie in verfassungsfeindlicher Gesinnung zum Zwecke der Verfassungsänderung oder Störung vorgenommen werden«.[13] Die Mittel, so meinte Rotberg, um den Staat vor »ungeordneten Streiks und unterirdischer Wühlarbeit«[14] zu bewahren, dürften »nicht zaghaft sein«.[15]

Der Regierungsentwurf eines Strafrechtsänderungsgesetzes 1950 wurde am 30. Mai 1950 dem Präsidenten des Bundesrates zugeleitet. Er umfasste im ersten Artikel 34 Bestimmungen und gliedert sich in die Abschnitte:

1. Friedensverrat
2. Hochverrat und Verfassungsstörung
3. Landesverrat
4. Herabwürdigung des Staates und der Staatsorgane

Artikel 2 stelle die Verwendung nationalsozialistischer Kennzeichen und die Verächtlichmachung der Widerstandskämpfer unter Strafe. Durch § 134 des Artikel 3 sollte unter Änderung des Gerichtsverfassungsgesetzes die Zuständigkeit des Bundesgerichtshofes bei Hochverrat und Verfassungsstörung sowie bei einzelnen Bestimmungen des Landesverrates gegeben sein.

Besonders exzessiven Charakter hatte der § 89, der den fahrlässigen Hochverrat durch Druck oder Rundfunk unter Strafe stellen sollte und der sein Vorbild in dem alten § 85 des Gesetzes vom 24. April 1934 hatte.

Eine ganz besondere Bedeutung spielte der § 90 des Entwurfs, nach dem wegen Verfassungsstörung mit Gefängnis bestraft werden sollte, »wer eine Handlung vornimmt, die darauf ausgerichtet ist, die verfassungsmäßige Ordnung der Bundesrepublik Deutschland oder eines ihrer Länder auf verfassungswidrige Weise zu ändern oder zu stören«.

Dieser § 90 enthielt eine völlig unbestimmte Generalklausel, die keinerlei Aufschluss darüber gab, durch was für ein spezifisches äußeres Tun und insbesondere durch welche Mittel die »Verfassungsstörung« verwirklicht werden solle. In der Begründung des Gesetzentwurfes wurde auf den grundsätzlichen Unterschied zwischen dem Hochverrat und der Staatsgefährdung hingewiesen: Die Angriffsmittel beim Hochverrat waren Gewalt und Drohung mit Gewalt; bei den Staatsgefährdungsdelikten sollen jedoch gewaltlose Handlungen verschiedener Art unter Strafe gestellt werden. In der Begründung zu § 90 wurde festgestellt, dass ein wichtiger Fall der Verfassungsstörung die »staatsfeindliche Vereinigung« sei.[16]

Die heftigste Kritik an dem § 90 gab es im Bundesrat, der am 23. Juni 1950 die Streichung dieser Bestimmung beschlossen hatte. Der Berichterstatter des Rechtsausschusses des Bundesrates, der damalige bayerische Justizminister Dr. Josef Müller, erklärte dazu: »Die gegenwärtigen Vorschläge der Regierung sind jedoch – um es kurz zu sagen – untragbar. Sie sind in ihrem Anwendungsbereich viel zu kautschukartig. Sie würden es einer Regierung unter Umständen ermöglichen, eine verfassungsmäßige Opposition mit Mitteln polizeistaatlicher Art niederzuhalten.«[17]

Im Ergebnis einer großen Zahl von Sitzungen des Rechtsausschusses des Bundestages setzten sich die Experten des Justizministeriums nicht nur mit ihren Gesetzgebungsvorhaben durch, sondern sie erweiterten die Fülle der strafrechtlichen Staatsschutzbestimmungen insbesondere bezüglich der Staatsgefährdungsbestimmungen um ein Vielfaches.

Auf einem Höhepunkt des Kalten Krieges wurde am 9. und 11. Juli 1951 das 1. Strafrechtsänderungsgesetz in erster und zweiter Lesung durch den Bundestag beschlossen.

Eine treffende Charakterisierung des 1. Strafrechtsänderungsgesetzes gab der bereits erwähnte bayerische Justizminister Dr. Müller in einer Rede über den *Bayerischen Rundfunk* am 23. August 1951, als er erklärte: »Meine Hörer, dieses umfangreiche Gesetzeswerk ist ein Kautschukgesetz. Ich kann mir beim besten Willen nicht vorstellen, wie die Richter es einigermaßen vernünftig handhaben sollen, ohne das zu tun, was sie unter keinen Umständen tun dürfen, nämlich politische Entscheidungen zu treffen und im politischen Bereich Werturteile abzugeben.«[18]

Die Verantwortung und die Gestaltung des 1. Strafrechtsänderungsgesetzes lag in erster Linie bei den Vertretern des Bundesjustizministerums. Hinsichtlich der politischen Parteien waren CDU und CSU sowie die FDP die entschiedenen Befürworter des Gesetzes. Verschiedene Vertreter der SPD, wie deren Kronjurist Dr. Arndt, wandten sich bei verschiedenen Gelegenheiten im Rechtsausschuss des Bundestages gegen Bestimmungen des 1. Strafrechtsänderungsgesetzes. So erklärte Dr. Arndt in der 112. Sitzung des Rechtsausschusses am 13. Juni 1951 zu dem Gesetz: »Das Gesetz in seinem bisherigen Entwurf habe [...] die Struktur eines Gesetzes gegen die Opposition.«[19]

Die politischen Auswirkungen der Politik des Kalten Krieges waren jedoch im Sommer 1951 stärker als die rechtsstaatlichen Bedenken von Arndt. Die SPD-Fraktion des Bundestages stimmte dem Gesetz zu.

Der ursprüngliche Plan, Strafbestimmungen zur »Verhinderung des Angriffskrieges, der Herstellung von Waffen, Munition und anderem Kriegsgerät« war aufgegeben worden, nachdem die Alliierte Hohe Kommission in einem Schreiben vom 13. Juli 1951 dagegen Stellung genommen hatte. Der vorgelegte, präventive strafrechtliche Staatsschutz des 1. Strafrechtsänderungsgesetzes, der insbesondere im Abschnitt Staatsgefährdung zum Ausdruck kam, widersprach dem geltenden Tat- und Schuldstrafrecht der Bundesrepublik, was der ehemalige Bundesanwalt Güde mit den Worten einräumte: »Hier ist das Prinzip der Prävention so konsequent formuliert, dass seine Unvereinbarkeit mit modernem Schuldstrafrecht in die Augen springt.«[20]

Dieses Präventationsstrafrecht bedurfte sechs Jahre nach dem Ende des Hitlerregimes und der Erinnerung an die Terrorjustiz dieses Staates nicht nur einer allgemeinen politischen Begründung unter dem Aspekt des Kalten Krieges, sondern auch eines demokratischen Anstrichs. Bereits in der Begründung des Regierungsentwurfes zum 1. Strafrechtsänderungsgesetz wurde darauf verwiesen, dass in der Schweiz 1937 und 1942 ähnliche Staatsschutzbestimmungen geschaffen wurden.[21]

Bei der ersten Beratung des Regierungsentwurfes am 12. September 1950 stellte Bundesjustizminister Dr. Thomas Dehler zur Begründung der »Staatsgefährdungsvorschrift des § 90« fest: »Auch hier haben wir uns an die Strafrechtsvorschläge der Schweiz angelehnt.«[22]

Bundesanwalt Dr. Wagner erklärte im Vorwort zu seiner Veröffentlichung erstinstanzlicher Urteile des BGH, der Gesetzgeber habe in dem Abschnitt über Staatsgefährdung erstmals Tatbestände geschaffen, »die nur in den entsprechenden Vorschriften des Schweizerischen Strafgesetzbuches Parallelen und Vorläufer finden und die die Erfahrungen und Erkenntnisse unserer Zeit widerspiegeln«.[23]

Es ist hier nicht der Platz, um im Einzelnen die Bedingungen und Ursachen für die Entstehung und Verabschiedung der Staatsgefährdungsvorschriften in der Schweiz darzustellen. Zusammenfassend ergibt sich jedoch, dass die Bezugnahme der Bundesregierung auf den angeblich demokratischen und rechtsstaatlichen Charakter entsprechender Strafbestimmungen in der Schweiz absolut haltlos und irreführend ist.

In den verschiedenen politischen Strafprozessen 1950 und zu Beginn des ersten Halbjahres 1951 gegen Kräfte aus der Friedensbewegung etwa wegen der Teilnahme an Demonstrationen gegen die Remilitarisierung, war es zu einer großen Zahl von Freisprüchen durch die ordentlichen Strafgerichte gekommen. Aus diesem Grunde verfolgte die Bundesregierung den Aufbau eines strafrechtlichen Sondergerichtssystems für den strafrechtlichen Staatsschutz. Es ist erschreckend, in welchem Umfang dabei das Sondergerichtssystem des Hitlerregimes zum Vorbild genommen wurde.

In der Weimarer Republik war gemäß § 134 Absatz 1 des Gerichtsverfassungsgesetzes in der Fassung vom 22. März 1924 das Reichsgericht zuständig für die Untersuchung und Entscheidung in erster und letzter Instanz in den Fällen des Hochverrats, des Landesverrats und des Kriegsverrats gegen das Reich sowie der Verbrechen gegen §§ 1 und 3 des Gesetzes über den Verrat militärischer Geheimnisse vom 3. Juni 1914. Während Landesverratssachen den Oberlandesgerichten übergeben werden konnten, war das Reichsgericht ausschließlich in Hochverrats- und Kriegsverratssachen zuständig. Durch § 13 Absatz 1 des Gesetzes zum Schutz der Republik vom 21. Juli 1922[24] wurde die Aburteilung von Hochverratssachen sowie von Straftaten im Sinne der §§ 1 bis 8 des Republikschutzgesetzes dem eigens gebildeten Staatsgerichtshof zum Schutz der Republik übertragen.

Das Hitlerregime schuf kurz nach seiner Konstituierung durch eine Sondergerichtsordnung vom 21. März 1933[25] für jeden Oberlandesgerichtsbezirk ein Sondergericht. Der § 1 Absatz 1 dieser Verordnung lautet: »Für den Bezirk jedes Oberlandesgerichts wird ein Sondergericht gebildet.«

Diese Zuständigkeit wurde später durch Verordnung vom 21. Februar 1940 auf weitere Sondergerichte bei Landgerichten in den einzelnen Oberlandesgerichtsbezirken erweitert.

Zur Zentralisierung der wichtigsten politischen Verfahren errichtete das Hitlerregime durch das Gesetz zur Änderung von Vorschriften des Strafrechts und des Strafverfahrensrechts vom 24. April 1934[26] den Volksgerichtshof. Dieser war zuständig für die Untersuchungen und Entscheidungen in erster und letzter Instanz in den Fällen des Hochverrats nach §§ 89 bis 92 StGB, den Angriffen gegen den Reichspräsidenten nach § 94 Absatz 1 StGB sowie anderer Verbrechen gemäß der Verordnung zum Schutze von Volk und Staat vom 28. Februar 1933.

Deshalb sah das Sondergerichtssystem des Volksgerichtshofes folgendermaßen aus: Für alle bedeutenden Verfahren war der Volksgerichtshof zuständig, bestimmte Fälle konnte er abgeben. Das Gros der politischen Prozesse wurde von den Sonderstrafkammern der Oberlandesgerichte abgewickelt.

Obwohl das Grundgesetz durch Artikel 101 Sondergerichte ausschließt, wurden durch die Bestimmungen der §§ 74a, 134 und 134a des 1. Strafrechtsänderungsgesetzes das strafrechtliche Sondergerichtssystem des Hitlerregimes nahezu vollständig übernommen. § 134 GVG sah vor, dass die Hochverrats- und Verfassungsverratssachen in den Fällen der §§ 80 bis 83 und 89 StGB der BGH in erster und letzter Instanz zuständig sein soll. Für die Staatsgefährdungsdelikte der §§ 90 bis 97 StGB sollten gemäß § 74a GVG die Sonderstrafkammern in den jeweiligen Oberlandesgerichtsbezirken zuständig sein. Da es im Bundesgebiet nur 17 Oberlandesgerichtsbezirke gab, konzentrierte sich die Rechtsprechung in Staatsgefährdungssachen auf diese.

Durch den § 94 StGB in Verbindung mit § 74 GVG waren die Sonderstrafkammern für die Aburteilung einer Vielzahl anderer Verfahren zuständig, wenn diese »in der Absicht begangen werden, den Bestand der Bundesrepublik Deutschland zu beeinträchtigen, einen der in § 88 bezeichneten Verfassungsgrundsätze zu beseitigen, außer Geltung zu setzen oder zu untergraben, oder eine solche Bestrebung zu fordern«. Das betraf die §§ 106 bis 122b und die §§ 123 bis 139, die §§ 167, 223 bis 229 Vorbereitung einer Verschleppung, Freiheitsberaubung, Nötigung, Bedrohung oder politische Verdächtigung usw.

Bereits in der 119. Sitzung des Rechtsausschusses des Bundestags hatte der Vertreter des Justizministeriums Dr. Rotberg am 29. Juni 1951 wörtlich erklärt: »Um zu erreichen, dass die Rechtsprechung der Strafkammern in diesem Sonderbereich besonders zuverlässig wurde, habe es der Herr Bundesjustizminister für zweckmäßig gehalten vorzuschlagen, die Zuständigkeit nicht jeder Strafkammer zuzuweisen, sondern nur Strafkammern, die für den größeren Bereich mit dieser Aufgabe betraut würden. [...] Schließlich sei es möglich, besonders hochwertige Richter für diese Aufgabe zu finden, die nicht jedem liegen.«[27]

Diese Äußerung spricht für sich. Was mit ihr gemeint war, bewies die spätere Praxis der politischen Sonderstrafkammern der Oberlandesgerichte und des politischen Strafsenats des Bundesgerichtshofes.

Während der Vorberatungen des 1. Strafrechtsänderungsgesetzes wurde die politische Szene in der Bundesrepublik beherrscht von Auseinandersetzungen über die Remilitarisierung und massive exekutive Maßnahmen gegen linke Vereinigungen. So verbot die Bundesregierung im September 1950 die politische Betätigung von Angehörigen des öffentlichen Dienstes in der KPD und anderen Organisationen.[28]

Im März 1951 erließ die Bundesregierung den Beschluss über den wirtschaftlichen Boykott bestimmter Organisationen und Vereinigungen.[29] Im April 1951 untersagte die Bundesregierung eine Volksbefragung über die Remilitarisierung und den Abschluss eines Friedensvertrages.[30] Im Juni 1951 wurde die Freie Deutsche Jugend[31] und im Juli 1951 der Rat der Vereinigung der Verfolgten des Naziregimes[32] verboten.

Eine Vielzahl von Veranstaltungen, Versammlungen, Kundgebungen usw. gegen die Remilitarisierung wurde untersagt und der Polizeieinsatz immer stärker.

Am 22. November 1951 stellte schließlich die Bundesregierung beim Bundesverfassungsgericht den Antrag, die Kommunistische Partei Deutschlands für verfassungswidrig zu erklären.

In dieser politischen Atmosphäre wurden von den Sonderstrafkammern der Oberlandesgerichte und dem 6. (3.) Strafsenat des Bundesgerichtshofes, dem sogenannten politischen Strafsenat, erste Verfahren auf der Grundlage des 1. Strafrechtsänderungsgesetzes eingeleitet.

Ausgangspunkt der Justizära war das sogenannte Fünf-Broschüren-Urteil des Bundesgerichtshofes vom 8. April 1952. Schon der Leitsatz der Urteilsbegründung liest sich wenig juristisch, wenn es dort heißt: »Die kommunistischen Gewalthaber der sowjetischen Besatzungszone Deutschlands streben danach, mit Hilfe des Einflusses der Macht der Sowjetunion auf dem Gebiet der Bundesrepublik eine bolschewistische Gewaltherrschaft zu begründen.«

Diese Terminologie erinnerte peinlich an die Spruchpraxis des Volksgerichtshofes und des Reichsgerichts.

Die Besonderheit des Urteils vom 8. April 1952 besteht jedoch in der Tatsache, dass es in diesem Verfahren keine Angeklagten gab. Ohne Beteiligte wurde ein objektives Verfahren durchgeführt und fünf politische Schriften, die von der KPD und anderen Vereinigungen stammten, eingezogen mit der Rechtfertigungsthese, diese Schriften zielten auf eine Beseitigung der freiheitlich-demokratischen Grundordnung.

Dieses Fünf-Broschüren-Urteil des Bundesgerichtshofes diente als Grundlage für alle Verfahren vor den Sonderstrafkammern und dem politischen Strafsenat des Bundesgerichtshofes. Die Tatbestandsdarstellung und die im Zusammenhang damit vorgenommenen Sachverhaltswertungen wurden als gerichtskundig und allgemeinkundig bezeichnet. Das Urteil war der Ausgangspunkt einer langen Kette höchstrichterlicher Urteile, die alle richtungweisend für die Praxis der Sonderstrafkammern werden sollten und mit Recht von allen Beteiligten als sogenannte Musterurteile bezeichnete wurden.

Wegen Verteilung des Programms bzw. Mitarbeit am Programm der Nationalen Wiedervereinigung der KPD vom November 1952 wurden Funktionäre der KPD in dem Reichel/Beier-Urteil des BGH vom 6. Mai 1954 und in dem BGH-Urteil Ledwohn/Riesche vom 13. Juli 1956 wegen Vorbereitung eines hochverräterischen Unternehmens zu hohen Gefängnisstrafen verurteilt.[33] Insbesondere das zweite Urteil stellt objektiv einen gewissen Druck auf das Bundesverfassungsgericht dar, einen Monat später die Kommunistische Partei Deutschlands für verfassungswidrig zu erklären. Beide Urteile hatten eine große Zahl entsprechender Verfahren bei den Sonderstrafkammern der Landesgerichte zur Folge.

Das Gros der politischen Strafprozesse in der Bundesrepublik seit 1952 wurde durch die oben erwähnten Musterprozesse und Musterurteile bestimmt. Es handelte sich dabei um folgende Verfahren:

- Verfahren gegen leitende Funktionäre des Hauptausschusses für Volksbefragung (Urteil vom 2. August 1954)
- Verfahren gegen leitende Funktionäre der Freien Deutschen Jugend (Urteil vom 4. Juni 1955)
- Verfahren gegen leitende Funktionäre der deutschen Arbeiterkomitees (Urteil vom 9. März 1955)
- Verfahren gegen leitende Funktionäre der Deutsch-Sowjetischen Freundschaft (Urteil vom 18. Juli 1955)
- Verfahren gegen leitende Funktionäre der Sozialistischen Aktion (Urteil vom 4. Juni 1956)
- Verfahren gegen Funktionäre der Nationalen Front (Urteil vom 2. November 1956)
- Verfahren gegen leitende Funktionäre des Zentralrats zum Schutz demokratischer Rechte und zur Verteidigung deutscher Patrioten und der Arbeitsgemeinschaft demokratischer Juristen (Urteil vom 20. Mai 1958)[33]

Den Verurteilungen in diesen Musterprozessen lagen hauptsächlich zwei Strafbestimmungen zu Grunde:

1. Der § 90a StGB, der die Rädelsführerschaft in einer verfassungsfeindlichen Vereinigung unter Strafe stellte und

2. der § 129 StGB, der die Gründung, Mitgliedschaft, Unterstützung oder Gründungsaufforderung in Bezug auf kriminelle Vereinigung unter Strafe stellte.

Gemäß § 90a StGB war zunächst die Zielsetzung und Tätigkeit der betreffenden Vereinigung zu untersuchen, danach die spezifische Tätigkeit des Betroffenen.

Gemäß § 129 StGB war die Existenz einer Vereinigung die Voraussetzung, die zum Zweck oder Tätigkeitsziel die Begehung strafbarer Handlungen hatte. Wenn durch ein Musterurteil des BGH eine Vereinigung bereits zur verfassungsfeindlichen Vereinigung gemäß § 90a StGB erklärt worden war, bedurfte es in bezug auf § 129 keiner weiteren Untersuchung; es war in einem solchen Fall allgemeinkundig bzw. gerichtsbekannt, dass eine solche Vereinigung strafbaren Charakter im Sinne des § 129 StGB hatte. Lagen demzufolge Musterurteile des politischen Strafsenates des Bundesgerichtshofes in Bezug auf eine Vereinigung vor, dann wurde deren verfassungsfeindliche Zielsetzung und Tätigkeit sowie ihr krimineller Charakter von den Sonderstrafkammern ohne weitere Beweisführung als allgemeinkundig und gerichtsbekannt unterstellt. Danach ging es nur noch um den spezifischen Tatbeitrag des Angeklagten.

Welche eminenten Schwierigkeiten sich in diesen Prozessen für die Verteidiger ergaben, liegt auf der Hand. Das hatte auch zur Konsequenz, dass sich viele Strafverteidiger in einem erweiterten Initiativausschuss für die Amnestie zusammenfanden. Der Initiativausschuss führte vom Mai 1957 bis Januar 1958 fünfzehn größere Arbeitstagungen durch, über die umfangreiches Material veröffentlicht wurde, auf das hier nur kurz verwiesen werden kann.[34]

Die maßgeblichen Initiatoren dieses Initiativausschusses waren der verstorbene Dr. Ammann aus Heidelberg und der damalige Minister der nordrhein-westfälischen Regierung, Dr. Posser. Diese Strafverteidiger in politischen Strafsachen beschäftigten sich im Einzelnen mit der Rechtsprechung des politischen Strafsenats des BGH, der Rechtsprechung der politischen Sonderstrafkammern, der Ausuferung der politischen Strafjustiz auf verschiedenen Gebieten des gesellschaftlichen Lebens. Sie wandten sich mit Petitionen und Erklärungen an die Verfassungsorgane der Bundesrepublik und setzten sich insbesondere für eine politische Amnestie ein.

Es sollen die Probleme, vor denen die Verteidiger in diesen Verfahren standen, anhand des Prozesses gegen leitende Funktionäre des Hauptausschusses gegen die Remilitarisierung und für den Abschluss des Friedensvertrages aufgezeigt werden: Eine Würdigung aller Reden der Angeklagten, eine Würdigung der vielfältigen Dokumente und auch der Tätigkeiten im Einzelnen hatte ergeben, dass sich die Angeklagten und der Hauptausschuss entschieden gegen die Remilitarisierung und für den Abschluss des Friedensvertrages der Siegermächte mit Deutschland einsetzten und dass sie darüber eine Volksbefragung anstrebten. Bei der Verurteilung kam dann der damalige 6. Strafsenat des BGH zu dem Ergebnis, es sei die Absicht der Angeklagten gewesen, »für ein politisches Tagesziel, das man auch für erstrebenswert halten konnte, ohne damit zugleich die den Kommunisten vorschwebenden weiteren Ziele der vollständigen Umgestaltung des politischen und sozialen Lebens zu bejahen, möglichst breite Volksmassen zu gewinnen und ihnen auf diese Weise allmählich und unmerklich auch kommunistische Gedankengänge und Auffassungen nahezubringen und sie dafür zu begeistern«.[35]

Die verfassungsfeindliche Gesinnung der Angeklagten wurde konstruiert aus ihrer Weltanschauung, aus einer verzerrten Darstellung der Zielsetzungen und Tätigkeiten der KPD wie auch der DDR. Dies wird beispielsweise deutlich, als in dem Volksbefragungsprozess der Senatspräsident Dr. Geier zum Hauptangeklagten Oskar Neumann sagte: »Es liegt völlig neben der Sache [...] weil, wie ich Ihnen schon sagte, weder die Politik der Regierung zu beurteilen ist noch die Politik, die Sie treiben. Das einzige, worum es sich handelt, ist, [...] ob das eigentliche Ziel weiter gesteckt war und nicht expressis verbis wiedergegeben wurde.«[36]

Daraus ergibt sich, wie in allen diesen Prozessen wegen Staatsgefährdung, dass Gegenstand der richterlichen Urteilsfindung nicht das jedermann erkennbare äußere Geschehen war, z. B. das Eintreten der Angeklagten für Frieden und Völkerverständigung, sondern die gedeutete Gesamteinstellung der Angeklagten. Das äußere Geschehen, der Vordergrund, rückte in den Hintergrund und wurde umgedeutet. Verfassungskonformes Geschehen wurde zu verfassungsfeindlichen Handlungen. Vorbild dieser Praxis war in gewisser Hinsicht auch der McCarthyismus in den USA.

Die strafrechtliche Gesinnungsverfolgung nahm nach dem KPD-Verbot vom 17. August 1956 noch größere Ausmaße als zuvor an. Mit dem strafrechtlichen Vorwurf der Tätigkeit für eine Ersatzorganisation der KPD konnte jeder bestraft werden, der auch nur im Ansatz ähnliche Ziele vertrat wie die KPD. Erinnert sei an die berüchtigte Definition in einem Revisionsurteil des politischen Strafsenats des BGH vom 18. September 1961 gegen Kandidaten einer unabhängigen Wählergemeinschaft in Langenselbold (Hessen), durch das der Begriff »Ersatzorganisation der KPD« definiert wurde als »ein Personenzusammenschluss, der anstelle der aufgelösten Partei deren verfassungsfeindliche Nah-, Teil- oder Endziele ganz oder teilweise, kürzere oder längere Zeit, örtlich oder überörtlich, offen oder verhüllt weiterverfolgt oder weiterverfolgen will«.[37]

Nicht nur die erhebliche Zahl der Verurteilungen, sondern hauptsächlich die Vielzahl der strafrechtlichen Ermittlungsverfahren kennzeichnete das Ausmaß der strafrechtlichen Verfolgungen. Auf der 10. Tagung des Initiativausschusses für die Amnestie im November 1983 erklärte dazu Rechtsanwalt Dr. Ammann: »Wir hatten bisher auf unseren Tagungen insgesamt 200.000 Verfahren sorgsam errechnet und vorsichtig geschätzt, die in den jetzt zehn Jahren politischer Justiz anhängig waren. Nehmen wir aber nur einmal eine ungefähre Durchschnittsdauer von einem Jahr pro Ermittlungsverfahren und berücksichtigen wir auch, dass gegen einzelne Personen im Lauf der Zeit oft mehrmals Ermittlungsverfahren eingeleitet wurden, dann gäbe dies ein Vielfaches von unseren bisherigen Aufstellungen. Jetzt verstehe ich auch, warum unseren bisherigen Zahlen von keiner Seite ein Dementi oder eine Richtigstellung erfolgte: Wir hatten offensichtlich nur einen Bruchteil der Verfahren errechnet.«[38]

Zur selben Frage erklärte auf jener Tagung der Saarbrücker Strafrechtsprofessor Dr. Maihofer: »Demgegenüber sind bei uns nach Angaben des zuständigen Sachbearbeiters im Bundesjustizministeriums anlässlich der letzten Strafrechtslehrtagung im Sommer 1963 seit 1951 über 150.000 Verfahren (wir haben gestern noch höhere Schätzungen gehört) nach diesen Tatbeständen durchgeführt worden.«[39]

Unmittelbar vor dem KPD-Verbot und auch in den Jahren danach betrug die Zahl der Personen, die sich wegen Staatsgefährdung bzw. illegaler Tätigkeit für die KPD in U-Haft oder Strafhaft befanden, ständig zwischen 150 und 250. Wie hoch der Anteil der Festnahmen an der Gesamtzahl der Verfahren war, ergibt sich beispielsweise für das Jahr 1956 aus einer Veröffentlichung des Bulletins des Presse- und Informationsamtes der Bundesregierung Nr. 108 vom 14. Juni 1957, wenn es dort heißt: »Aus den für die einzelnen Straftatengruppen errechneten Häufigkeitsziffern ist ersichtlich, dass im Jahre 1956 auf 100.000 Einwohner entfielen [...] 15 Fälle von Hochverrat, Staatsgefährdung, Landesverrat.«

Auf die Gesamtbevölkerung umgerechnet bedeutet dies, dass im Jahre 1956 gegen mindestens 7.500 Menschen politische Strafverfahren liefen. Die strafrechtlichen Ermittlungsverfahren dauerten darüber hinaus oft viele Jahre und waren verbunden mit periodischen Vorladungen vor die Polizei, mit Ermittlungen der Polizei am Arbeitsplatz, Überwachungen durch den Verfassungsschutz usw.

Der Initiativausschuss der Strafverteidiger stellt auf seiner 10. Tagung fest, dass die Untersuchungshaft in einer großen Zahl von Fällen oft länger als zwölf Monate dauerte. Die Aufhebung von Haftbefehlen war oft verbunden mit schikanösen Auflagen, wie zweimal wöchentliche Meldungen im zuständigen Polizeirevier, Angaben bei Verlassen der Bundesrepublik, Angaben über Wohnungswechsel, Einbehaltung der Reisepässe. [...] Teilweise dauerte es auch Jahre, bis die Verteidiger Akten einsehen konnten. Für zulässig erklärt wurde auch die Verwendung sogenannter anonymer Zeugen. In Beweisaufnahmen traten Beamte der politischen Kriminalpolizei auf und erklärten, von einem Informanten, den man nicht nennen könne, die Informationen erhalten zu haben.

Die beschriebene Praxis der politischen Strafjustiz dauerte mindestens bis Ende des Jahres 1967. Im Zusammenhang mit der Bildung der Regierung der Großen Koalition in Bonn, einer beginnenden politischen Neuorientierung gegenüber den sozialistischen Ländern, der Gründung der Deutschen Kommunistischen Partei 1968 und vieler anderer politischer Veränderungen kam es schließlich – auch im Ergebnis der langjährigen Kritik des Initiativausschusses der Strafverteidiger in politischen Strafsachen – zu wesentlichen Änderungen des politischen Strafrechts in der Bundesrepublik sowie zu einer politischen Amnestie, insbesondere durch das Gesetz zur Reform des Strafrechts vom 26. Juni 1969.

Es sei jedoch hier ausdrücklich festgestellt, dass die 1968 zu Ende gegangene politische Justizpraxis in keiner Weise bedeutete, dass Bürger dieses Staates wegen ihrer politischen Gesinnung, wegen einer bestimmten Weltanschauung und wegen demokratischer Meinungsäußerung und demokratischer politischer Aktivitäten keinen Repressionen ausgesetzt waren. Erinnert sei an Tausende von Opfern der Berufsverbotspraxis in der Zeit seit 1970, wobei die administrative und richterliche Begründung derartiger Verbote in vollem Umfange identisch war mit den Spruchthesen richterlicher Urteile auf der Grundlage des 1. Strafrechtsänderungsgesetzes im Jahre 1951.

Die politische Sonderstrafjustiz der Bundesrepublik – beginnend mit der Schaffung des 1. Strafrechtsänderungsgesetzes 1950/51 bis zur politischen Amnestie Ende der 60er Jahre, ist ein Kapitel in der Rechtsgeschichte der Bundesrepublik Deutschland, das mit den Grundsätzen einer demokratischen Strafrechtspflege und Rechtsstaatlichkeit nicht zu vereinbaren ist.

Anmerkungen

1 Gesetz Nr. 4 des Alliierten Kontrollrates vom 30. Oktober 1945 betreffend die Umgestaltung des deutschen Gerichtswesens.
2 Direktive Nr. 24 des Alliierten Kontrollrates vom 12. Dezember 1946
3 *Bonner Generalanzeiger* vom 26. Februar 1951.
4 Festschrift zur Eröffnung des Bundesgerichtshofes vom Presseamt des BGH
5 Ebenda.
6 Amtliches Protokoll über die Sitzung des Bundestages am 23. Februar 1950.
7 Parlamentarischer Rat, schriftlicher Bericht zum Entwurf des Grundgesetzes für die Bundesrepublik Deutschland (Drucksachen 850 und 854), S. 99.
8 Parlamentarischer Rat, a. a. O., S. 100.
9 Der Absatz 1 des Artikels 143 GG lautete »Wer mit Gewalt oder durch Drohung mit Gewalt die verfassungsmäßige Ordnung des Bundes oder eines Landes ändert, den Bundespräsidenten der ihm nach diesem Grund-

gesetz zustehenden Befugnisse beraubt oder mit Gewalt oder durch gefährliche Drohung nötigt oder hindert, sie überhaupt oder in einem bestimmten Sinne auszuüben, oder ein zum Bund oder einem Land gehöriges Gebiet losreisst, wird mit lebenslangem Zuchthaus oder Zuchthaus nicht unter 10 Jahren bestraft.«

10 Z. B. a) Urteil vom 12.10.1907 – C.3/07; b) Urteil vom 05.10.1921 – C.79/20.

11 Kern, »Der Entwurf eines Gesetzes zur Änderung des Strafgesetzbuches«. *NJW* 1950, 667.

12 Walter Fisch, »Staatsschutz für den Bonner Kolonialstaat«, Wissen und Tat, 5. Jahrgang, Heft 4, April 1950, S. 25.

13 Kern, a. a. O.

14 Kern, a. a. O.

15 Kern, a. a. O.

16 Drucksache des 1. Bundestages Nr. 1307, S. 35.

17 Protokoll der 25. Sitzung des Bundesrates vom 23. Juni 1950, S. 430.

18 Rede des Herrn Justizministers Dr. Müller über den *Bayerischen Rundfunk* vom 23. August 1951.

19 Stenografisches Protokoll der 112. Sitzung des Rechtsausschusses am 13. Juni 1951, S. 26.

20 Güde, Bundesdrucksache Nr. 1307 der 1. Wahlperiode, S. 14.

21 Drucksache des 1. Bundestages Nr. 1307, S. 27.

22 Stenografisches Protokoll der 83. Sitzung des 1. Bundestages am 12. September 1950, Seite 3108.

23 »Hochverrat und Staatsgefährdung«, Sammlung von Urteilen des Bundesgerichtshofes, 1957, S. 10.

24 RGBl. I 1922, S. 585.

25 RGBl. I 1933, S. 136.

26 RGBl. I 1934, S. 341.

27 Kurzprotokoll der 119. Sitzung des Bundesausschusses für Rechtswesen und Verfassungsrecht vom 29. Juni 1951, S. 2.

28 Dokumentation der *Zeit*, 1950, Heft 9, S. 342.

29 Keesings Archiv der Gegenwart vom 28. März 1951, S. 2877.

30 Dokumentation der *Zeit*, 1951, Heft 17, S. 707.

31 Keesings Archiv der Gegenwart vom 26. April 1951, S. 2971.

32 Dokumentation der *Zeit*, 1951, Heft 23, S. 1053.

33 Wagner, »Hochverrat und Staatsgefährdung«, Karlsruhe 1957, Band 1, S. 74 und Band 2, S. 11.

34 Broschüren über die bezeichneten 15 Arbeitstagungen und Gesamtaussprachen des erweiterten Initiativausschusses für die Amnestie und der Verteidiger in politischen Strafsachen, herausgegeben von RA Dr. Amann, Heidelberg.

35 Wagner, a. a. O., Band 1, S. 55.

36 Stenografisches Protokoll der Verteidigung.

37 *Neue Juristische Wochenschrift* 1961, 2218.
38 Broschüre des Initiativausschusses über die 10. Tagung, S. 24.
39 a. a. O., S. 14.

* Rechtsanwalt Dr. jur. Karl Pfannenschwarz, Dolgenbrodt

Auf Gefangenentransport

Von Herbert Hoffmann *

Am Montag, dem 25. Juli 1994, wurde ich von drei bayerischen Polizeibeamten verhaftet. Am nächsten Tag erfuhr ich, dass ich mit einem Sammeltransport in die U-Haftanstalt Holstenglacis nach Hamburg kommen sollte. Im Fachjargon heißt das, man wird »verschubt«.

Bereits nach meiner ersten Verhaftung war ich von Bonn nach Hamburg »verschubt« worden. Ganze vier Tage war ich mit anderen Häftlingen unterwegs. Wir saßen in einem Käfig in einem Gefangenentransportwagen, der über Landstraßen rollte und mehrere Gefängnisse ansteuerte, in denen Personen zu- und ausstiegen.

Wie ich hörte, werden täglich in der Bundesrepublik – mit Ausnahme der Wochenenden – mehrere Hundert Häftlinge »verschubt«.

Die Nacht vom 25. auf den 26. Juli 1994 verbrachte ich im Polizeigefängnis in Bad Reichenhall. Am 26. wurde ich dann vormittags einem Richter in Laufen (Bayern) vorgeführt. Was ich zu meiner Verhaftung zu sagen hätte?

Ich forderte einen Rechtsanwalt.

Der sei bereits unterwegs, hieß es.

Die mit mir »verschubten« Fahrgäste waren Personen, die irgendwo verhaftet worden waren oder zu irgendwelchen Gerichtsterminen erscheinen mussten, sowie Strafgefangene, die verlegt wurden.

Der Gefangenentransporter war ein großer Bus, in welchem verschließbare Kabinen installiert waren, in denen ein oder zwei Personen saßen. Insgesamt nahm er vielleicht 20 bis 25 Personen auf.

In der Mitte des Busses gab es einen schmalen Gang. In die Zellenkäfige fiel durch Panzerglasschlitze Licht von außen. Gleichwohl konnte man nichts von der Landschaft sehen, das heißt, man war nicht in der Lage festzustellen, welche Stadt man gerade passierte und welche Route der Bus fuhr.

Meine Habseligkeiten hatte ich dabei. In der Plastiktüte befanden sich die üblichen Toilettenartikel und Medikamente, auf die ich angewiesen war, sowie Schreibpapier, das ich in der JVA Reichenhall bekommen hatte. Dass ich überhaupt diese Habseligkeiten besaß, verdankte ich der Courage meiner Lebensgefährtin: Sie war den Polizisten gefolgt, stoppte schließlich in Bad Reichenhall den Wagen und übergab den Beamten die Tüte, die diese widerwillig entgegennahmen.

Man hatte mich um die Mittagszeit an einem Hochsommertag festgenommen. Ich trug nur ein Sporthemd und eine leichte Hose. Abends und in der Nacht wurde es merklich kühl, und als ich in den Bus mit zwei belegten Broten und einer Flasche Wasser als Wegzehrung stieg, wurde mir auch nicht wärmer. Ich war weder befragt oder gar untersucht worden, dass ich für einen solchen Transport auch tauglich sei. Nichts. »Hoffmann, Kabine sowieso«, hatte es lediglich geheißen.

Ich teilte mein Kabuff mit einem jungen Mann, der das gleiche Problem mit seinen Beinen hatte wie ich: Wir fanden für sie keinen Platz. Es war einfach zu eng. Wir saßen mit gestrecktem Rücken, die Plastiktüte auf den Knien, die Beine ineinander verschachtelt. Wenn man aufstand, um sich zu strecken, trat man dem anderen notgedrungen auf die Füße.

So tuckerten wir denn über Landstraßen dahin. Der alte Diesel machte heftigen Lärm. Und langsam wurde es warm in der Kabine, was ich zunächst als angenehm empfand, aber dann wurde es unerträglich heiß. Schweiß floss aus allen Poren. Was vielleicht hilfreich war. So musste man nicht auf die Toilette. Außerdem: Wie hätte man sich auch bemerkbar machen sollen? Eine Klingel gab es nicht. Und das Begleitpersonal saß vorn in einer Kabine und konnte wohl auch nicht mit Rufen erreicht werden.

In der Decke befand sich eine kreisrunde Öffnung von ca. 10 bis 15 cm Durchmesser, in der sich ein Flügelrad drehte und Außenluft in die Kabine beförderte. Das bedeutete nicht nur Sauerstoff, sondern auch Hitze. Mit Schiebern an Propeller und Kabinentür ließ sich die Luftzirkulation ein wenig steuern, mehr aber auch nicht. Außerdem machte es einige akrobatische Verrenkungen nötig.

Wir waren die folgende Zeit meist damit beschäftigt. Mal wurde es zu kühl, dann wieder zu heiß. Rauf, runter, auf, zu. Es war eigentlich lächerlich, wenn wir nicht darunter gelitten hätten.

Alle vier Stunden hielt das Gefährt zur Pinkelpause. Es gab etwas zu essen und zu trinken. Abends machten wir Station in einer JVA. Dort wurden wir als »Durchgangshäftlinge« für eine Nacht untergebracht. Morgens ging es gegen 7.00 Uhr weiter. Wir stiegen wieder ein, allerdings kam jeder in eine andere Kabine. Einmal kam ich in eine Einmann-Zelle, was ich zunächst für einen Gewinn hielt. Das war jedoch ein Irrtum. Der Holzsitz war höher angebracht als in den anderen Kabinen. Er befand sich auf einer Wölbung, darunter ein Aggregat. Als wir anfuhren, begann alles zu vibrieren, und bald wurde auch der Sitz immer wärmer. Die Lage wurde immer unerträglicher. Ich schaute alle zehn Minuten auf die Uhr in der Hoffnung, dass das Martyrium bald vorbei sei. Doch die Zeit verrann unendlich zäh. Ich spielte mit dem Gedanken, die Tür einzutreten, doch das war nur eine kühne Idee: Ich hätte nicht einmal Schwung holen können.

Am Wochenende, nach vier Tagen also, erreichten wir Frankfurt am Main.

Zwei Tage Erholung. Acht Mann des Transportes wurden in eine Zelle eingeschlossen. Wir schliefen in Doppelstockbetten. Im Raum befand sich ein Tisch und drei Stühle. Es war eng, aber erträglich. Wir durften unter die Dusche und eine Stunde auf den Hof. Wäsche zu wechseln war nicht möglich: Wir hatten nichts zum Tauschen.

Erstmals durften wir Verwandten, Bekannten, Freunden oder Rechtsanwälten schreiben. Aber: Es gab keine Briefmarken. Kostenlos wurden lediglich die Briefe an Rechtsanwälte weitergeleitet. Das Geld war uns bei der Festnahme abgenommen worden. Telefonieren war auch unmöglich. Wir waren folglich isoliert, von der Außenwelt abgeschnitten. Wir reisten unerkannt durch die Bundesrepublik, und niemand der Angehörigen hatte draußen Kenntnis, wo wir uns gerade aufhielten.

Ein Häftling, der keine Plastiktüte besaß, kannte nicht einmal einen Rechtsanwalt und wollte zu einem Kontakt aufnehmen. Ein Vollzugsbeamter gab ihm ein Frankfurter Telefonbuch. Er könne sich ja einen aussuchen, in der Stadt gebe es einige Tausend. Der Mann bettelte um Kleingeld, um mit einem Rechtsanwalt in seinem Heimatort telefonieren zu können. Keiner von uns konnte ihm helfen. Von Wegen: Freie Wahl des Anwalts!

Ich nutzte das kollektive Zusammensein, um mir von einem der Mitreisenden schriftlich meine Blessuren bestätigen zu lassen. Die mir bei meiner Verhaftung vor sieben Tagen zugefügten Verletzungen waren noch zu sehen: Ich hatte Blutergüsse und verschorfte Schrammen an meinem Arm. Die Bayern waren »ordentlich« zur Sache gegangen, als sie mich in meiner Wohnung zu Boden warfen und in ihr Auto zerrten.

Ich tauschte mich mit ihm auch über den Transport aus. »Wenn wir Tiere wären, hätte der Tierschutzbund schon längst Strafanzeige erstattet«, meinte er.

Am Montag ging es weiter, am Dienstag, dem 2. August, erreichten wir Kassel.

Ich schrieb an meinen Rechtsanwalt in Hamburg und schilderte die Transportbedingungen. Ich richtete auch eine Beschwerde an die JVA Kassel.

Die fühlte sich dafür nicht zuständig und reagierte nicht.

(Dieser Beschwerde ging ich im Jahre 2000 nach. Dabei bemerkte ich, dass offenkundig hier eine juristische Grauzone vorlag. Mal war bei Häftlingstransporten das Bundesland zuständig, durch den der Wagen gerade rollte, mal wieder nicht. Es gab keine durchgehende Zuständigkeit und damit die Möglichkeit, im Ernstfall Verantwortung zu delegieren und zu vertuschen.) Nach zehn langen Tagen trafen wir endlich in Hamburg ein. Es war Donnerstag, der 4. August 1994. Die Reise endete in der U-Haftanstalt Holstenglacis.

Man sperrte mich in einen Raum mit etlichen Bettgestellen und Matratzen, die herumlagen. Stunden später kam ich in eine andere Zelle. Als man mir den Restbestand meiner Tabletten wegnahm, ahnte ich nichts Böses, weil ich damit rechnete, nunmehr einem Arzt vorgeführt zu werden. Das geschah: Nach zwei Tagen. Angeblich habe man so lange nach meinen Akten suchen müssen. Der Grund schien wohl ein anderer: Obgleich hier 700 bis 800 Häftlinge untergebracht waren, gab es keinen ständig anwesenden Arzt.

Ungefähr drei Wochen später verfasste ich einen ausführlichen Bericht über den unsäglichen Transport und schickte ihn auf dem in U-Haftanstalten üblichen Postweg an einen Freund mit der Bitte, ihn dem Senator für Justiz in Hamburg vorzulegen. Bevor ihn mein Freund las, wanderte er über einige Schreibtische im Oberlandesgericht. »Der Sammeltransport von Untersuchungshäftlingen und Strafgefangenen in der Bundesrepublik Deutschland widerspricht der Würde des Menschen, der Fürsorgepflicht für die Häftlinge und einer Reihe von technischen Sicherheitsvorschriften für Kraftfahrzeuge im Straßenverkehr«, konstatierte ich darin.

Bei einem Verkehrsunfall gibt es für die Häftlinge in ihren Kabinen keinen Fluchtweg. Die Kabinen sind vom Gang in der Mitte des Transportwagens mit einem Spezialschlüssel, d. h. von außen verriegelt. Die Verriegelung erfolgt also mechanisch. Es gibt dementsprechend keine zentrale Entriegelungsvorrichtung. Im Falle eines schweren Unfalls ist ein großer Teil der Häftlinge rettungslos verloren.«

Die Antwort des Senators für Justiz in Hamburg: So etwas sei ihm noch nicht untergekommen. Mag sein.

In der Hamburger Bürgerschaft war der Gefangenentransport 1990 schon einmal ein Thema. Unabhängig von meiner Anzeige wegen dieser Missstände, die ich damals erstattet, stellte die GAL-Abgeordnete Dagmar Pelz zur »Verschubung« von Häftlingen im Januar 1991 eine Anfrage im Hamburger Parlament. Das *Hamburger Abendblatt* berichtete am 22. Januar 1991 ausführlich darüber. »Am Rande der Menschenwürde« und »Juristen und Politiker kritisieren Gefangenentransporte«, hieß es dort. Die Umstände solcher Transporte wurden zutreffend beschrieben. Ein Seelsorger der U-Haftanstalt in Hamburg wurde mit dem Satz zitiert: »Das geht tatsächlich an den Rand der Menschenwürde.«

Der Sprecher des Hamburger Anwaltsvereins nannte die Transporte ebenfalls menschenunwürdig. Die Abgeordnete Pelz wurde mit den Worten wiedergegeben: »Da ist bald die Grenze zur Folter erreicht.«

Ein Professor für klinische Psychologie der Universität Hamburg äußerte: »Die Wahrscheinlichkeit, dass Menschen in solchen Zellen Angstzustände bekommen, ist natürlich erhöht. Vor allem aber sind stundenlange Fahrten in solchen Wagen ethisch nicht zu vertreten.« Das war 1990!

Vier Jahre später hatte sich, wie ich erleben musste, daran nichts geändert. Die parlamentarische und mediale Unmutsbekundung war sichtlich ohne Folgen geblieben.

Der Straf- und Ermittlungsrichter Christian Kropp beim Amtsgericht Sondershausen schrieb später dazu einen Text zum Thema »Rechtswidrigkeit des gegenwärtigen Gefangenentransports«. Er monierte darin besonders, dass man über solche Transporte »so gut wie nichts« wisse und auch in der Rechtsliteratur nichts finde.

»Es gibt Menschen, die längere Zeiträume auf einer Fläche von weniger als einem halben Quadratmeter in Omnibussen transportiert werden, im Sommer dabei nicht selten in praller Hitze. In dieser Weise werden sie von Anstalt zu Anstalt ohne Außenkontakt oder Kontaktmöglichkeit zu ihrem Rechtsanwalt befördert. Wer jetzt meint, es handle sich um die Beschreibung einer Szene aus einem Staat in der sogenannten Dritten Welt, der irrt. Beschrieben ist die gegenwärtige Praxis des Gefangenentransports, wie sie in Deutschland trauriger Alltag ist. So dauert etwa eine Fahrt in dieser Form von Freiburg im Breisgau nach Stralsund 16 Tage; von Aachen nach Dresden 15 Tage. – Dass ein solcher Transport unter Umständen rechtsstaatswidrig und menschenunwürdig ist, liegt nahe.«

Und weiter konstatierte Kropp: »Die Bedingungen des Transports sind in beiden Bereichen (Angeklagte und Strafgefangene) zudem vielfach nicht mehr menschenwürdig. Die geringe Verweilfläche, Strapazen auf längeren Transporten als solche, Hitze und Kälte und die Transportdauer degradieren den Beschuldigten zum Objekt staatlichen Handelns. Die Praxis ist somit in ihrer aktuellen Ausgestaltung schlicht verfassungswidrig (Art. 1 Abs. 1 Grundgesetz).

Es bleibt daher festzuhalten: Der Transport von Gefangenen und Angeklagten im Vollzug bzw. im Haftrecht ist für längere Zeiträume grundgesetzwidrig und verstößt unter den gegebenen Umständen gegen die Menschenwürde.«

Diese Zitate entnahm ich der *Zeitschrift für Rechtspolitik*, Ausgabe 3/2005. Mit anderen Worten: Es ist noch immer Praxis in der Bundesrepublik Deutschland, was ich 1990 und 1994 am eigenen Leibe erlebte.

Doch was lese ich in unserer Presse und sehe im Fernsehen? Herzerweichende Geschichten etwa über den sogenannten »Grotewohl-Express«, in welchem zu seligen DDR-Zeiten Häftlinge befördert worden waren. Also Geschichten über einen historischen Gefangenentransporter – nicht etwa über einen aus der Gegenwart. Am 12. März 2004 hatten zwei Kräne in einer aufwendig inszenierten Szene einen Waggon über die Mauern der »Stasi-Gedenkstätte« in Berlin-Hohenschönhausen gehoben, damit er dort aufwendig restauriert und anschließend dem Publikum zugänglich gemacht werden konnte. »Gedenkstätten-Direktor« Hubertus Knabe erklärte anklagend, der Waggon zeige »eindrücklich den menschenverachtenden Charakter des SED-Regimes«.

* Herbert Hoffmann war IM der Aufklärung

Guillaume in der Haft

Von Eberhard Kopprasch*

Die Interessenvertretung für Bürger des jeweiligen Staates im Gastland ist eine international praktizierte Verfahrensweise. Sie ist in der Wiener Konsularkonvention geregelt.

Vom Zeitpunkt der Arbeitsaufnahme der Vertretungen im Mai 1974 wurden bis Oktober 1990 Staatsbürger beider deutscher Staaten, die mit dem jeweils geltenden Recht in Konflikt gekommen waren und nicht selten auch zu mehrjährigen Freiheitsstrafen verurteilt wurden, von den Vertretungen konsularisch betreut. Allen Bürgern der DDR, die in der BRD um Hilfe ersuchten, wurde diese auch gewährt.

In die Heimat zurückgekehrte Kundschafter brachten immer wieder zum Ausdruck, dass sie durch die Betreuung der Ständigen Vertretung der DDR in Bonn das Gefühl hatten, eine wertvolle Verbindung zur Heimat zu haben.

Wurde die Ständige Vertretung von den Landesorganen über die Verhaftung eines Staatsbürgers der DDR informiert, war zu klären, welcher angebliche Strafvorwurf bestand.

Nach entsprechender Überprüfung in der DDR wurde gegenüber dem Bundeskanzleramt, das für die Ständige Vertretung der DDR zuständig war, unser Interesse an der Kontaktaufnahme zum Inhaftierten mitgeteilt. Nach Vorliegen der Besuchserlaubnis – diese wurde in der Regel nicht früher als vier Wochen nach der Inhaftierung, manchmal auch später- erteilt, kam es zur persönlichen Kontaktaufnahme.

Die ersten Tage waren unter den Bedingungen der Haft für jeden Kundschafter die kompliziertesten. Für sie trat eine neue Situation ein. Der Führungsoffizier in der Zentrale hatte mit ihm über die Möglichkeit einer Konfrontation mit gegnerischen Abwehrorganen gesprochen, und gemeinsam war auch die personenbezogene Verhaltslinie festgelegt worden.

Die überwiegende Zahl der inhaftierten Kundschafter wählte sich einen Rechtsanwalt aus dem Verzeichnis der Rechtsanwälte aus, dessen Kanzlei möglichst in der Nähe der Justizvollzugsanstalt (JVA) lag.

Kam der Kontakt mit dem Rechtsanwalt zustande, so war der erste Auftrag, Verbindung zu Bezugspersonen (in der Regel Familienangehörige) aufzunehmen und über die eingetretene Situation und den Aufenthaltsort zu informieren. Parallel hierzu wurde auch die Ständige Vertretung aktiv.

Für die gesamte Zeit der Untersuchungshaft bis zur Rechtskraft des Urteils war das Bundeskriminalamt/Landeskriminalamt, Abteilung Staatsschutz, für die Gesprächsüberwachung zuständig. In der Regel überwachte der untersuchungsführende Beamte auch die Diplomatenbesuche.

Der wesentliche Inhalt des ersten Besuches bestand im gegenseitigen Kennenlernen und der Informierung zum persönlichen Befinden und zu den Rechten und Pflichten eines Untersuchungsgefangenen.

Gespräche zum Tatvorwurf und zum Stand des Verfahrens waren nicht erlaubt und nur Sache des Rechtsanwaltes.

Bevor dieser und später die Ständige Vertretung in Erscheinung traten, versuchten die Vernehmer, schon wesentliche Ermittlungsergebnisse zu erzielen. Wer das Recht eines Beschuldigten zur Aussageverweigerung in der Sache in Anspruch nahm und dieses auch über die gesamte Zeit des Verfahrens und in der Strafhaft durchhielt, hatte nicht die einfachste Form der Verteidigung, jedoch in vielen Fällen die zweckmäßigste, gewählt.

Der psychische Druck in den Vernehmungen, vom friedlichen, fast kumpelhaften Verhalten der Vernehmer bis zu provozierenden und drohenden Gebärden, war insgesamt eine große Belastung für den Inhaftierten.

In dieser komplizierten Zeit der Untersuchungshaft war in der Regel Einzelhaft angeordnet. Das heißt ganz konkret: 23 Stunden Aufenthalt in der Zelle und eine Stunde Freigang auf dem Hof der JVA als Einzelperson.

Wenn man bedenkt, dass in der BRD die Untersuchungshaft zwischen ein und zwei Jahren dauert, kann man ermessen, welche psychische Belastung dadurch entstehen kann.

Wenn es gelang, den Haftalltag nicht dem Zufall zu überlassen, sondern gezielte Aktivitäten und Planmäßigkeit zu entwickeln, war man auf dem richtigen Weg.

Das tägliche sportliche Bewegungsprogramm, eine geistige Betätigung durch Lesen (wenn man an die Bücher der JVA auch keine großen Ansprüche stellen konnte) und Schreiben waren wichtige Elemente.

Während meines Aufenthaltes in Bonn lernte ich Justizvollzugsanstalten von Kiel bis München kennen. Dass es Unterschiede im allgemeinen Regime des Strafvollzugs in den verschiedenen Anstalten gab, war nicht unnormal. Es gab aber auch gravierende Vorkommnisse, die sich erheblich von den Grundsätzen des Strafvollzugs abhoben.

In der gesamten Zeit meiner Tätigkeit in der Konsularabteilung hielt ich es für angebracht, bei einem Erstbesuch in einer JVA um ein Gespräch mit dem Leiter der Einrichtung zu ersuchen. Es waren Ausnahmen, wenn der leitende Regierungsdirektor das Gespräch an seinen Stellvertreter delegierte. Bei Vorkommnissen, ganz gleich welcher Art, war es leichter auf den Kern der Dinge zu kommen, wenn man sich persönlich schon gegenüberstand.

Mit der Verlegung von Günter Guillaume nach Rechtskraft des Urteils von 13 Jahren Freiheitsentzug von Köln-Ossendorf nach Rheinbach, einer idyllischen Kleinstadt zwischen Bonn und der Eifel, begann seine mehrjährige Strafhaft. Die JVA Rheinbach war in erster Linie mit zu langjährigen und lebenslangen Haftstrafen Verurteilten belegt.

Der Rechtsanwalt konnte kurzfristig und ohne gesonderte Erlaubnis seinen Mandanten besuchen, was der Ständigen Vertretung aus bereits genannten Gründen nicht möglich war. Rechtsanwalt und Vertretung konnten während der gesamten Zeit der Haft eine wichtige Hilfe für Günter leisten.

Die Strafgefangenen wussten bald, wer der Neuzugang war. Die Kontakte kamen beim Hofgang zustande. Die in den Medien über lange Zeit geführte Kampagne gegen das Ehepaar Christel und Günter Guillaume hatte auch die Meinungsbildung von Bediensteten und Strafgefangenen geprägt. Es bedurfte deshalb einer »dicken Haut«, um zunächst die

Fülle der politisch motivierten Provokationen und Beschimpfungen zu ertragen.

Die Arbeitsaufnahme in der Schreinerei war für Günter Guillaume eine Möglichkeit, die Zeit des Aufenthaltes in der Zelle zu verkürzen.

Anlässlich eines Besuches macht mich Günter auf eine Person im Gesprächsraum nebenan aufmerksam, die ebenfalls besucht wurde. Es war der SS-Verbrecher Hoffman, der für sein mörderisches Wirken in Jugoslawien zu lebenslanger Haft verurteilt worden war. Bedeutsam war, dass Hoffman zeitweilig auch in der Schreinerei eingesetzt wurde und sich Guillaume in aufdringlicher Weise näherte. Die Aufforderung des SS-Mörders »Wir sind Politische und müssen zusammenhalten« war für Günter unerträglich.

Ein weiteres, sehr ernstes Problem war die Morddrohung von Rainer Sturm, einem zu dreimal lebenslänglich verurteilten Bankräuber und Mörder. Zu seinen Vertrauten äußerte er: »Den Guillaume schnappen wir uns bei einem Hofgang als Geisel.« Damit wollten sie ihre Freilassung erpressen. Der Mitkumpane bekam kalte Füße und informierte die Anstaltsleitung.

Das Jahr 1978 ging seinem Ende entgegen.

Die Weihnachtspakete für die durch die Ständige Vertretung betreuten Bürger der DDR waren mit Note beim Bundeskanzleramt beantragt und genehmigt worden.

Der Inhalt dieser Pakete war vorgeschrieben – die Dresdner Stolle war gestattet. Wir versuchten, alle Besuchspakete so individuell wie möglich zu gestalten. Die Weihnachtsservietten, eine Kerze und Weihnachtsschmuck aus dem Erzgebirge waren eine willkommene Überraschung zum Weihnachtsfest.

Unser Lehrerehepaar (wir hatten in Bonn eine Botschaftsschule bis zur 4. Klasse) überraschte mich mit gemalten Bildern der Schüler mit der Bitte, diese den inhaftierten Kundschaftern zu überreichen. Ich brauche die Wirkung dieser Weihnachtsgrüße wohl nicht zu kommentieren.

Das WIR beim Gestalten der erlaubten Besucherpakete hat seine Bedeutung: Die Mitarbeiter der Konsularabteilung und besonders auch unsere Ehefrauen waren beim Einkauf und einer schönen Verpackung mit viel Geschick maßgeblich beteiligt. Eine im Supermarkt bestellte und gefüllte Einkaufstüte von der Stange gab es bei uns nicht.

Natürlich wurden die Pakete vor der Aushändigung kontrolliert. Befremdlich war allerdings, wie in verschiedenen JVA die Kontrollbeamten mit dem liebevoll gestalteten Inhalt umgingen. Es gab auch Ausnahmen. So erinnere ich mich an die Damen der Geschäftsstelle in der JVA Aichach in Oberbayern, die mit Fingerspitzengefühl und Anstand kontrollierten.

Nun aber zum Besuch 1978 in Rheinbach, der einige Tage vor Weihnachten erfolgte. Ich fand einen äußerlich veränderten Günter Guillaume vor, der einen niedergeschlagenen, desinteressierten und kranken Eindruck machte. Der Anstaltsarzt, ein älterer Südamerikaner, hatte nach Meinung des stellvertretenden Leiters der JVA nichts festgestellt und behandelte die Schmerzen mit Einreibung und Lichtbogen. Wir verabschiedeten uns mit der Festlegung, bei Verschlechterung des Gesundheitszustandes sofort den Rechtsanwalt und die Ständige Vertretung zu informieren.

Sohn Pierre holte Anfang Januar den Weihnachtsbesuch bei den Eltern nach. Sofort nach dem Besuch beim Vater informierte er über die weitere Verschlechterung des Gesundheitszustandes. Die bisherige Untätigkeit der Anstaltsleitung verlangte ein sofortiges Handeln.

Der Ministerialrat im Bundeskanzleramt Dr. Zilch war auf meine dringende Bitte hin bereit, mich umgehend zu empfangen. Den Ernst der Lage erkennend, sagte er eine umgehende Bearbeitung zu, und Günter wurde nach kurzer Zeit in die Bonner Universitätsklinik verlegt.

Am 13. Januar 1979, es war an einem Sonnabendnachmittag, erhielt ich einen Anruf vom Chefarzt der Chirurgischen Klinik, Prof. Dr. Dengler. Ich wurde informiert, dass eine Sofortoperation bei Günter Guillaume erforderlich sei, alle bisherigen medizinischen Maßnahmen seien ergebnislos verlaufen. Der Patient, so Prof. Dr. Dengler, möchte bevor er seine Zustimmung zur Operation gibt, noch ein Gespräch mit seinem Betreuer von der Ständigen Vertretung führen.

Die Fahrzeit von Godesberg bis zum Venusberg war relativ kurz. Prof. Dr. Dengler machte keinen Hehl über den Ernst des Zustandes. Günter vertraute den Ärzten der Klinik.

Gegen 19.30 Uhr kam der erbetene Anruf. Der Professor informierte, die Operation des Magendurchbruchs habe länger gedauert als angenommen. Der Patient sei aber außer Lebensgefahr, es gehe ihm den Umständen entsprechend. Erleichterung war bei allen in der Vertretung spürbar, die vom Sachverhalt Kenntnis hatten.

Nicht nur bei mir, sondern auch beim Klinikpersonal, löste die unverhältnismäßige Bewachung des schwerkranken Günter Guillaume Bestürzung aus. Das Krankenzimmer war komplett als Haftraum eingerichtet, vor der Tür mit einer MPi der Sanitätsbeamte der Haftanstalt, der zuvor großspurig verkündet hatte: »Überlasst ihn mir 14 Tage, dann wird er schnell wieder gesund.«

Mein Besuch in der Klinik wurde – bedingt durch die Umstände – schneller als sonst üblich erlaubt. Den Operateur, den arabischen Arzt Dr. Nedjabat, lernte ich als einen guten Mediziner und sehr aufgeschlossenen Menschen kennen. Auf Einladung von Botschafter Ewald Moldt konnten wir ihn auf dem Empfang in der Stadthalle Bad Godesberg aus Anlass des 30. Jahrestages der DDR begrüßen.

Unsere Kundschafter genossen in den JVA ein gutes Ansehen. Sie wussten, dass es nur Nachteile bringt, wenn man sich gegen die Anstaltsordnung stellte. Disziplin war unter diesen Haftbedingungen sehr wichtig.

Mir wurde mehrmals von der Leitung der JVA Köln-Ossendorf bestätigt, dass auch für Christel Guillaume nur das beste Zeugnis ausgestellt werden könnte. Trotz ihres schlechten Gesundheitszustandes kümmerte sie sich in ihrem Arbeitsbereich besonders um junge Frauen (u. a. Drogendelikte) und übte einen helfenden Einfluss aus.

Günter selbst war wegen seiner Hilfe und Unterstützung für andere Häftlinge, gleich aus welchen Gründen sie verurteilt und inhaftiert waren (natürlich sind Nazis nicht inbegriffen) in der Haftanstalt bekannt.

Beide haben auch in der schweren Zeit der Haft ehrenvoll ihren »Mann« gestanden.

* Eberhard Kopprasch war Mitarbeiter der Konsularabteilung der Ständigen Vertretung der DDR in Bonn

Mordanklage und Freispruch

*Von Karli Coburger**

Meine Verhaftung durch bundesdeutsche Strafverfolgungsorgane erfolgte nicht nach sorgfältiger Prüfung der Sach- und Rechtslage oder im Ergebnis solider Ermittlungen durch dafür zuständige staatliche Organe. Sie basierte vielmehr – nach Inhalt, Form und Verlauf für mich von Beginn an deutlich erkennbar – allein auf politischer Instrumentalisierung strafrechtlicher Verfolgung sogenannter Systemträger nach dem Anschluss der DDR. In dem später gegen mich geführten Strafprozess bestätigte mir der Gerichtsvorsitzende in der mündlichen Begründung seines Urteils, dass ich mich seinen Erkenntnissen zufolge stets an die Gesetze der DDR gehalten hatte.

Meine Strafverfolgung ging jedoch von anderen Vorgaben aus. 40-jährige antikommunistisch geprägte Feindschaft gegen die DDR, nunmehr durch zügellosen Enthüllungsjournalismus, vorwiegend auf das MfS fokussiert, erweitert, bildete den Hintergrund meiner und der Verhaftung weiterer Mitarbeiter. Die Verteufelung des MfS reichte zeitweise bis zu Aufforderungen zu physischer Verfolgung und Lynchjustiz. Aus Dresden wurde bekannt, dass eine aufgeputschte Horde einen MfS-Angehörigen vor einen Leiterwagen gespannt hatte und mit Schlägen eine Straße entlang jagte. Mutige Bürger konnten weitere Ausschreitungen verhindern.

Ein rechtliches Problem allerdings bremste zunächst die Verfolgungsbemühungen. Nach BRD-Recht war es nicht möglich, gegen DDR-Bürger strafrechtlich vorzugehen, wenn deren Tätigkeit den dortigen Rechtsnormen entsprach und auf deren Staatsgebiet beschränkt geblieben war. Angehörige des MfS waren Bürger eines solchen souveränen weltweit anerkannten Staates.

Weder westdeutsche Gesetze noch der 2+4-Vertrag oder der Einigungsvertrag enthielten Hinweise auf eine mögliche

Strafbarkeit dieser Tätigkeit im Falle eines staatlichen Anschlusses an die BRD.

Ein Strafrichter des BGH allerdings zerschlug diesen gordischen Knoten schließlich mit dem Beschluss: Jetzt haben wir sie auf unserem Territorium, folglich können wir sie auch nach unseren Gesetzen wegen Verletzung unserer Normen wegen staatsfeindlicher Agententätigkeit oder Landesverrat verfolgen. Der Forderung nach Delegitimierung der DDR war ohne Rücksicht auf geltendes innerstaatliches und internationales Recht Genüge getan. Richtersprüche, Rechtsauslegungen, Verletzungen eherner rechtlicher Grundsätze wie das Rückwirkungsverbot, der Schuldnachweis u. ä. schlossen sich dem an.

Diese rechtsbrechende Konstruktion war die Basis auch meiner und der Verhaftung des vorherigen Leiters der für operative Beobachtungen und Ermittlungen zuständigen HA VIII des MfS sowie eines weiteren Angehörigen und eines Kundschafters aus den alten Bundesländern. Sie sollte den Nachweis erbringen, dass der »Unrechtsstaat DDR« tatsächlich ein Regime war, zu dessen Unterdrückungsaufgaben auch die professionelle Organisierung von Morden und die Verschleppung von Menschen gehörte.

In der HA VIII sollte nach westdeutscher Konstruktion ein Auftragsmordkommando bestanden haben. Dieses abscheuliche und propagandistisch ausschlachtbare Verbrechen schien endlich gefunden.

Hier bietet sich eine rechtsgeschichtliche Erkenntnis des bekannten Wissenschaftlers Otto Kirchheimer an. Er führte dazu aus: »Vielerlei lässt sich in politischen Konflikten mit einem Kriminalprozess anfangen. [...] Es gibt kaum eine Gattung krimineller Delikte, die banalsten und außergewöhnlichsten nicht ausgenommen, die man nicht benutzen könnte, politische Leidenschaften zu entfachen. Höchst dramatisch lässt sich die Aufführung gestalten, wenn die Anklage auf Mord lautet [...] und der Angeklagte ein prominenter Vertreter der Gegenpartei ist.«

Am 4. Juni 1992 etwa gegen 10 Uhr vormittags wurde ich in meiner Wohnung von einem ungefähr zehn Personen zählenden Festnahme- und Durchsuchungskommando des Bundeskriminalamtes aus Meckenheim festgenommen.

Die mit mehreren PKW angerückten Beamten führten demonstrativ eine spektakuläre Außensicherung durch, die naturgemäß zahlreiche Neugierige anlockte und die Nachricht von der Festnahme eines »Stasigenerals« im Wohnumfeld verbreiten half. An der Aufsicht über die Wohnungsdurchsuchung wurde ich – ohne Anführung von Gründen und ohne Eilbedürftigkeit (etwa für meine Vernehmung) gehindert. Offenbar fürchtete man die Beiziehung meines Anwalts und eine sachkundige Kontrolle des Vorgehens der Beamten. Solche auf öffentliche Wirkung ausgerichteten Festnahmen und Durchsuchungen, teilweise verbunden mit Türaufbrüchen und Zerstörungen in Wohnungen bei Verantwortungsträgern des MfS, der NVA und der Grenztruppen gehörten, wie später mehrfach bekannt wurde, offenbar zum politischen Ritual. Wohl auch um eine Art von »Volkswut« zu initiieren und gesellschaftliche Übereinstimmung damit ermunternd und vorauseilend zu demonstrieren.

Bemerkenswert war der Zeitpunkt meiner Verhaftung – es waren die Tage kurz vor dem Pfingstfest, als dem Volk dieses »Stasimordkomplott« vorgeführt wurde.

Ähnlich ging man gegen den Stellvertreter des Ministers, Dr. Gerhard Neiber vor. Er wurde kurz vor Ostern 1991 wegen angeblicher Unterstützung der RAF verhaftet.

Der Stellvertreter des Ministers und letzte Leiter der HV A Werner Großmann war am 3. Oktober 1990, am »Tag der Einheit«, festgenommen worden.

Dass die Bundesstaatsanwaltschaft die Kameraleute bestellt hatte, lag nahe, war aber nicht zu belegen. Bei der Einfahrt in den Hof des ehemaligen DDR-Ministeriums des Innern jedenfalls warteten diese bereits im inneren Dienstbereich auf mich, um den Akt meiner Einlieferung festzuhalten. Auf meine Frage an die mich begleitenden Beamten verwiesen sie mich auf die dafür verantwortliche Bundesanwaltschaft. Deren Absichten sollte ich dann tags darauf erfahren.

Die erste Vernehmung verlief, da ich jegliche Aussage auf unsinnige Vorhalte verweigerte, sehr kurz. Die Meckenheimer Beamten hatten erkennbar keine große Lust, sich mit mir allzu lange aufzuhalten. Ich wurde in das Polizeirevier in der Gothaer Straße im Westteil der Stadt eingeliefert und in eine

Aufnahmezelle für tagsüber angefallene Kriminelle eingesperrt. Was ich hier erlebte, verstärkte meine Vermutung, dass es neben der öffentlichen Anprangerung mit Lügen und Verleumdungen auch um persönliche Demütigung und Kriminalisierung ging, was – wie mir später Freunde mit ähnlichem Schicksal bestätigten – auch ihnen gegenüber praktiziert worden war.

Die Zelle war ein größerer, vor Schmutz starrender Raum mit einem verdreckten Tisch in der Mitte, auf dem sich Essensreste befanden. Wer Lust hatte, konnte davon nehmen. Die braunen Wände trugen die üblichen Einritzungen mit Namen, Flüchen, Verhaftungsdaten usw., Speise- und Flüssigkeitsreste klebten an den Wänden, es roch dumpf säuerlich und abgestanden. In Abständen wurden polizeilich Festgenommene oder Aufgegriffene, zumeist verwahrlost aussehende männliche Personen, eingeliefert und nach gewisser Zeit wieder abgeholt, wohl um dem Haftrichter vorgeführt zu werden. Unter meinen zeitweiligen Zellenmitbewohnern befanden sich zwei Autodiebe, die sich brüsteten, innerhalb weniger Minuten jedes Auto knacken zu können, ein frisch aus dem Strafvollzug Entlassener, der seine Frau mit deren neuem Freund angetroffen und beide lebensgefährlich zusammengeschlagen hatte, einige stark Betrunkene zur Ausnüchterung und einige Drogensüchtige, bei denen man Stoff gefunden hatte. Ich befand mich also in klassisch-kriminellem Milieu auf unterster Stufe.

Nachdem alle Mitinsassen nach und nach die Zelle verlassen hatten – es war inzwischen schon gegen 21 Uhr –, führten mich die Wärter in eine kleine Einmann-Zelle, wo ich bis zum nächsten Morgen blieb. Ich konnte mich nicht waschen, an Schlaf war nicht zu denken.

Im Verlaufe des Vormittags holte mich das Festnahmekommando des Bundeskriminalamtes und brachte mich zum Flughafen Tegel. Mit einer normalen Linienmaschine, von den BKA-Beamten abgesichert, landeten wir nach kurzem Flug in Frankfurt am Main und fuhren per PKW ohne Unterbrechung zum Bundesgerichtshof in Karlsruhe.

Während des Fluges hatte mir eine Beamtin einige Zeitungen gereicht, die auf den jeweils ersten Seiten in riesigen Aufmachungen meine Verhaftung zeigten. Zu meiner Überraschung waren Ankündigungen des Bundesstaatsanwalts von Stahl zu lesen, denen zufolge in einer landesweiten Razzia und Durchsuchungsaktion zwei »Stasigenerale« und mehrere »Spitzel« festgenommen und so ein gefährliches professionelles Auftragsmordkommando dingfest gemacht werden konnte. Endlich sei es nach langer Suche gelungen, die abscheuliche, menschenverachtende Seite dieses Unrechtsstaates aufzudecken.

Der *Berliner Kurier* brüllte auf der ersten Seite mit zentimeterdicker Überschrift: »Chefs der Stasikiller festgenommen!« Und: »Das MfS unterhielt im Westen eine Killertruppe von 21 Kriminellen. Aus Stasiakten geht hervor, dass es 500 Aufträge erledigt hat. Das MfS zahlte dafür rund zwei Millionen Mark.« In ähnlichem Stil brachten nahezu alle anderen Blätter individuell nuancierte Horror- und Lügenmeldungen.

Otto Kirchheimer (»Verwendung juristischer Verfahrensmöglichkeiten zu politischen Zwecken«) schrieb Jahre zuvor in seinem Buch zu solchen Vorgehensweisen: »Bei schwacher Anklage ist wichtig, den Angeklagten von der Presse vorher vorverurteilen zu lassen und Klischees zu schaffen.« Genau das geschah hier. Bevor ich einem Richter vorgeführt wurde, erfuhr ich also auf diesem Wege, worin mein mir bislang unbekanntes Verbrechen bestanden haben soll.

Mein Anwalt erwartete mich bereits am Ort der Haftprüfung durch einen Richter des BGH. Ratschläge für mein Verhalten konnte er nicht geben, Akteneinsicht hatte er nicht erhalten.

Mehrfach hatte ich später auch in anderen Verfahren erleben müssen, dass Akteneinsicht bis zum Gerichtsverfahren verweigert wurde.

Im Vorraum konnte ich zu meiner Überraschung den ehemaligen Leiter und einen Referatsleiter meiner Hauptabteilung sehen und ihnen zunicken, ohne jedoch mit ihnen ein Wort wechseln zu können.

Im Unterschied zum DDR-Strafverfahren, bei denen dem Haftrichter die vorhandenen Beweise und die Forderungen des Staatsanwalts schriftlich zur Prüfung vorzulegen waren und dieser danach und nach der Vernehmung des Beschuldigten ohne Beisein Dritter seine Entscheidung traf, wurde ich nun mit einem etwas anderen, für mich ungewöhnlichen Verhandlungsablauf konfrontiert. Neben dem Staatsanwalt und meinem Verteidiger waren etwa zehn Zuschauer anwesend, unter denen ich einige BKA-Beamte wiedererkannte.

Der Staatsanwalt begann mit seinen nur verkürzt wiederzugebenden Unterstellungen. Danach hätte ich ein Auftragsmordkommando geleitet, einige IM darin selbst geführt und ein flächendeckendes Netz von »Spitzeln« in der BRD geleitet. Ferner beschuldigte er mich der Ausarbeitung von Dienstdokumenten.

Seine Vorwürfe waren so absurd, dass ich mich gezwungen sah, energisch zu widersprechen. Es musste durch meine Erklärungen zur Kenntnis genommen werden, dass ich zwölf Jahre vor den angeblichen Mordanschlägen aus der Hauptabteilung VIII, der die Mordsgeschichten angelastet wurden, ausgeschieden wäre. Auch hätte ich als Leiter dieser Hauptabteilung sicher etwas darüber erfahren, wenn solches geschehen wäre. Des Weiteren konnte ich unter Hinweis auf Zeugen und Akten begründen, persönlich keine IM geführt zu haben. Als ich weiter darauf hinwies, dass die angeblich von mir ausgefertigten Dienstdokumente Richtlinien des Ministers waren und eine persönliche Anleitung durch die genannten Parteiorgane ebenfalls den Tatsachen widersprach, wurden die Mienen meiner Gegenüber immer finsterer. Ich spürte, dass ich gegen eine Wand redete und ihr Selbstbewusstsein nicht erschüttert hatte. Das war sehr stabil. Aber allein dadurch, dass ich widersprach und damit offenbarte, dass ich sie nicht für jene Genies hielt, die sie zu sein glaubten, verärgerte ich sie.

Der Richter zog sich zurück. Wir mussten vier Stunden warten, ehe er zur Verkündung des Haftbefehls erschien. Meine Entgegnungen zu den Mordvorwürfen hatten offenbar doch Zweifel aufkommen lassen, so dass sie im Haftbefehl nun nicht mehr angeführt wurden. Allerdings unterstellte mir der Richter, den Leiter des angeblichen Mordkommandos persönlich geführt zu haben. Mit dieser Behauptung begründete er meine angebliche Verwicklung in das Mordkommando und die Verhaftung. Es mutet schon skurril an, wie die im Haftbefehl gesetzlich begründete Fluchtgefahr formuliert wurde: »Auszugehen sei, dass er über Vermögenswerte verfügt, die ihm ein Leben im Ausland bis zum Eintritt der Verjährung ermöglichen. Darüber hinaus ist aus zahlreichen anderen Fällen bekannt, dass Führungsoffiziere und andere hochrangige Offiziere des MfS über Falschdokumente während ihrer Dienstzeit verfügten. Auch die familiären Bindungen und die Arbeitslosigkeit stehen einem Fluchtanreiz nicht entgegen.«

Der Staatsanwalt, auf diesen Unsinn angesprochen, verteidigte sich, man habe dies aus ähnlichen Dokumenten gegen Beschuldigte der Spionageabwehr des MfS übernommen.

Ich wurde in die alte Strafvollzugsanstalt Bonn verbracht, die Mitbeschuldigten kamen in die Anstalten Köln und Frankfurt am Main. Ich erhielt eine Einzelzelle mit strengsten Isolierungsfestlegungen. Ob dabei Erfahrungen aus dem Vorgehen gegen inhaftierte RAF-Mitglieder und die an ihnen ausgeübte Isolationsfolter eine Rolle spielten, weiß ich nicht, es lag jedoch nahe.

Mit den überwiegend wegen krimineller Delikte einsitzenden zumeist türkischen Häftlingen im Strafvollzug konnte ich jedenfalls absolut keine Verdunklung begehen.

Mein neues Wohngemach war eine Einmann-Zelle, etwa 5 mal 2,5 Meter groß. An der Tür prangten außen verschiedene Farbschilder. Sie zeigten an, dass dahinter ein völlig zu isolierender Häftling untergebracht sei. Das wirkte bereits auf dem Weg zur Aufnahmekammer, als mir meine Kleidungsstücke und persönlichen Utensilien abgenommen wurden. Alle Gänge dorthin waren wie leergefegt.

Entgegen dem Angebot, meine Zivilkleidung weiter zu tragen, entschied ich mich, Anstaltskleidung anzufordern. Ich wollte zeigen, dass man mich zum Häftling gemacht hatte. Ich erhielt nicht nur die übliche Sommerkleidung, sondern auch dicke Wintersachen, vom festen, kräftigen Schuhwerk bis zum Wintermantel. Es war wohl ein längerer Aufenthalt einkalkuliert. Jedes Kleidungsstück und alle Ausrüstung bis zum Esslöffel wurden genauestes registriert. Das merkte ich bei meiner späteren Entlassung, als ich das abgenutzte, wegwerfreife Aluminiumgeschirr in der Zelle gelassen hatte und zurückgeschickt wurde, um es zu holen und abzuliefern.

Die mich später vernehmenden BKA-Beamten baten mich, wieder meine Zivilsachen zu tragen. Offenbar war ihnen peinlich, wenn sie mich in ihre Zentrale nach Meckenheim fuhren und mit mir in dieser Kleidung durch die modernen Gänge und Zimmer laufen mussten, wo mich auch andere Angestellte sahen.

In meine Zelle zurückgebracht, hatte ich – wie wohl jeder Inhaftierte weltweit – sehr viel Muße, jeden Winkel sowie die Ausstattung insgesamt genauestens auf ihre Verwendbarkeit und Nutzung zu untersuchen. Das Bett war, wie in alten Gefängnissen üblich, hochklappbar und in die Wand eingemauert. Ein Strohsack und graue Decken ergänzten meine Schlafstätte. Daneben verfügte ich über einen Schemel, ein Tischchen, ein in der Wand eingelassenes Waschbecken mit Kaltwasserzufluss, ein Wasserklo und einen einfachen Schrank. Darauf lagen mehrere ältere kirchliche Zeitschriften. Das kleine Fenster gab den Blick nach außen frei und ließ sich, soweit ich mich erinnere, sogar öffnen. Ich schaute den emsigen Ameisen zu, die auf den Backsteinwänden umhereilten.

Die räumliche Enge einer solch kleinen, altertümlichen Zelle hat in der Regel nicht unwesentliche Auswirkungen auf die Psyche und innere Festigkeit von Insassen. Sensible Menschen, die nicht die Kraft finden, sich angesichts der Enge und fehlender Ablenkungen von außen von überkommenden depressiven Einflüssen lösen zu können, leiden unter solchen Bedingungen nervlich und körperlich.

Im Ausnahmefall sind Aggressionen gegen Haftpersonal, die Zelleneinrichtung oder andere nervliche Zusammenbrüche, häufig als Haftkoller bezeichnet, möglich.

Aus früheren Erfahrungen war mir bekannt, dass exakte Planung des Tagesablaufs in der Zelle das wirksamste Mittel ist, um solche Gedanken und Gefühle zu unterdrücken. Deshalb füllte ich meine Tage vom Wecken bis zum Abend mit Sport, Lesen, Aufzeichnungen, Zellenreinigung, Freistunde mit kalter Körperreinigung usw. nahezu minutiös aus. Eine nahegelegene Kirchturmuhr half mir dabei.

Normalerweise erhält der Häftling jeweils ein Buch zum Lesen (neben den strafrechtlichen Schriften). Eines Tages wurde ich in die Bibliothek in einem oberen Stockwerk geführt und mit dem Strafgefangenen, der die Bücherausgabe besorgte, allein gelassen. Überraschend konnte ich ab diesem Zeitpunkt mehrere Bücher ohne Beschränkung erhalten. Jahre später saß ein Kundschafter des DDR-Militärgeheimdienstes der NVA anlässlich einer Zusammenkunft der GRH-Gruppe der Kundschafter und ihrer Führungsoffiziere neben mir und sprach mich mit meinem Namen an. Auf meine verdutzte Reaktion, woher er mich kennen würde, eröffnete er mir, er sei in der UHA Bonn als Strafgefangener für die Bücherausgabe verantwortlich gewesen und habe durchgesetzt, die Beschränkung der Bücherausgabe für mich als Isolationshäftling aufzuheben. Schmunzelnd fügte er hinzu: »Wir wussten bereits bei deiner Einlieferung, wer der neue Gast ist.«

Der Informationsdienst der Häftlinge arbeitete also offensichtlich gut. Ich spürte auch, als ich trotz Verbots gelegentlich ein Wort mit anderen Häftlingen wechseln konnte, Sympathie und Freundlichkeit mir gegenüber.

Die Wachmannschaft war, wie auch in Haftanstalten der DDR üblich, offenbar unterbesetzt. Die Essenausgabe oblag Häftlingen. Mehrfach wurde mir Nachschlag angeboten. Wenn ich einmal in der Woche in dem riesigen Keller allein duschen und die Kleidung wechseln konnte, bewachte mich ein Strafgefangener, der wegen mehrerer Brandlegungen einsaß. Von ihm wurde ich über die Anstalt informiert. Als ich keine Seife hatte, bot er mir kameradschaftlich ohne Zögern fehlende Hygieneartikel aus seinem Bestand an.

Die Häftlinge beherrschten erkennbar die inneren Abläufe und regierten untereinander überwiegend nach Regeln, die die Körperkraft bestimmte. Der stärkste Mann und Chef unter ihnen habe erklärt – so wurde mir zugetragen –, ich stünde unter seinem Schutz. Wer es war, habe ich nie erfahren.

Die Anordnung meiner strengsten Isolierung gegenüber den anderen Haftinsassen hatte den Vorteil, dass während der Zeit meines Freigangs der gesamte Häftlingshof von anderen Strafgefangenen geräumt war und mir allein zur Verfügung stand. Ich nutzte dies zu leichten Dauerläufen. Das waren die schönsten Stunden meiner Haft.

Eines Tages teilte ein Neuzugänger mit mir das Trainingsterrain für eine Stunde. Der junge Mann erzählte von Geldwäscheaktionen, die er erledigt hatte, er habe aber bisher dazu keine Aussagen gemacht. Er rechne mit schneller Entlassung und wollte anschließend nach Leipzig gehen. Er bot mir an, meine Familie zu unterrichten. Dann lenkte er das Gespräch auf meinen »Fall«. Hier wurde ich besonders wachsam und erzählte solchen Unsinn, dass er am nächsten Tag nicht wieder erschien. Da in meine Zelle kein zweiter Insasse passte, hatte man wohl versucht, einen Spitzel während der Freistunde an mich anzusetzen.

Nach dem Wecken begann der Tag mit Gymnastik und mit der akribischen Körperpflege – ich hatte ja Zeit. Nach dem Frühstück folgte die Zellenreinigung. Danach das tägliche Studium entweder der Rechtsliteratur oder anderer ausgeliehener Bücher. Davon beeindruckte mich außergewöhnlich das Standardwerk »Politische Justiz« Otto Kirchheimers.

Nach seinen Recherchen wiederhole sich im Wesentlichen alles in der Gesellschaft. Nach kriegerischen oder anderen Umwälzungen zeigten sich die Sieger als unfehlbar und wähnten sich in Besitz des zeitlos besten Systems, während sie die Unterlegenen als korrupte Bande verfolgten und sie schwerster Verbrechen beschuldigten. Ihre Vertreter wurden verbrannt, erhängt, erschossen, in Gefängnisse gesteckt oder diffamiert und isoliert. Die Analogien nach dem Anschluss und der Zerschlagung der DDR waren nicht zu übersehen – obgleich Kirchheimer doch schon 1965, keine 60 Jahre alt, in New York verstorben war.

Das Buch zu Ernst Toller, einem führenden Vertreter der Bayerischen Räterepublik nach dem Ersten Weltkrieg, beeindruckte mich durch die Schilderung der von Antikommunismus und Klassenhass bestimmten Behandlung kommunistischer und sozialdemokratischer Häftlinge durch die Behörden im Vergleich zur Behandlung des zeitgleich auf der Festung Landsberg einsitzenden und Sonderrechte genießenden Hitler. Daneben las ich unterschiedliche Sachbücher bis hin zu Kants Gedanken über den für mich äußerst schwer verständlichen kategorischen Imperativ.

Stark bewegte mich ein kleines Werk über die Rote Hilfe in der Weimarer Republik. Wilhelm Pieck und Rosa Luxemburg gehörten zu den Gründern. Diese Hilfsorganisation hat eindrucksvolle humanistische Hilfe für inhaftierte Kommunisten, Sozialdemokraten und parteilose Arbeiter geleistet, die in Gefängnisse gesteckt worden waren. Einfache Menschen sparten sich das Letzte vom Mund ab, um zu helfen, strickten Anziehsachen, kümmerten sich um Kinder, unterstützten die ohne Mann vegetierenden Restfamilien, damit diese einigermaßen existieren und überleben konnten.

Viele Überlegungen drehten sich um das Problem des Verhaltens bei den zu erwartenden Vernehmungen. Es galt Vor- und Nachteile für Verweigerung oder von Aussagen abzuwägen.

Nach DDR-Recht, das traf sowohl auf meine Tätigkeit in der HA IX als auch in der HA VIII zu, blieb ich rechtlich unangreifbar. Die speziell gegen Verantwortungsträger der DDR geschaffenen Rechtsauslegungen konnten mich damals höchstens wegen allgemeiner Zuständigkeit und Verantwortung für Angehörige der von mir geleiteten Hauptabteilungen für geführte IM in der alten BRD treffen. Die durch vorliegende Akten und andere Beweise belegte Ausübung meiner Funktion zu bestreiten, wäre sinnlos. Ich musste also die Aussage nutzen, um nachzuweisen, dass konspirative Beobachtungen und Ermittlungen in der BRD ausschließlich der Unterstützung der sicherheitspolitischen Aufgaben des MfS gegen geheimdienstliche und subversive Angriffe und Vorhaben von dortigen Einrichtungen diente und mit dazu beitrugen, friedensgefährdende Zuspitzungen zu verhindern.

Zum anderen wusste ich, dass Morde oder Verschleppungen, wie mir vorgeworfen, weder geplant, vorbereitet noch durchgeführt worden waren und auch nicht von der Führung des MfS gefordert worden waren. Gegen solche Vorwürfe vorzugehen und sie zu widerlegen, sah ich als meine Pflicht an. Letztlich galt der Grundsatz, niemanden durch Aussagen zu belasten oder dem Gegner Anhaltspunkte für weitere Anschuldigungen zu geben.

Selbstverständlich musste ich wachsam gegen Schliche und Hinterhältigkeiten der Ermittlungsbehörde sein und durfte den Gegner nicht unterschätzen.

Ich entschied mich zur Beantwortung gestellter Fragen, fühlte mich dazu in der Lage, berechtigt und auch verpflichtet. Eine Aussageverweigerung hätte unter Umständen den Behörden unzulässige Möglichkeiten zu falscher Interpretation von Dokumenten, Zeugenaussagen usw. gegeben, die letzten Endes den Richtern im Rahmen ihrer eigenen »freien« Beweiswürdigung Wertungen mit unbewiesenen Schuldzuweisungen ermöglicht hätten. Der spätere Gerichtsprozess bestätigte die Richtigkeit meines Vorgehens. Die konstruierten Vorwürfe des Mordversuchs ließ man fallen.

Die erst nach einer Woche beginnende polizeiliche Vernehmung entwickelte sich durch unexakte Protokollierungsversuche des Untersuchungsbeamten so, dass ich mich dagegen auflehnte. Ich erreichte, dass ich meine Aussagen schließlich wörtlich diktieren und voreingenommene, irreführende oder falsch auslegbare Formulierungen verhindern konnte.

Nach mehr als fünf Wochen U-Haft erfolgte, für mich völlig überraschend, meine Entlassung. Von der Freistunde kommend, konnte ich mich, verschwitzt wie ich war, nicht einmal mehr waschen. Innerhalb kurzer Zeit hatte ich meine Häftlingsklamotten zurückzugeben. Mir wurde ein Telefaxblatt mit dem Beschluss des Bundesgerichtshofes über meine Freilassung ausgehändigt mit der Aufforderung, mich unverzüglich bei der nächsten Polizeidienststelle meines Wohnorts zu melden.

Ich fand mich wenige Minuten später vor dem Haupttor wieder. Niemand stand bereit, mich nach Hause zu bringen. Von dem von meiner Frau geschickten Geld kaufte ich mir auf dem Bonner Hauptbahnhof eine Fahrkarte für den Nachtzug nach Berlin und klingelte am nächsten Vormittag gegen 10 Uhr bei uns zu Hause. Meine Frau war jedoch vom Anwalt über meine Entlassung telefonisch unterrichtet worden.

Am darauf folgenden Tag suchte ich die nächste Polizeibehörde auf. Dort musste ich meinen Personalausweis abgeben und erhielt ein Ersatzpapier. Ich hatte bis auf eine unbestimmte Zeit wöchentlich zweimal meine Anwesenheit bestätigen zu lassen. Berlin durfte ich nicht verlassen.

Diese demütigende Polizeiaufsicht, früher vor allem zur Diskriminierung von Kommunisten genutzt, währte ein Dreivierteljahr und wurde erst zu Beginn der Hauptverhandlung vor dem Kammergericht Berlin beendet.

Der Prozess gegen mich und drei weitere Angeklagte fand – nachdem mit reißerischen Auftaktmeldungen in der Presse

(»Stasimitarbeiter wegen versuchten Mordes vor Gericht«, »Mordauftrag von der Stasi«, »Würden Sie für uns jemand umlegen?«) genügend Öffentlichkeit geschaffen war – im größten Verhandlungssaal statt, den das Gericht zu bieten hatte.

Im gleichen Saal waren Angehörige der »Roten Kapelle«, der weltbekannten antifaschistischen Widerstandsorganisation um Arvid Harnack und Harro Schulze-Boysen von Nazirichtern zum Tode verurteilt worden.

Über vierzig Journalisten und Kameraleute hofften auf Sensationen. Die Verhandlung wurde als »Pilotprozess« betitelt, ein Begriff, der mir aus dem Rechtsleben in der DDR unbekannt war. Diese Art von Prozessen sollte, wie mir der Vorsitzende des Strafsenats bestätigte, durch Inhalt, Rechtsanwendung sowie Strafansetzung und Medienarbeit anleitend und richtungweisend für nachfolgende Gerichtsverfahren ähnlicher Verhandlungsgegenstände gelten.

Es war für mich unschwer zu erkennen, wie der Richter und der Anklagevertreter jede ihnen geeignet erscheinende Möglichkeit nutzten, um den Pressevertretern Stoff für ihre Berichterstattung zu liefern. So wurde der Minister für Staatssicherheit Erich Mielke als Häftling zur Zeugenaussage vorgeführt, obwohl bekannt war, dass er jegliche Aussage bisher verweigert hatte und keine Verhaltensänderung zu erwarten war.

Mit diesem Prozess sollten gerichtsfeste Beweise für das mörderische, Menschen vernichtende »Unrechtssystem« der DDR geliefert und eine Grundlage geschaffen werden, das MfS als verbrecherische Einrichtung analog der Gestapo einzustufen. Auch das Ausland, besonders die neuen osteuropäischen Staaten, sollten damit glaubwürdig überzeugt werden.

Die Beweiserhebung bestätigte weder die Existenz eines Auftragsmordkommandos noch gab es Belege für versuchte oder begangene Morde oder Verschleppungen. Mir ist noch erinnerlich, dass ein geflüchteter Leistungssporttrainer aus Dresden als Zeuge geladen wurde, um den Beweis seiner versuchten Verschleppung in die DDR zu liefern. Er schilderte den Ablauf seiner Flucht und seine Betreuung durch den BND, verwahrte sich aber entrüstet gegen Behauptungen, dass das MfS ihn zu einer Rückkehr in die DDR erpressen oder verschleppen wollte. Andere vermeintliche Opferzeugen wurden daraufhin nicht mehr geladen.

Als die Mordanklage zum Flop wurde, erfolgte schließlich meine Verurteilung wegen geheimdienstlicher Agententätigkeit. Die 21 Monate wurden zur »Bewährung« ausgesetzt. Mir wurde pauschal die Verantwortung für in den alten Bundesländern eingesetzte inoffizielle Mitarbeiter auferlegt. Es waren Prozesskosten von etwa 50.000 DM entstanden.

Das entsprach durchaus genau der speziellen Umsetzung jenes Ausspruchs eines westdeutschen CDU-Politikers, der im Frühjahr 1991 in Wildbad Kreuth zum Umgang mit den Verantwortungsträgern Ostdeutschlands erklärt hat: »Wir werden sie nicht in Lager sperren, das haben wir nicht nötig. Wir werden sie an den sozialen Rand drängen.«

Dem kurze Zeit später zur Eintreibung der Kosten aktiv werdenden Gerichtsvollzieher konnte ich an der Durchsetzung seines Auftrags erfolgreich hinhalten: 1995 wurde die Strafverfolgung von DDR-Bürgern wegen Spionage ausgesetzt.

* Dr. Karli Coburger, Generalmajor a. D., Mitarbeiter im Ministerium für Staatssicherheit seit 1952, ab 1984 Leiter einer operativen Hauptabteilung

Erfahrungen in Moabit

Von Karl Leonhardt*

Am 10. September 1996 wurde ich von der 36. Großen Strafkammer des Landgerichts Berlin wegen »Beihilfe zum mehrfachen Totschlag und versuchten Totschlag« zu einer Haftstrafe von 3 Jahren und 9 Monaten verurteilt.

In der Zeit vom 4. Juli 1997 bis 15. Juni 1999 befand ich mich in Haft, aus der ich wegen meines hohen Alters und vor allem aus Gesundheitsgründen mit einer Reststrafe von drei Jahren auf Bewährung entlassen wurde.

Die häufigen geräuschvollen Hustenanfälle, die ich insbesondere in der Nachtzeit im Bett liegend weder vermeiden noch unterdrücken konnte, führten nach etwa sechs bis acht Wochen dazu, dass mein Mitinsasse seine Verlegung in einen anderen Haftraum beantragte. Er stand in einem Arbeitsprozess, musste täglich um 5 Uhr aufstehen und wurde durch mich in seiner Nachtruhe empfindlich gestört. Er erhielt das nächste frei werdende Bett und zog aus, was ich natürlich verstand, aber bedauerte.

Am gleichen Tage rückte bei mir ein etwa gleichaltriger Häftling ein. Er bezeichnete sich als Neonazi und vertrat in Gesprächen vorwiegend sehr primitive Ansichten und Parolen. Er war Analphabet, seine Lebensweise nahezu chaotisch. Obwohl ich ihn mit Lebensmitteln unterstützte und ihm auch sonst verschiedentlich Hilfe erwies, gerieten wir fast täglich aneinander, was zum Teil in lautstarken Auseinandersetzungen und gelegentlich auch in Androhung körperlich Gewalt ausartete. Seine Takt- und Rücksichtslosigkeit veranlasste mich, im Oktober 1997 beim Gruppenleiter (Sozialarbeiter) um eine Umverlegung zu bitten.

Im November wurde in einem Zwei-Mann-Haftraum ein Bett frei und ich durfte umziehen. Meinen künftigen Bettnachbarn hatte ich bereits flüchtig kennengelernt. Bei unserem ersten Gespräch hatte er sich sehr verständnisvoll und vernünftig verhalten und geäußert, so dass ich in der Hoffnung war, meine Lebens- und Haftbedingungen würden sich nach diesem Umzug positiv verändern. Diese Hoffnung war jedoch nur von kurzer Dauer. Nach etwa acht Tagen gab der Mitinsasse seine vorgetäuschte Höflichkeit auf, spielte mir gegenüber den »Hausherrn« und führte sich zunehmend takt- und rücksichtslos auf. Kritische Bemerkungen zu seinem Verhalten bewirkten fast immer das Gegenteil.

Da meine Verlegung aus dem Objekt Kiefheider Weg in das Stammobjekt für Januar/Februar 1998 in Aussicht gestellt war, fand ich mich mit diesen Bedingungen ab und ging ihm so oft und so lange wie irgend möglich aus dem Weg.

Der Leiter der chirurgischen Abteilung des Haftkrankenhauses Moabit hatte im Ergebnis seiner Untersuchung empfohlen, meinen Leistenbruch operieren zu lassen. Ich hatte meine Zustimmung erklärt. Am 6. November 1997 wurde ich zur Operationsvorbereitung im Haftkrankenhaus Moabit aufgenommen und in einer Krankenhaftzelle untergebracht. Am 7. November 1997 brachte mich ein Vollzugsbeamter in das Jüdische Krankenhaus Berlin-Wedding, wo ich operiert und am Nachmittag zurückverlegt wurde. Die Zellen im Haftkrankenhaus Moabit können mit je drei Häftlingen belegt werden. Neben Krankenbett und Nachtschränkchen gehört zur Innenausstattung eine offene Toilette, die etwa anderthalb Meter von meinem Bett entfernt war. Der jeweilige Nutzer konnte sich während der Verrichtung der Notdurft hinter einem beweglichen, etwa 1,20 Meter hohen Wandschirm verbergen.

Die Temperatur in den Novembertagen des Jahres 1997 war schon relativ niedrig. Es konnte nur kurz gelüftet werden, denn die uralten, mit Kesselstein versetzten Heizkörper brachten ohnehin nur eine Raumtemperatur von etwa 18 bis 19 Grad Celsius. Das war schon für gesunde Menschen zu niedrig, aber für Kranke außerhalb der Betten kaum zu verkraften. (Wenn man verschiedenen Fernsehreportagen über die Haftanstalt glauben darf, dann hat sich bis zum Jahre 2000 nichts an diesen unzureichenden Beheizungsmöglichkeiten geändert.)

Im Haftkrankenhaus Moabit gelten strenge Sicherheitsmaßnahmen, da hier Patienten aus der Untersuchungshaft und aus dem geschlossenen und offenen Vollzug untergebracht und behandelt werden. Kleinere chirurgische Eingriffe werden hier von Anstaltsärzten durchgeführt. Zeitaufwendige und komplizierte Operationen werden in zivilen Krankenhäusern realisiert, wozu die Haftpatienten nach entsprechender Vorbereitung hin- und nach der Operation zur weiteren ärztlichen Versorgung wieder zurückverlegt werden.

Die medizinische Betreuung in Moabit entsprach aus meiner Sicht den Erfordernissen, die sonstigen Lebensbedingungen in der Krankenstation waren für Schwerkranke und ältere Häftlinge ziemlich belastend.

Auf jedem Flur befanden sich etwa zehn bis zwölf Haftzellen. Die Türen waren mit riesigen Kastenschlössern und einem starken Riegel gesichert. Die Bedienung dieser Sicherheitsvorrichtungen verursachte so laute Geräusche, dass jedes Öffnen und jedes Schließen der Türen von der ersten bis zur letzten Zelle in jedem Raum zu hören war.

Diese Prozedur musste jeder Patient von morgens 6 bis abends 22 Uhr etwa zehn- bis fünfzehnmal verkraften. Ansonsten wurden alle Patienten täglich 23 Stunden unter Verschluss gehalten, eine Stunde lang war auf einem kleinen Innenhof ein Hofgang möglich. Ich verzichtete auf Grund der niedrigen Temperaturen darauf und ließ nichts unversucht, so schnell wie möglich nach Hakenfelde – damals zunächst noch in das Ausweichobjekt Kiefheider Weg – zurückverlegt zu werden.

Im Januar 1998 führte die Justizverwaltung im rekonstruierten Stammobjekt der JVA Hakenfelde, Niederneuendorfer Allee 140-150, 13587 Berlin, einen »Tag der offenen Tür« durch. Da wir dorthin verlegt werden sollten, nahm ich an dieser Veranstaltung teil und informierte mich beim nächsten Besuch ausführlich über die zu erwartenden Bedingungen.

Nach dieser konkreten Information sah ich der Verlegung recht erwartungsvoll entgegen. Im Verlauf des Monats Januar wurde geprüft und entschieden, wer in Heiligensee bliebe und wer am 31. Januar 1998 verlegt würde. Ich gehörte glücklicherweise zu jenen, die verlegt wurden. Für mich war diese Verlegung ein echter Gewinn. Alle Einrichtungen und Räume waren sauber, wenn auch beim Eintreffen noch unvollständig mit Inventar ausgestattet. Die Ein-Mann-Hafträume waren etwa neun Quadratmeter groß. Ich war froh, künftig nicht mehr dem täglichen Stress des Zusammenlebens mit jüngeren Kriminellen ausgesetzt zu sein. Persönlicher Ärger mit anderen Häftlingen konnte so weitgehend ausgeschlossen oder auf ein unvermeidbares Minimum reduziert werden.

Besuchern und Briefpartnern, die mich fragten, wie ich denn die längerfristige »Freiheitsberaubung« ertrüge, antwortete ich: Unter der Voraussetzung, dass man den Strafvollzug unter den gegebenen Umständen als unvermeidbar akzeptiert, ist das Leben unter diesen Bedingungen erträglich.

Aber auch der »offene Strafvollzug« war und ist »Knast«, der nicht nur den Inhaftierten, sondern seine ganze Familie belastet. Das ist in erster Linie schon deshalb der Fall, weil wir keine Straftat begangen haben, sondern rechtswidrig verurteilt und inhaftiert waren. Hinzu kommt erschwerend die langfristige Trennung vom Ehepartner im fortgeschrittenen Alter und die zum Teil erheblich angeschlagene Gesundheit.

Bei der Betrachtung und Bewertung der Bedingungen des »offenen Strafvollzuges« wird manchmal übersehen, dass auch bei korrekter Behandlung der Gefangenen jeder Tag in der Haftanstalt durch Demütigungen und empfindliche Einschränkungen der persönlichen Freiheit belastet ist. Es sind vorwiegend »Kleinigkeiten«, die dich immer wieder daran erinnern, dass du Strafgefangener bist. So zum Beispiel wurde die Anwesenheit der Häftlinge von beauftragten Beamten im Zeitraum von 24 Stunden fünf- bis siebenmal, davon ein- bis zweimal während der Nachtzeit, überprüft. Wer nicht in seinem Unterkunftsbereich angetroffen wurde, musste sich in der Wache melden.

Bei der Rückkehr vom Freigang wurden häufig Taschenkontrollen durchgeführt. Die Haftäume wurden wöchentlich zumindest einmal auf Sauberkeit und Aufbewahrung verbotener Gegenstände überprüft. Wer beim genehmigten Freigang vor der beantragten Zeit in der Wache erschien, wurde in der Regel erst noch einmal zurückgeschickt. Ähnliche kleine Schikanen gab es mitunter auch beim Post- und Zeitungsempfang in der Wache. Bezogen auf die Gesamtheit der Häftlinge habe ich diese Maßnahmen als begründet angesehen und fand mich damit ab. Spezielle Nachteile blieben mir deshalb erspart.

Die oben angeführten Fragen habe ich in Gesprächen und in Briefen zumeist wie folgt beantwortet: Im Knast wird kaum jemand gebessert, das gilt auch für mich. Ich stehe unverändert zu meiner Vergangenheit und sehe keine Veranlassung, mich im Sinne der Anklage schuldig zu fühlen, mich entschuldigen zu müssen oder zu schämen. Ich bin in knapp zwei Jahren Haft nicht jünger und auch nicht gesünder geworden; aber es ist mir im Wesentlichen gelungen, meine optimistische Grundhaltung, meinen Humor und auch ein bestimmtes Maß an geistiger Beweglichkeit zu erhalten. Das war möglich, weil ich mich von Anfang an darauf eingestellt habe, dass an der Vollstreckung bzw. Verbüßung der vom Gericht verhängten Strafe kaum jemand etwas ändern kann. Davon ausgehend hatte ich mir fest vorgenommen, den Kopf oben zu behalten, nicht zu resignieren oder in Selbstmitleid zu verfallen und sowohl meinen Familienangehörigen, unseren Freunden und meinen ehemaligen Kampfgefährten, als auch den Vollzugsbeamten gegenüber immer selbstbewusst und standhaft aufzutreten.

Die Losung Makarenkos NICHT JAMMERN! und auch ein Ausspruch von Rosa Luxemburg HEITER TROTZ ALLEDEM, DENN DAS HEULEN IST GESCHÄFT DER SCHWÄCHE habe ich mir immer wieder ins Gedächtnis gerufen. Das hat zweifellos geholfen, auch kritische Stunden und Tage unbeschadet zu überstehen. Ein Bild von Rosa Luxemburg mit diesemn Zitat hing gut sicht- und lesbar in meinem Haftraum.

Das waren natürlich nicht die alleinigen Grundlagen für Optimismus, Standhaftigkeit und Humor. Es wäre undankbar, wenn ich so tun würde, als ob ich alle Erschwernisse im Alleingang und aus eigener Kraft bewältigt hätte.

Es waren in erster Linie meine Frau und unsere ganze Familie, die vom ersten bis zum letzten Tag ohne Wenn und Aber fest an meiner Seite standen. Meine Frau hat sich nicht nur ständig um mein Wohlbefinden gesorgt. Was ich ganz besonders hoch schätze: Sie hat nie gejammert und manches von mir ferngehalten, was mich sicher mit Sorge erfüllt hätte.

In der Zeit vom 4. Juli 1997 bis zum 15. Juni 1999 erhielt ich in der JVA insgesamt 1.850 Karten und Briefe, mehrere hundert gingen außerdem zu Hause ein. In ihnen brachten die

Absender in herzlichen und berührenden Worten die Empörung über die rechtswidrige Strafverfolgung und meine Inhaftierung zum Ausdruck und versicherten, dass sie in allen möglichen legalen Formen den Kampf um Recht und Gerechtigkeit unterstützen werden.

Im Urteil des Landgerichts Berlin vom 10. September 1996 war ergänzend zur Freiheitsstrafe festgelegt, dass die Angeklagten die Kosten des Verfahrens zu tragen haben. Das ist keine Besonderheit, das gilt für jeden Angeklagten, der schuldig gesprochen und verurteilt wird, also auch bei der Verhängung von Freiheitsstrafen, die zur Bewährung ausgesetzt werden, sowie bei Geldstrafen. Mir wurden in diesem Zusammenhang von der Justizkasse Berlin vier Rechnungen mit einer Gesamtforderung von rund 57.000 DM zugestellt.

Alle Rechnungsbeträge sollten innerhalb von 14 Tagen überwiesen werden. Sie enthielten den Hinweis, dass ich bei Zahlungsunfähigkeit von Mitverurteilten als Gesamtschuldner zur Zahlung weiterer Kostenanteile herangezogen werden könne. Ich habe den Erhalt jeder Rechnung unverzüglich schriftlich bestätigt, habe meine Zahlungsbereitschaft erklärt und mitgeteilt, dass ich nicht in der Lage sei, die geforderten Beträge in einer Einmalzahlung oder in größeren Teilbeträgen in der festgelegten Zeit zu überweisen. Mein Vorschlag für eine monatliche Ratenzahlung blieb zwar unbeantwortet, aber meine Ratenzahlung läuft seit Februar 1998 ohne Unterbrechung und bisher auch ohne Beanstandung.

Nachdem ich am 14. Juni 1999 meine persönlichen Gegenstände gepackt, einiges an andere Häftlinge übergeben und meinen Haftraum gründlich gereinigt hatte, habe ich am Morgen des 15. Juni die von der JVA empfangenen Gegenstände abgegeben. Anschließend wurde ich zur Entgegennahme meiner Entlassungsunterlagen gerufen.

Gegen 9 Uhr verließ ich nach 711 Tagen Haft die JVA Hakenfelde, um mich »in Freiheit« zu bewähren. Auf dem Parkplatz vor der Haftanstalt erwarteten mich meine Frau und Freunde mit großen Blumensträußen.

---

* Aus dem Nachlass von Karl Leonhardt († 16. Juli 2007), Generalleutnant und Vize-Chef der Grenztruppen der DDR

540 Tage in U-Haft

Von Erich Gaida*

Die Staatsanwaltschaft II beim Landgericht Berlin (StA II) bemühte sich eifrig, Mitarbeiter des MfS zu kriminalisieren, um den Gedanken vom »Unrechtsstaat DDR« juristisch zu untersetzen. So wunderte es mich nicht, dass meine Stellung als Oberst im MfS/HVA stets den Unterlagen in den Ermittlungsakten vorangestellt war. Mein Verantwortungsbereich war die operative Beschaffung von Mustern und Konstruktionsunterlagen zu Militärtechnik der NATO, speziell der Bundeswehr. Diese Tätigkeit war eine spezielle und sehr differenzierte. Ich hatte überwiegend mit Geschäftemachern zu tun, die bereit waren, alles in der Bundesrepublik zu versilbern, was nicht niet- und nagelfest war. Wir hatten aber auch ehrliche Patrioten, denen wir unbedingt vertrauen konnten. Es galt in der Regel Ware gegen Geld. Versuche, eine Vorauskasse zu erlangen und damit zu verschwinden, gab es ebenfalls. Wir brauchten also Sicherheit, zumal das Geld bei uns knapp war.

Im Rahmen einer solchen Geschäftsanbahnung war unser Lieferant misstrauisch und hatte Zweifel an der Zahlungsfähigkeit der DDR. In der westlichen Presse gab es genügend entstellende Darstellungen zur Wirtschaftskraft der DDR. Wir waren am Geschäft interessiert, unser Partner ebenfalls. So fanden wir die Möglichkeit, bei der Deutschen Handelsbank AG in Berlin ein Konto auf seinen Namen als Devisenausländer einzurichten, dessen Verfügungsberechtigung aber ausschließlich bei mir lag. Er hatte die Sicherheit, dass das Geld vorhanden war, wir hatten die Sicherheit, dass er ohne Lieferung keinen Zugriff hatte. Nachdem das Geschäft abgewickelt war, fand er es praktisch, das Guthaben in der DDR zu belassen.

Dadurch fiel es offensichtlich seiner heimatlichen Steuerbehörde, Markovic war ein Österreicher, nicht auf, weil es keine Zahlungsbewegung gab. Die Vollmacht hatte er mir banküblich übertragen und erklärte sein Einverständnis, dass wir bei Bedarf auch Umsätze über dieses Konto abwickeln konnten. Solche Geschäfte waren für uns die Ausnahme und kamen auch selten vor. Gelegentlich nutzten wir das Guthaben auch, wenn unsere Inlandsabnehmer bei plötzlicher Lieferung keine flüssigen Devisen hatten oder deren Bereitstellung sich verzögerte. Das Geld war also nie Geld der DDR oder des MfS. Wie ich später erfuhr, hatte der Verantwortliche für die Sonderbeschaffungsorgane (Embargo-Beschaffungen) bereits zeugenschaftlich erklärt, dass es bei Auflösung des MfS keine Verbindlichkeiten gegenüber inländischen Vertragspartnern gab und dass alle Mittel aus nicht realisierten Vorhaben an die Valutaplanträger zurückgeführt worden waren. Es gab also keinen buchhalterischen Nachweis für das Fehlen einer bestimmten Summe als Grundlage für eine Strafverfolgung nach DDR-Recht.

Die StA II und die Zentrale Ermittlungsstelle Regierungs- und Vereinigungskriminalität (ZERV) schnüffelten bei der Deutschen Handelsbank im Zusammenhang mit den Ermittlungen gegen die PDS, NOVUM und anderenorts. Dabei fiel ihnen dieses Konto auf. Da sie einen Beziehungspartner/wirtschaftlich Berechtigten in der DDR nicht fanden, unterstellten sie einfach, dass dies ein geheimes Konto des MfS war. Der Chef Finanzen hatte ihnen aber schon erläutert, dass das MfS kein Valutakonto führte, da es keine Ware-Geld-Beziehung mit dem Ausland unterhielt und ebenfalls dem staatlichen Außenhandelsmonopol unterlag.

Im Herbst 1996 erhielt ich eine Aufforderung zur Vernehmung bei der StA II. Gegenstand war dieses Konto. Ich machte von meinem Zeugnisverweigerungsrecht keinen Gebrauch und unternahm gemeinsam mit meinem Anwalt den Versuch, den Blinden die Farben zu erklären. Tatsächlich war die Vernehmung nur angesetzt worden, um festzustellen, ob ich einer vorhandenen Personenbeschreibung ähnlich sähe bzw. um eine Schriftprobe zu erlangen. Die Vernehmung war aber so angelegt, dass ich befürchten musste, selbst einer Strafverfolgung ausgesetzt zu sein.

Im November 1996 reiste ich mit Frau und Enkelsohn zu einem Urlaub nach Tunesien. Aufenthalt und Rückreise erfolgten planmäßig. Meine Abwesenheit wurde von der StA II genutzt, eine Hausdurchsuchung in meiner Wohnung durchzuführen. Als die StA II die Wohnung öffnete, informierten wachsame Hausbewohner meinen Anwalt, der sich sofort vor Ort begab. Die Durchsuchung erfolgte nicht ordentlich, sondern führte auch zu Beschädigungen von Inventar und Mobiliar. Die beschlagnahmten Unterlagen hatten mit der Sache natürlich nichts zu tun. Obwohl mein Anwalt mit dem Staatsanwalt einen Vernehmungstermin verabredete, wurde ich bei der Rückreise auf dem Flughafen Berlin-Schönefeld festgenommen, von meiner Familie getrennt und in den Akten vermerkt, dass ich »besoffen« gewesen sei. Der Tatvorwurf der Untreue konnte mich nicht treffen, da ich keine Untreuehandlung begangen hatte. Bei Beendigung meiner Tätigkeit und der Auflösung des MfS hatte ich selbstverständlich dafür gesorgt, dass der Berechtigte an dem Konto zu seinem Geld kam und dabei auch ausschließlich nach seiner Order gehandelt.

Nach der Verkündung des Haftbefehls beim Amtsgericht Tiergarten/Moabit begann für mich eine 540-tägige Untersuchungshaft, die außerhalb aller gesetzlichen Möglichkeiten stand. 180 Tage sind von der StPO zugelassen. Während dieser Zeit habe ich im Rahmen der beantragten Haftprüfungen und der dazu ergangenen Stellungnahmen meine Bereitschaft erklärt, mich dem Kammergericht zu erklären, da ich zu den Richtern des Amtsgerichts Tiergarten kein Vertrauen hatte. Das Kammergericht kam aber zu der Auffassung, dass es sich mit einem Oberst des MfS nicht auseinandersetzen wolle und begründete die Haftfortdauer mit dem zu erwartenden Ergebnis aus der Rechtshilfe in Österreich. Mein Lebensalter spielte für die Herren keine Rolle. Besonders makaber wurde die Situation, als zeitgleich das Oberlandesgericht Celle nach fünf Monaten Untersuchungshaft den Haftbefehl gegen einen geständigen Mörder aufhob und dies mit der gesetzlichen Grenze begründete.

Meine Rechtsanwälte gingen daraufhin mit einer Verfassungsbeschwerde gegen den Haftbefehl vor, die Prof. Erich Buchholz als sachkundigster Rechtsgelehrter zum DDR-Recht formulierte. Es war zu erwarten, dass das Bundesverfassungsgericht die Beschwerde eines Oberst des MfS nicht zur Entscheidung annahm.

Ich habe während der gesamten Haft an keiner Vernehmung teilgenommen, lediglich an einer anonymen Gegenüberstellung. Meine Haft war ausschließlich als verfassungswidrige Erzwingungshaft angelegt und fortgeführt. Das Bundesverfassungsgericht wollte über solch einen rechtswidrigen Vorgang in einem vermeintlichen Rechtsstaat nicht entscheiden. Schon gar nicht in einer Sache, die einen Oberst des MfS betraf.

Meine Einlieferung war gut vorbereitet. Bei der Haftbefehlsverkündung hatte mich der zuständige Amtsrichter bereits bedroht. Dies war auch die Ursache, weshalb mein Vertrauen in ihn nachhaltig gestört war. In der Zelle befand sich bereits eine »Ratte«. Im polizeilichen Jargon nennt man eine solche Person »Zellenspitzel«. Er war ein Lebenslänglicher, dem man vermutlich mehrfach Begnadigung in Aussicht gestellt hat, wenn er der Haftanstalt behilflich ist. Der Mann tauchte auch in anderen Verfahren auf. Er dekonspirierte sich dadurch, dass er den Vornamen meiner Frau kannte, obwohl er von mir noch gar nichts gehört hatte. Vielleicht war es aber auch seine Art, mich zu warnen. Aber auch von anderer Seite wurde ich gewarnt. Es gab in Moabit ein sogenanntes »Lampenhaus«. Dort wurden die Leute untergebracht, die andere in die Pfanne gehauen hatten. Spätestens seit Falladas »Blechnapf«, wusste ich, was Kippen oder Lampen bedeutet. Diese Situation besprach ich mit meinem Verteidiger und wir legten eine Falle für Kriminalhauptkommissar Schumacher. Als ich vom Anwaltssprecher zurückkehrte, berichtete ich meinem »Zellengenossen«, dass nun mein Anwalt eine große Erklärung vorbereiten werde. Dies erfolgte tatsächlich – allerdings in einem zivilrechtlichen Verfahren. Die Ratte berichtete ihrem Dienstherren darüber, und Schumacher sprach meinen Verteidiger an. Er hatte zwei Tage nach unserer Absprache Kenntnis vom Sachverhalt. Der Verteidiger wies Herrn Schumacher daraufhin, dass er die falschen Informanten habe. Die Ratte verschwand aus meiner Zelle.

Die Justiz hatte sich entsprechend der politischen Aufgabenstellung der Delegitimierung der DDR gegen mich verschworen. So war ich dann bald der »dienstälteste« Hausbewohner. Meine Behandlung war unterschiedlich. Sie entsprach der jeweiligen politischen Couleur von Hausbewohnern und Beamten. Das Gros der Beamten verhielt sich korrekt. Alle

Schikanen waren psychischer Natur und darauf angelegt, meine Standhaftigkeit zu brechen: Arztbesuche wurden verzögert, Postsendungen zurückgehalten, Zeitungen verwechselt, Sprecher verzögert.

Meine Familie hielt zu mir. Die zuständige Staatsanwältin setzte insgesamt auf die Schikanen noch eins drauf. Als mir ein Sympathisant in einem Brief einen 10-DM-Schein für Briefmarken schickte, beließ die kontrollierende Staatsanwältin diesen im Brief, obwohl sie verpflichtet war, das Geld zu entnehmen. Dadurch schuf sie den Vorwand für eine Zellenkontrolle. Da ich dies ahnte, legte ich in den Brief einen zweiten Schein, den ich von einem Mitgefangenen erhalten hatte. Dadurch komplizierte sich der Sachverhalt. Ich hatte allerdings den Brief und das Geld in Erwartung der Kontrolle nicht versteckt, sondern offen auf den Tisch gelegt. Ich wollte das Geld am nächsten Werktag auf mein Konto einzahlen.

Man unternahm nicht einmal den Versuch, mit mir eine Vernehmung durchzuführen. Es erging aber wiederholt das Angebot an meinen Verteidiger, die Haftfortdauer durch ein Geständnis zu beenden. Ich hatte aber nichts zu gestehen.

Das Makabre an der Situation war, dass der kapitalistische Feind des Volkseigentums vorgab, das Volkseigentum schützen zu müssen. Die Zuordnung des privaten Kontos von Markovic zum Haushalt des MfS war willkürlich und durch keine Beweislage untersetzt. Kein Zeuge konnte solche Zuordnung bestätigen und so zerplatzte die Seifenblase ziemlich schnell. Die Ermittlungsführer der StA II Schmidt und Bossert bewegten sich wie Blinde im DDR-Recht. Sie besaßen geradezu abenteuerliche Vorstellungen über die Finanzordnung und -planung der DDR. Die Versuche meines Verteidigers, ihnen Haushaltsprinzipien des DDR-Haushalts und der Planwirtschaft klarzumachen, waren Versuche am untauglichen Objekt.

Als dann die StA II, die auch aus der Rechtshilfe keinen Honig saugen konnte, endlich Anklage erhob, wurden beide Rechtsanwälte zum Richter Warnatsch als Vorsitzenden einbestellt. Der unterbreitete das Angebot, dass das Verfahren nur dann abzukürzen sei, wenn ich mich im Sinne der Anklage für schuldig erklären würde. Das Urteil würde dann so ausfallen, dass die verbüßte Untersuchungshaft mit einer Strafaussetzung auf Bewährung meine Haftzeit beenden würde. Die Einschätzung meiner Anwälte, dass dies mit mir nicht zu machen sei, bestätigte sich in meiner Ablehnung. Die vorgefundene Beweislage hielt aber die 12. Strafkammer nicht davon ab, das Machwerk von Anklageschrift zur Hauptverhandlung zuzulassen.

Die Hauptverhandlung war für 24 Tage angesetzt. Das Ergebnis war dürftig. Das Gericht sah Veranlassung, mich vor meinem 70. Geburtstag aus der Haft zu entlassen. Die StA beantragte in Kenntnis ihrer Unfähigkeit secheinhalb Jahre Freiheitsentzug. Die 12. Große Strafkammer des Landgerichts Berlin folgte den Anträgen der Verteidiger und sprach mich frei. Der Freispruch war mit Anerkennung eines Anspruchs auf Haftentschädigung verbunden. Die Staatskasse musste auch die Kosten meiner Verteidigung tragen. Vor der Urteilsverkündung gab es noch eine spezifische Äußerung meines Verteidigers, Prof. Dr. Buchholz, die er seinem Plädoyer voranstellte: »Frau Staatsanwalt, ich habe in der DDR studiert, promoviert, habilitiert und fast 40 Jahre rechtswissenschaftlichen Nachwuchs ausgebildet und auch an der Rechtsetzung teilgenommen. Ich habe meine Studenten auf das Staatsexamen vorbereitet und auch geprüft. Seien Sie versichert, dass Sie mit Ihren Rechtskenntnissen in der DDR nicht einmal die Zulassung zum Staatsexamen bekommen hätten.« Eine solche angriffslustige Äußerung hätte ich meinem Verteidiger nicht zugetraut.

Die 540 Tage Untersuchungshaft mit all ihren psychischen Folgen bedeuteten für mich eine starke Belastung. Ich ertrug dieses in dem Bewusstsein, dass meine Familie schon immer von den gleichen Leuten verfolgt wurde. Mein Vater wurde im KZ Buchenwald ermordet. Bei dieser Vorgeschichte bewies die Justiz der BRD, dass ihr menschliches Mitgefühl fremd ist und ihr auch das politische Gespür fehlt. Solidarität kennen diese nur mit ihresgleichen.

* Erich Gaida, Oberst a. D. im MfS

Anlagen

Auszug aus dem Haushalt 2009
des Bundesbeauftragten für Kultur und Medien

Planteil 0405
Titelgruppe 06
Pflege des Geschichtsbewusstseins   **55.657.000,00** Euro

davon neben anderem für:

Stiftung zur Aufarbeitung der SED-Diktatur	2.415.000 Euro
Stiftung Brandenburgische Gedenkstätten einschließlich Haftanstalt Leistikowstraße *	1.977.000 Euro
Gedenkstätte Berlin-Hohenschönhausen *	570.000 Euro
Stiftung Berliner Mauer *	771.000 Euro
Gedenkstätte Deutsche Teilung Marienborn*	150.000 Euro

* Die gleiche Summe kommt noch einmal aus dem jeweiligen Land

Für mehrjährige Projektförderung werden durch den Bund
unter anderem bereitgestellt:

Stiftung Berliner Mauer (2008 bis 2010)	8.301.000 Euro
Gedenkstätte Hohenschönhausen (2008 bis 2010)	6.900.000 Euro

Auszug aus dem Haushalt 2009
der Bundesbeauftragten für die Unterlagen des
Staatssicherheitsdienstes der ehemaligen DDR

Planteil 0408

Personalausgaben	**70.990.000,00** Euro
davon	
Bezüge der Bundesbeauftragten	97.000 Euro
Beamte	11.270.000 Euro
Beamtete Hilfskräfte	500.000 Euro
befristete Verträge	1.581.000 Euro
Arbeitnehmer	57.392.000 Euro
Trennungs-/Umzugsgeld	150.000 Euro
Sächliche Verwaltungsausgaben	**16.622.000** Euro
davon unter anderem	
Bewirtschaftung der Gebäude	3.678.000 Euro
Mieten und Pachten	7.808.000 Euro
Veröffentlichungen/Dokumentationen	370.000 Euro
Konferenzen/Ausstellungen	230.000 Euro
Ausgaben für Investitionen	2.735.000 Euro
Haushalt 2009 BStU insgesamt	**90.347.000** Euro

Alles muss rauskommen
in: junge Welt *vom 3. Dezember 2009*

Zwei Premieren an einem Abend in der jW-Ladengalerie: Die beiden Exoffiziere des Ministeriums für Staatssicherheit der DDR (MfS) Herbert Kierstein und Gotthold Schramm stellten am Dienstag ihr Buch »Freischützen des Rechtsstaats. Wem nützen Stasiunterlagen und Gedenkstätten?« vor. Im Auditorium nahmen unter den etwa 60 Anwesenden einige ehemalige MfS-Häftlinge Platz, darunter die frühere Bundestagsabgeordnete (Grüne, später CDU) Vera Lengsfeld. Vor der Tür war von ihnen zu hören gewesen: »Wir gehen jetzt 'rein und übernehmen den Laden.«

Das blieb in mehrfacher Hinsicht unfrommer Wunsch, obwohl sich im Publikum keine Mehrheit für die Autoren bzw. ihre Gegner abzeichnete, denn als solche erwiesen sich diese Gäste. Sie nutzten das Saalmikrophon, um loszuwerden, was die Stasi-Industrie in ARD/ZDF/MDR-Zwei-Jahrzehnte-Endlosschleifen, in Oscar-gekrönter DDR-Halluzination, in Veronika-Ferres-TV-Spektakeln, ungezählten Spiegel/BND/Verfassungsschutz-Dossiers und in Joachim-Gauck-Jagdfanfaren (»Wir müssen die DDR-Globkes finden«) so bietet. Der Erfolg bleibt trotz medialer Dampfwalze mäßig. Warum, deutete sich an diesem Abend an.

Vera Lengsfeld, Kathrin Saß und andere in der jW-Ladengalerie

In Kürze: Fakten trafen auf Ideologie, Angebote auf Gezeter. Eine Stunde lang mühten sich Schramm und Kierstein darzulegen, was sie aus Statistiken des Bundeskanzleramts und der Birthler-Behörde destilliert hatten. Das hatte einigen Informationswert, etwa die Mitteilung, dass sich im Kanzleramtsbereich des Kulturstaatsministers Bernd Neumann (CDU) vier Referate zur Geschichtspolitik ausschließlich mit Anti-DDR-Propaganda befassen und dabei über einen Etat von 55 Millionen Euro verfügen. Das kann schon eine beachtliche »Wissenschaftler«schar nähren, vor allem besagt es, welch hohen Stellenwert das Herumtrampeln auf DDR und Sozialismus in der Regierungszentrale hat. Da scheint es um Strategie zu gehen, nicht um tagespolitische Mickrigkeiten wie Aktenfinden oder Entschuldigungs arien. Zu erfahren war, daß der Etat der Birthler-Behörde auf 90 Millionen Euro geschrumpft ist und die Statistiken über die Nutzer des MfS-Bestandes proportional zur Kürzung der Bezüge – gelinde gesagt – widersprüchlicher werden. Es ließe sich auch sagen: Das Interesse – vor allem der Ostdeutschen – strebt in den Promillebererereich.

· Kierstein, der in der MfS-Untersuchungshaftanstalt Berlin-Hohenschönhausen Ermittler war, nutzte Videoaufnahmen von Führungen durch die dort eingerichtete Gedenkstätte, um zu demonstrieren, welche Diskrepanz zwischen Gruselstories und tatsächlicher Geschichte existiert: Die Zellen im sogenannten »U-Boot« seien »menschenunwürdig« gewesen, erklärte er, erläutert werde heute aber nicht, daß sie im Zuge des Umbaus durch das MfS nach Übernahme des Knasts von der sowjetischen Geheimpolizei seit den 60er Jahren nicht mehr genutzt wurden. Es entschuldige nichts, aber zu bedenken sei, dass ähnliche Haftzustände auch in anderen Ländern, einschließlich Westeuropa, in jenen Jahren herrschten. Analoges gelte für angebliche Folter mit Wasser oder Hitze oder für die Häftlinge, die angeblich durch Bestrahlung an Blutkrebs erkrankt und daran gestorben seien: Die Scanner, die in den 80er Jahren aufgestellt worden seien, gab es in den 70ern nicht. Die vorgefundenen Geräte wurden nach 1990 von den neuen Behörden überprüft und als für Menschen ungefährlich eingestuft.

Vera Lengsfelds Replik schwankte zwischen Abstreiten, seltsamer Mathematik und Verwechseln von Verdacht und Tatsa-

Fortsetzung der Debatte: Schindler, Bauer, Faust, Holzapfel

che. Bei Führungen in Hohenschönhausen werde, behauptete sie, sehr wohl die Nutzung des »U-Bootes« durch die Sowjets erwähnt (Kierstein: »Ich kann auch die gesamten Videos abspielen – kein Wort«); die Krebskranken seien an äußerst seltenen Varianten gestorben (»Einer auf 1,2 Millionen Menschen, bei drei Toten hätten 3,6 Millionen Menschen in Hohenschönhausen sitzen müssen.«) Schlussfolgerung der Frau, die im jüngsten Wahlkampf »mehr zu bieten« hatte: Die MfS-Leute sollten »endlich« die Unterlagen vorlegen, die sie »beiseite geschafft hätten«.

Der »Alles muß raus«-Wahn ist im Anti-DDR-Geschäft eine belebende Anleitung zum Handeln, und so fühlten sich einige ihrer Mitstreiter ermuntert, die Gestapo, die ja dem antifaschistischen Theologen Dietrich Bonhoeffer in der Haft das Schreiben gestattet habe, dem MfS vorzuziehen – wegen dessen »Inhumanität« – und die Vorzüge »demokratischer« Geheimdienste der Gegenwart zu preisen. Das fand seinen Abschluss mit einer Bemerkung von jW-Ladengalerieleiter Michael Mäde: Wer die faschistische Diktatur derart verharmlose, solle das bitte nicht in diesen Räumen tun. Er fügte an: Seinerzeit am Runden Tisch sei er sich mit einigen hier einig gewesen, die Auflösung aller Geheimdienste zu fordern. Nun sei dies offenbar ersetzt durch Gefasel von »demokratischen« Diensten in Zeiten eines Gefängnisses wie dem geheimen im afghanischen Bagram. Dem war offenbar wenig entgegenzusetzen.

ISBN 978-3-360-01810-6

2. Auflage
© 2010 (2009) edition ost im Verlag Das Neue Berlin
Umschlaggestaltung: Buchgut, Berlin
Grafiken: Herbert Kierstein
Fotos: Archiv der Autoren; Robert Allertz (3)
Druck und Bindung: CPI Moravia Books GmbH

Ein Verlagsverzeichnis schicken wir Ihnen gern:
Das Neue Berlin Verlagsgesellschaft mbH
Neue Grünstr. 18, 10179 Berlin
Tel. 01805/30 99 99
(0,14 Euro/Min., Mobil max. 0,42 Euro/Min.)

Die Bücher der edition ost und des Verlages Das Neue Berlin
erscheinen in der Eulenspiegel Verlagsgruppe.

www.edition-ost.de